다문화사회의 국가 정체성과 다문화정책

대원 다문화연구 총서 2
다문화사회의 국가 정체성과 다문화정책

2016년 10월 10일 초판 1쇄 발행
2017년 8월 5일 초판 2쇄 발행

지은이 | 최영은
펴낸이 | 이찬규
펴낸곳 | 북코리아
등록번호 | 제03-01240호
주소 | 13209 경기도 성남시 중원구 사기막골로 45번길 14
　　　 우림2차 A동 1007호
전화 | 02-704-7840
팩스 | 02-704-7848
이메일 | sunhaksa@korea.com
홈페이지 | www.북코리아.kr
ISBN | 978-89-6324-487-7(94370)
　　　 978-89-6324-506-5(세트)

값 16,000원

*본 대원 다문화연구 총서는 대원 서윤석 회장의 연구발전기금을 지원받아 인하대 아시아다문화융합연구소에 의해 발간되었습니다.
*이 도서의 국립중앙도서관 출판예정도서목록(CIP)은 서지정보유통지원시스템 홈페이지(http://seoji.nl.go.kr)와
 국가자료공동목록시스템(http://www.nl.go.kr/kolisnet)에서 이용하실 수 있습니다. (CIP제어번호 : CIP2016024085)

대원 다문화연구 총서 **2**

다문화사회의 국가 정체성과 다문화정책

최영은 지음

북코리아

서문:
지속가능한 다문화사회를 꿈꾸며

한번 상상해 봅시다.

만약 한 가지 꽃만으로 가득한 꽃밭과 다양한 꽃으로 어우러진 꽃밭이 있다면 어느 것이 더 아름다울까요? 물론 개인의 취향에 따라 단일한 꽃밭이 아름답다고 하는 분들도 있겠지만, 대부분의 사람들은 다양한 꽃으로 이루어진 꽃밭이 아름답다고 할 것입니다. 그 이유는 형형색색 자신의 특성에 알맞은 꽃을 피우기 때문일 것이리라 생각합니다. 다양성이 때로는 한 사회의 발전을 저해하기도 하지만 이득을 가져다주기도 합니다.

우리나라는 지금 단일민족으로 구성된 나라에서 다양한 민족이 유입되는 다문화사회로 변화하고 있습니다. 다시 말해 다양한 꽃으로 이루어진 꽃밭으로 되어 가는 과정이라고 볼 수 있습니다. 이 과정의 가속화에 바로 전 지구적 세계화가 한몫을 하고 있습니다. 세계화는 가혹하리만큼 국가 간의 경계를 허물고 초국가적 교류를 증대시켰습니다. 우리나라도 예외가 아니듯 결혼이주여성, 이주노동자, 외국인유학생의 수가 날로 증가하고 있습니다. 우리나라 총인구의 3.5%가 우리와는 다른 문화적·민족적 배경을 지닌 다문화인들로 구성되어 있어서 우리는 그들과 함께 살아가야 합니다.

우리나라는 5천 년의 유구한 역사를 거치면서 세계적으로 유일한 단일민족 국가라는 자긍심을 가지고 있었습니다. 이러한 믿음은 우리의 공동체성을 강조하며 짧은 기간 동안 선진국 반열에 이르게 하는 원동력이 되었고 국가적 차원의 어려움을 한마음으로 이겨내게 하는 근원이 되기도 하였습니다. 그러나 지금은 '다문화'라는 말이 익숙해지고 다양성이 이익을 도모하는 시대입니다. 다문화가 한동안 사회적 이슈가 되며 새로운 변화로 여겨지기도 했으며, 이제는 여러 분야에서 다양한 출신 국가의 배경을 갖는 이주민들과 이웃되어 한국 국민으로 함께 살아가고 있습니다.

어떤 사람이 한국인으로 인정받는가에 대하여 '핏줄'보다 '국적'이 중요해지고 있는 세상입니다. 이는 한국 사회가 글로벌화의 흐름에 연착륙하고 있는 것입니다. 하지만 다양한 국가와 문화권에서 온 사람들, 그리고 그들의 가족구성원과 어울려 살아가는 것은 한국 사회 구성원들이 지금까지 경험하지 못했던 새로운 문화적 과제라고 볼 수 있습니다. 따라서 이주민들과 함께 그들의 문화를 이해하고 존중하는 사회통합을 도모하고 이를 기반으로 국가적인 발전을 이끌어 내기 위해서는 우리에게 '준비'가 필요합니다. 이 책은 바로 이 '준비'를 위한 작업이라고 감히 말씀드리고 싶습니다.

다문화주의적 사회통합은 개인이나 집단 간의 상호 작용이 상대적 자율성과 상호 의존관계를 통해 형성되는 것을 말합니다. 민주주의의 원칙과 마찬가지로 사회통합의 목적은 흡수가 아닌 공존을 통해 사회의 안정을 도모하는 데 있습니다. 사회통합이 제대로 이루어지지 않는다면 여러 가지 문화적 충돌과 민족적 갈등이 사회문제로 발전하게 될 가능성이 존재합니다.

이러한 상황에서 연구자는 먼저 다수자인 우리들을 돌아보고 연구해야 한다고 생각했습니다. 본래 살아 왔던 곳을 떠나 이주민이 된 소수자들에 대한 연구와 정책들도 필요하지만 의지와 상관없이 새로운 이웃들과 다른 문화를 받아들여야 하는, 단일민족을 교육받았던 한국인들에 대해서도 마찬가지의 준비가 필요합니다. 다문화를 한국 사회의 자연스러운 한 부분으로 받아들이기 위해서는 한국인들의 직극직인 참여와 지지가 필수적이기 때문입니다. 따라시 한국 국적 취득 이주민과 주류한국인을 포함한 한국 사회 구성원들에 대한 연구를 구상했습니다. 이 구상들은 연구자의 박사학위논문 "다문화사회화 요인이 국가 정체성 형성에 미치는 영향에 관한 연구"를 통해 구체적인 연구로 실행되었습니다.

이 책은 바로 연구자의 박사학위논문 집필 과정에서 얻어 낸 자료들을 깁고 더한 것입니다. 박사학위논문이 다문화 관련 전문가들에게만 읽힐 수 있기에 연구자는 박사과정 연구결과가 무언가 대중적이고 계몽적인 도구가 되기를 고민했습니다. 마침 인하대학교 아시아다문화융합연구소의 다문화연구총서 집필에 동의했습니다.

이 책에는 한국인들이 가지고 있는 다문화 인식으로서 국민 정체성에 대한 요건과 다문화태도, 다문화 행동의사가 국가 정체성에 미치는 영향관계를 분석했습니다. 단일민족에서 다문화사회로 이행하는 한국 사회의 특수성을 진단했으며 우리 사회가 동화주의적 방향, 또는 다원적 가치관을 지닌 다문화사회를 지향하는가를 연구했습니다. 이를 통해 우리나라가 다문화 공존을 위한 사회문화적 진행과정에 있음을 알 수 있었습니다. 여타의 다문화국가들에서와 같이 우리나라도 다문화사회로 이행하면서 동화주의와 다원주의의 가치관이 공존하는 것으로 나타났습니다. 이것은 한국 사회가 공존과 다문화주의로 이행하는 과정에 있음을 시사하는 것으로, 미래 우리나라의 다문화사회는 독일 같은 흡수통합 방식이나 단일민족 중심 방식보다 다원사회 방향으로의 설계가 바람직하다는 것을 의미합니다. 또한 다양한 문화적 전통을 유지하면서도 하나의 사회로 통합되어 국가 정체성을 지켜나가는 것 역시 모든 국가 구성원의 과제이자 관심사로 나타났습니다. 더불어 다양한 출신 국가를 배경으로 하는 한국 국적 취득 이민자들에 대하여 분석한 결과 이들이 가지고 있는 정체성이나 다문화에 대한 태도에는 차이가 있음을 발견할 수 있었습니다.

나아가 이주민과 주류한국인이 함께 지향할 수 있는 정책, 동화론적 시각에 대한 성찰과 반성 및 문화다원주의적 수용과 관련한 정책이 필요함을 밝혔습니다. 더불어 이주민과 공존의 장을 만드는 다원주의적 문화교육 프로그램과 출신 국가별 차이를 토대로 세분화한 단계적 적응 프로그램의 준비, 차별적이고 맞춤화된 이주민 교육 프로그램의 설계에 대하여 제언했습니다.

앞으로 이주민은 계속 증가하고 이에 따라 한국은 다양한 차원의 규칙과 지원, 준비가 필요할 것입니다. 이 책은 다문화사회로 진입하고 있는 현재의 한국 사회와 한국 사회 구성원을 진단한 연구로서, 향후 다문화 연구와 관련 정책의 디딤돌이 되기를 기원합니다.

이 연구를 수행하는 과정에서 연구자는 오랜 기간 미국 생활의 경험을 되새길 수 있었습니다. 그래서 본 연구는 연구자의 행적을 성찰하게 하는 계기가 되었으며, 앞으로 다문화 연구자로 살아가는 데 의미를 두게 해주었습니다. 이 책의 집필 방향에 관해 조언을 아끼지 않으셨던 인하대학교 교육대학원장 김영순 교수님, 박사논문 지도와 함께 항상 격려해 주시는 남상문 교수님께 특별한 감사를 드립니다. 이 책의 구성에 관해 몇 번의 대화를 통해 고견을 나누었던 이홍재 교수님, 중간에 원고를 살펴 주고 고견을 주시던 존경하는 H 의원님, 그 밖의 두루 많은 분들과의 중요한 의견 교류와 토론이 있었습니다. 이분들의 지적 자극이 없었더라면 이 책은 세상에 빛을 보지 못했을 것입니다. 그리고 오랜 시간의 출판과정 동안 정성을 다해 주신 북코리아 이찬규 대표님과 직원들께도 감사의 마음을 전합니다. 아울러 공부하느라 바쁜 나를 이해해 주던 사랑하는 소중한 나의 가족에게도 진심으로 고마움을 표합니다.

끝으로 이 한 권의 책이 아름다운 꽃밭, 지속 가능한 다문화사회에 기여할 수 있다는 믿음을 가지며 서문을 맺고자 합니다.

2016년 10월
최영은

CONTENTS

CONTENTS

CONTENTS

TABLE CONTENTS

TABLE CONTENTS

PICTURE CONTENTS

I

다문화사회의 도전과 과제

1.
연구의 필요성 및 목적

아시아 다문화 현상을 연구한 학자 Kymlicka에 따르면 아시아의 다문화 모형 중 우리나라는 국제결혼과 이주노동 유입국가 유형에 속한다고 한다(Kymlicka, W. & Baogang He. 2005: 2-4). 현재 우리나라는 결혼, 취업, 학업 등을 목적으로 이주한 이주민이 장기체류자 기준 1980년대 4만 명 수준에서 1995년에는 11만 명 정도로 증가했다. 이후 증가세는 지속적으로 높게 전개되고 있지만, 정부나 사회 차원에서 주류한국인과 이주민 간의 문화적 차이나 갈등에 대한 대책은 미흡한 것이 현실이다(김이선 · 황정미 · 이진영, 2007). 장기 · 단기 체류자를 합친 총인원은 2001년 50만 명 내외에서 2005년에는 75만 명 내외로 증가했으며, 2007년 100만 명을 넘어섰다. 이어 2011년 125만 명, 2016년 200만 명을 기록하여 10년 사이에 세 배 정도가 넘게 증가한 추세이다. 〈출입국 · 외국인정책 통계월보〉에 따르면 외국인 체류자는 2016년 6월 기준 2,001,828명을 기록했다(법무부, 2016).

이주민 구성을 살펴보면, 2013년 말 기준으로 단순노동 인력의 비율이 34.8%로 제일 높고, 결혼이민자집단이 9.6%를 차지했다. 이 가운데 단순노동 인력은 그 수나 증감 추세가 일정하지 않고 정부규제나 경기변동 여하에 따라 이주

규모가 큰 폭으로 변화한다. 이에 비해, 결혼이민자는 계속 늘고 있으며 학업이 목적인 해외 유학생 역시 증가 추세다.

이처럼 우리 사회는 외국인노동자의 적법 절차 또는 부적법한 취업, 해외 여성과의 결혼에 따른 농어촌 지역의 가족 형성, 어학연수 및 각급 학교로의 유학 등 다양한 동기로 입국 · 체류하는 이주민이 증가하고 있다. 특히 저소득층의 이혼 후 재혼이라는 국내의 수요에 따른 적법한 절차를 거친 체류 가능한 결혼이민자와 귀화자도 늘고 있다. 이들의 2세 자녀는 2009년 11만 명에서 2010년 12만 명, 2011년 15만 명, 2013년 18만 명, 2016년 20만 명을 넘어서며 그 수가 급격하게 증가하고 있다. 이 가운데에는 한국과 이주민 여성의 국제결혼에서 태어난 2세가 높은 비율을 차지한다. 남녀 모두 외국인 부모 사이에서 태어나 한국 국적이 없던 자녀가 부모의 귀화후, 이들 부모의 초청으로 이주하는 부모 국적 취득 후, 자녀 국적 취득 사례 역시 최근 들어 늘어나고 있다.

글로벌화와 함께 진행된 국제 이주로 인한 국내 거주 외국인의 증가와 국제결혼, 그리고 그들의 2세 증가로 우리 사회는 단일민족국가라는 과거의 역사를 고수할 수 없는 상황에 직면하였다. 한국 사회는 이러한 인구 다양성에 따른 다문화 현상에 적절하게 대처해야 하는 시점에 다다랐다. 즉 다양한 문화적 배경을 가진 이주민과의 공존을 사회적 · 국가적 차원에서 준비해야 할 시기가 도래한 것이다. 나아가 우리 사회는 미래 사회의 문화적 다양성을 인정하고 이를 바탕으로 서로 적응하기까지의 비용을 최소화할 필요가 있다는 점을 인식해야 한다. 국제결혼과 함께 우리 국민으로 유입되는 동북아 · 동남아 · 일본 · 중국 등에서 온 여성들이 이루어 가는 다문화가족은 사회적 소수자 또는 취약계층으로 남을 가능성이 높다. 그 때문에 다문화에 대한 새로운 인식과 바람직한 다문화정책이 요청된다.

국내 학계의 다문화정책에 관한 논의는 2008년 노무현 정부가 다문화사회로의 전환을 공식적으로 표방한 이후 본격화하기 시작하였다. 따라서 이러한 움직

임은 우리 사회의 근본적인 변화를 의미한다. 이 때문에 인권·복지·교육 문제 등 사회현상을 다루는 거의 모든 학문 분야에서 다문화사회와 관련한 연구가 활발히 이루어지기 시작했다. 초기에는 각 실무 분야에서 정부 지원의 필요성을 언급하고 관심을 제고하기 위한 연구가 대부분이었다. 이러한 연구들은 다문화정책이 관장해야 할 범위와 규모가 매우 크다는 점을 알리고자 했다. 나아가 우리 사회 각계에 다문화정책의 중요성을 각인시키는 견인차 역할을 하였다. 이후 정부가 추진하는 다문화정책의 문제점이 드러나기 시작하자 이를 극복하기 위하여 공론의 장이 형성되었다(이경희, 2011: 111-131; 김선미, 2011: 173-190). 더불어 사회통합에 관한 논의가 진행되면서 거시적 관점에서의 정책적 변화와 지원 확대를 요구하는 연구가 필요한 시점이 되었다.

또한 연구의 대상을 폭넓게 규정할 필요가 있다. 국내에서는 '사회통합(social integration)'을 표방하면서도 그동안에는 주로 이주민을 대상으로 하는 연구가 이루어져 왔다. 다문화주의적 사회통합의 목표를 달성하기 위해서는 주류한국인의 지지와 참여가 절대적으로 필요하다. 즉 다문화사회로의 지속 가능한 발전을 위해서는 정부 주도의 다문화정책뿐 아니라, 다문화적 태도와 인식을 가지고 이를 실천하려는 시민들의 행동의지가 상호 작용을 하여야 한다.

유럽이나 이민 국가에서는 오랜 이주의 역사 경험을 통해 사회적 다양성과 인종 간 갈등을 심각한 사회문제로 인지하고 있다. 그러나 국내에서는 어떠한 요인들이 사회적 갈등을 유발하는지, 이에 대한 개인이나 집단의 태도는 어떠한지에 대한 연구는 부족하다. 사회통합의 과정은 정부의 개입이나 체제 개선을 통해 이루어지는 것이 아니라 그러한 제도에 대한 충성도·대중문화·구성원 간의 상호 작용 같은 다차원적 메커니즘을 통해 일어난다. 다문화사회의 전개에 따른 심각한 사회 갈등의 본질적 원인은 한국 사회 구성원들의 이주민에 대한 태도다. 이런 맥락에서 본 연구는 다문화정책을 개발하기 위해서는 국가 정체성의 관점을 중심으로 하는 접근 방법이 요구됨을 강조하고자 한다.

2.
연구문제와 연구방법

본 연구는 한국이 다문화사회로 진입하면서 발생할 수 있는 이주민과 주류 한국인 사이에서 예상되는 문화적 · 민족적 갈등을 사회문제로 보고 해결해야 한다는 취지에서 접근하였다. 이를 위해서는 다문화주의를 기반으로 한 사회통합이 실현되어야 한다는 관점에서 이를 주요 연구방향으로 설정하였다. 또한 우리 사회의 구성원들과 동남아 · 일본 · 중국 등에서 유입된 다양한 문화적 배경을 가진 이주민들의 국민 정체성 요건과 태도, 행동의사가 국가 정체성에 미치는 영향을 분석하였다. 이를 근거로 단일민족사회에서 다문화사회로 진행하는 한국 사회의 특수성을 진단하고자 했다. 특히 우리 사회 구성원들이 전통적으로 단일민족이었다는 이유로 여전히 동화주의적 방향을 지향하는지에 관한 조사도 수행하였다. 뿐만 아니라 초국적으로 진행되는 다문화사회의 흐름과 우리의 사회적 현실을 반영하여 다원적 가치관을 지닌 다문화사회를 지향하는지의 여부도 진단하였다. 이를 위해 다문화적 배경을 지닌 이주민을 포함하여 한국 사회의 다양한 구성원들에 대한 설문조사를 실시하였다. 나아가 이 조사 결과를 토대로 실증적으로 분석하여 향후 다문화정책의 방향을 제시하고자 한다.

본 연구의 목적을 달성하기 위해 다음과 같은 연구문제를 설정하였다.

첫째, 국민 정체성에 대한 인식이 국가 정체성에 미치는 수준은 어떠한가?

둘째, 다문화에 대한 태도 및 이주민에 대한 태도가 국가 정체성에 미치는 수준은 어떠한가?

셋째, 다문화 행동의사가 국가 정체성에 미치는 영향은 어떠한 관계를 형성하고 있는가?

넷째, 다문화 행동의사와 국가 정체성과의 관계에서 국민 정체성에 대한 인식과 태도 및 이주민에 대한 태도, 다문화 행동의사가 상호 작용을 하는가?

상기 연구문제들을 해결하기 위하여 연구방법은 다음과 같다.

첫째, 문헌 고찰을 수행하여 다문화정책과 관련하여 논의해야 할 국가 정체성의 개념과 한국 사회의 특수성 및 다문화사회화의 요인과 한국의 다문화정책 등을 분석하였다.

둘째, 실증연구를 통하여 국민 정체성에 대한 인식과 다문화태도, 다문화 행동의사, 국가 정체성 등을 분석 변인으로 선정하고 영향관계를 구조방정식 분석(Structural Equation Model Analysis)을 통해 도출하였다.

셋째, 설문조사를 위해 구조화한 설문지를 작성하였으며, 이를 통해 한국인과 한국 국적을 취득한 다문화 이주민을 대상으로 설문조사를 실시하였다. 한국인과 탈북인, 그리고 이주민 중 결혼 또는 노동이주 후 한국 국적을 취득한 이주민들만 설문 대상으로 하였으며, 이주했으나 귀화하지 않아 국적을 취득하지 않은 경우에는 설문 대상에서 제외되었다.

넷째, 자료 처리는 SPSS Windows 18.0을 활용하여 한국인과 다문화 구성원들의 국가 정체성에 영향을 미치는 요인들을 도출하는 방법으로 분석하였다.

이러한 연구방법을 통하여 유입 문화 및 이주민에 대한 인식과 태도, 행동의 사가 국가 정체성에 미치는 영향을 실증적으로 분석하였다. 연구의 범위는 다음과 같다.

첫째, 문헌 고찰을 통해 사회통합의 개념과 다문화사회의 정의와 특징을 국가주의 다문화와 시민주의 다문화로 구분하고, 한국 다문화사회의 배경과 특성을 통해 나타난 시사점을 제시하였다.

둘째, 다문화사회화의 특성과 요인을 사회화 현상과 유형으로 알아보고 연구를 위한 주요 개념들인 국민 정체성에 대한 인식, 다문화태도, 다문화 행동의사에 대한 논의를 통해 국가 정체성을 알아보았다.

셋째, 한국의 다문화사회화 정책 현실을 소통 · 교류를 위한 프로그램 개발과, 이주민의 문화권, 그리고 다문화사회의 문제를 포함하였으며 외국의 사례는 미국 · 캐나다 · 호주 · 프랑스 · 독일 · 일본 등 여섯 나라로 한정하였다.

넷째, 국가 정체성의 요인과 모델을 구분하여, 요인은 국민의 국가에 대한 자부심, 국가에 대한 개인의 기여의식, 국가에 대한 존중감, 개인 정체성과 자긍심의 기반으로서의 국적, 세계화 시대의 호혜협력 영역으로 나누어 설명하였다.

다섯째, 실증연구에서는 연구모형 및 가설을 설명하고 일반인들을 대상으로 설문조사를 실시한 뒤, 이를 분석하여 주요 변수 간의 관계를 분석하였다.

여섯째, 분석 결과를 토대로 함의와 시사점을 선행연구들에서 논의된 내용들과 함께 검토하고, 한계점과 향후 연구 과제를 제시하였다.

Ⅱ

다문화사회와 국가 정체성

1.
다문화와 다문화주의

1) 다문화와 다문화사회의 개념

현대사회는 교통과 통신의 발달과 함께 세계화가 급속하게 진행되면서, 국경을 초월한 인적 · 물적 자원의 이동은 물론 문화적 교류 역시 활발히 이루어지고 있다. 그 과정에서 지금까지와 다른 형태의 사회가 창출되었다(지종화 외, 2009: 472). 한 국가 안에서 수많은 민족과 문화가 상호 존중 · 이해되며, 융화 발전하는 복합적 현상들이 발견된다. 바로 이와 같은 사회적 형태를 '다문화사회'라고 한다.[1]

다문화사회를 본질적으로 이해하기 위해서는 우선 문화의 정의를 살펴볼 필요가 있다. 일반적으로 문화란 한 인간집단에서 고유되는 관념 · 상징 · 행동 · 가치관 · 신념 등과 같은 삶의 총체적 양식을 말한다. 뿐만 아니라 문화는 인간집단

---

1) 다문화주의와 대비되는 개념은 '단문화주의(monoculturalism)'로, 이는 단일 국가나 민족이 하나의 문화를 가진다는 19세기적 가정에 입각한 개념이다. 단문화주의는 국가나 민족의 강력한 동질성을 전제로 하는데, 실제로 이러한 단일문화 또는 단일민족국가는 현대사회에서 찾아보기 어렵다. 또한 다문화주의와 혼동되는 개념으로 '문화적 다원주의(culturalpluralism)'라는 용어가 있는데, 이는 여러 집단이 고유한 문화를 유지하면서 전체 사회에 참여하는 것을 지칭한다. 문화적 다원주의는 여러 집단이 단지 공존하는 것뿐만이 아니라 지배적인 문화 내에서도 다른 집단의 문화를 보유할 가치가 있다고 간주하는 것이다.

이 그들의 생존에 필요한 것을 충족시키기 위해 창조한 상징제도 혹은 사회의 다양한 요소들로 정의되기도 한다(한국다문화교육연구학회, 2014: 165). 현대 사회과학계에서 통용되는 문화개념을 만들어 낸 학자인 Raymond Williams는 문화를 "영어 단어 중 가장 난해한 단어 중 하나"라고 규정했다. 이는 인류의 지성과 심미적인 발달의 산물로서 크게 세 가지로 구분해 볼 수 있다. 첫째, 지적 · 심미적 · 정신적 능력을 계발하는 일반과정이다. 둘째, 한 인간이나 한 시대, 혹은 한 집안의 특정한 생활방식이다. 셋째, 지적 산물이나 지적 행위 특히 예술 활동을 말한다. 우리가 논의하는 다문화는 두 번째의 문화개념과 연관된다고 볼 수 있다.

'다문화'라는 용어는 1957년 스위스에서 사용되기 시작하여 1960년대 후반 캐나다에서 대중화되었다. 이후 미국 · 호주 · 뉴질랜드 등 이민자가 많이 거주하는 영어권 국가에서 빠르게 확산되었다. 한국다문화교육연구학회(2014)에 따른 다문화주의에 대한 사전적 정의는 "학교 · 기업 · 이웃 · 도시 또는 국가와 같은 조직적 수준에서 인종의 다양성과 운용상의 이유를 위하여 하나의 특정 장소의 인구학적 구성에 적용되는 다양한 인종 문화의 수용"이다.

다문화는 문화적 다양성의 존재를 의미하며, 정도의 차이는 있지만 모든 사회에 존재한다. 문화적 다양성은 인종 · 언어 · 역사 · 문화적 동질성에 기반을 둔 다수의 공동체가 존재하는 현상이다. 이를테면 호주 · 미국 등은 국가 형성 이전부터 다양한 인종과 문화공동체가 존재했다. 독일이나 스웨덴 등은 우리나라처럼 단일민족으로 구성된 민족공동체가 외부의 문화로부터 이주민을 받아들이면서 문화적 다양성을 가지게 되었다. 상이한 인종 및 복수의 문화공동체를 가지고 있는 사회를 다문화사회라고 부를 수 있지만 다문화는 국가 또는 공동체가 궁극적으로 지향해야 할 이념을 포함하여 다문화주의(Multiculturalism)를 의미한다.

다문화주의를 광의적 의미로 정의한바 "현대사회가 평등한 문화적 · 정치적 지위를 가진 상이한 문화집단을 끌어안을 수 있어야 한다는 믿음"을 의미하고(유네스코 아시아 · 태평양 국제이해교육원, 2008: 89), "이러한 학문적 결합은 다양한 민족 구성과 이에 부합되는 정치적 문제, 즉 인권 · 복지 등을 포괄하는 사회적 통합이란 의미를 내포하고 있다(최경옥, 2010: 228)". 동시에 한 사회 내에 있는 다양한 인종집단들의 문화를 단일문화로 동화시키지 않고 서로 인정하고 존중하면서 공존하는 데 그 목적을 두는 이념체계 또는 체계적인 이론이나 조직적인 운동이라 할 수 있다(윤인진, 2007: 251-252). 더 나아가 특정한 사회의 지배적인 문화의 억압으로 인하여 실현되지 못한 다양한 문화적 차이에 대한 인식, 그리고 그 차이를 열린 마음으로 인정하고 포용하기 위한 일련의 문화적 상대주의 등으로도 다문화주의를 정의할 수 있다(정상준, 1995: 81).

다문화사회를 이야기할 때, 다문화주의적 관점에서는 다양성(diversity)과 차이(difference)를 구분해 사용할 필요가 있다. 일반적으로 다양성이 서로 다른 여러 가치들이 함께 모여 있는 가치중립적인 상태를 의미한다면, 차이는 의미상 다양한 가치들 간의 불평등한 관계를 내포하고 있다. 어떤 집단이 하나의 사회를 형성하기 위해서는 사람들이 지속적으로 상호 작용을 하면서 관계를 유지해 나가거나, 동일한 지리학적 공간, 그리고 동일한 정치적 권력 및 지배적인 문화적 유산을 공유해야 한다.

결국 다문화사회는 하나의 공동체라는 제반 조건을 갖추면서 사회 구성원들 사이에 주류문화와 다양한 소수문화가 공존할 수밖에 없는 구조를 가지고 있다. 이러한 다양성을 통해 긍정적인 결과도 가져오는 반면 필연적으로 끊임없는 대립과 마찰이 발생하기도 한다.

어느 사회든 소수문화는 존재한다. 일반적으로 다문화사회(multicultural society)의 소수문화는 유입된 문화를 의미한다. 기존의 사회 구성원이 그것을 접하고 기호에 따라 받아들인 문화가 아니라, 이주민의 유입을 통해 기존 구성원들의 의사와는 상관없이 기존 사회에 존재하게 된 문화를 말한다. 다문화사회에 대한 논의에서는 인종 또는 민족적 요소를 완전히 배제할 수는 없다. 익숙하지 않음에 대한 거부감, 소위 외국인 혐오라는 '제노포비아(Xenophobia)'는 엄연히 존재하는 사회현상이다. 이에 대한 대처 방안은 사회가 감당해야 할 몫이다.

우리가 다문화사회에 관심을 갖는 이유는 궁극적으로 사회의 발전에 있다. 발전은 변화를 의미하며, 변화는 대내외의 지속적 상호 작용의 결과다. 대립과 갈등도 어느 사회든 그 사회의 발전을 위해서는 필수불가결한 요소다. 바람직한 변화를 유도하거나 어떤 정책을 결정하기 위해서는 여러 학문 분야에서 그 현상에 대해 관심을 가지고 지속적인 연구를 해야 한다. 서구의 나라들이 다문화사회로 진입한 배경은 여러 가지다. 특히 선진국에서는 저출산과 고령화가 가속화되었으나 사회 전반은 발전하였고 소득이 향상되었다. 힘든 노동이나 생산성이 낮은 단순노동을 회피하는 경향으로 이주노동자의 유입이 불가피한 경우가 있다. 경제활동 인구의 부족에 따라 경제규모를 유지하기 위해 외국의 단순노동 인구를 유입시켜야만 했다. 이들로 하여금 사회기반 확충에 필요한 저임금, 단순 미숙련 업무 등을 해결하게 함으로써 외국의 노동인력에 의존할 수밖에 없었다.

노정욱(2012)에 따르면 "미국은 1960년대의 인권운동으로 내국인과 소수집단의 권리의식이 고양되었고 민주주의의 발전이 가능하였다. 냉전의 종식은 지정학적 안전을 확보하고, 소수민에 대한 권리보호의식이 사회 전반에 성숙함으로써 소수집단을 억압하거나 통제할 필요성이 감소하였다. 따라서 자유민주주의에 대한 광범위한 합의와 지지가 나타나면서 다문화사회로 진입하게 되었다." 다문화사회에서는 여러 가지 갈등 요소가 상존한다는 것이 상식처럼 받아들여지고 있다. 그러나 일찌감치 다문화사회화를 경험하고 준비해 온 나라들은 다양성을 받아들이면서 그것을 자원으로 삼아 기존의 위기를 극복하면서 긍정적 발전을 이루어 냈다.

본 연구에서는 다문화주의적 관점에서 다문화사회를 "다양한 인종 또는 민족이 공존하면서 문화적 다양성이 존재하는 공동체"로 정의하였다. 문화적 다양성 내에서는 긍정적 상호 작용과 부정적 상호 작용이 모두 일어날 수 있다. 그러나 긍정적 발전을 이루어 내느냐 퇴보의 길을 걷느냐는 사회의 모든 구성원의 책임이라고 본다.

2) 다문화주의의 형태

(1) 국가 주도 다문화주의

다문화주의란 시민과 국민으로서 누릴 수 있는 사회 · 경제 · 정치 · 문화적 권리를 취득하고 향유하는 데 인종과 민족이 차별의 근거가 되지 않는 사회를 지향하고, 초 · 중등학교와 대학 내의 교육과정이 그 사회 내의 다양한 문화와 집단의 경험 및 관점을 반영하도록 개선되어야 한다는 이념으로(한국다문화교육연구학회, 2014: 134) 정의했다.

이런 다문화사회는 세계의 많은 곳에서 찾아 볼 수 있다. 이미 세계 여러 나라들은 인종 · 민족 · 종교 · 언어 등의 면에서 다양한 집단들로 구성된 다인종 · 다민족 사회다. 이들의 중대 과제는 어떻게 다양성을 관리하여 국가 단위로서 통합을 유지해 가느냐 하는 것이다. 다문화주의는 다양한 유래를 가진 문화집단들 간의 평화적 공존을 통해 국가 정체성에 대한 합의를 이루고자 하는 이념 또는 정책이다. 다문화주의를 국가통합의 이념과 정책으로 정하고 이를 시행할 때, 그 시작은 국가가 수행하여야 한다. 나아가 국가 정체성과 국민의식 통합을 고양하는 다양한 행사를 지원하고 개최해야 한다.

다문화주의의 이념은 1970년대 서구 민주주의 사회에서 전면적으로 등장하였고, 세계화의 진행에 따라 단일민족국가들이 보유하고 있는 다양한 문화를 인정하고, 서로 교류하고자 여러 문화를 존중하는 이론이다. 현대사회에서는 다양한 국가의 문화를 널리 수용하고 이해할 수 있는 문화적 다양성의 관리를 위하여, 공식적으로 상호 문화역량과 문화적 차이에 대한 존중을 중시한다.

우리나라도 이런 측면에서는 예외적이지 않았다. 최근 한국 정부는 다문화 정책을 각종 정책에 포함하여 실시하고 있다. 2006년 2월 13일 행정자치부는 우리 사회의 발전과 한국이 급속히 다인종·다문화사회로 이행하고 있다는 이해하에 다문화국가로의 통합을 부서 행정목표로 설정하였다고 발표하였다. 같은 해 4월 26일 노무현 대통령이 주재하여 열린 부처회의에서 혼혈인과 이주자를 위한 사회통합 지원방안과, 결혼이민자 사회통합안의 두 정책을 채택하였다. 노무현 대통령은 이 자리에서 대한민국이 다인종·다문화사회로 이행하는 것은 이미 거스를 수 없는 대세이며, 단일민족만 고집할 수 없고, 다문화정책을 통해 이주자를 통합하려는 노력을 해야 한다고 선언한 바 있다.

이런 맥락에서 교육부는 단일민족주의를 강조하는 교과서를, 다문화와 타인종에 대한 관용을 강조하는 내용으로 수정하기로 결정하였다고 발표하였다. 더불어 다문화가정 자녀를 위한 '방과 후 학교' 프로그램 개설을 지원하고 대학생 멘토링 대상자로 다문화가정 자녀를 우선으로 선정하고 있다. 아울러 교육과정 개정 시 중3 도덕 교과서에 '타 문화 편견 극복' 단원을 포함하는 등의 정책과제를 수행하였다.

여러 정부 부처 중에서 국제결혼이나 국제취업 등에 따라 다문화 담론에 앞장서고 있는 또 다른 부처는 법무부로서, 외국인과 평화롭게 공존하는 열린 사회를 위하여 공청회를 조직하였다. 공청회 개회사에서 당시 천정배 법무부 장관은 한국이 다인종·다문화사회로 전환하고 있음을 언급하며 서구 사회의 사례로 알 수 있듯이 다문화정책을 통해 이주자를 통합하지 않을 경우 심각한 사회불안을 야기할 수 있음을 경고하였다(오경석 외, 2007: 33). 현재 경제발전과 사회통합에 기여하는 균형 잡힌 외국인 정책으로, 활기찬 대한민국 건설을 위해 '제2차 외국인 정책 기본계획'을 확정하여 발표하고 2013년에 이를 시행하였다.

정부는 2006년 11월 28일 제52회 국무회의에서, 외국인 정책의 체계적 수립 및 추진을 위한 근거 법 마련을 위해, 재한외국인처우기본법을 제정키로 의결하여 2007년 7월 18일부터 시행하였다. '재한외국인처우기본법'은 재한외국인의 법적 지위 및 처우 등에 관한 기본적인 사항을 정함으로써 재한외국인이 대한민국 사회에 초기에 적응하여 건강한 삶을 유지하는 데 기여하고, 대한민국 국민과 재한외국인이 서로를 이해하고 존중하는 사회 환경을 조성하여, 대한민국의 발전과 사회통합에 이바지함을 목적으로 한다. 법의 목적에서 한국의 국가 주도 다문화주의는 다른 나라의 다문화주의와 크게 차이를 보이지 않는다(오경석 외, 2007: 39).

정부의 재한외국인처우기본법은 외국인의 인권과 권리를 적극적으로 보호하려는 조치로서 시작되었다. 이를 근거로 이주해 온 외국인과 그 자녀들에게 불합리한 차별대우를 방지하고 결혼이주자에 대한 한국어 교육, 2세 자녀와 중도입국 자녀들을 위한 교육과정 개설 등에 관한 지원정책이 가능하게 되었다. 그런데 재한외국인을 '대한민국의 국적을 가지지 아니한 자로서 대한민국에 거주할 목적을 가지고 합법적으로 체류하고 있는 자'로 정의하면서 법 적용 대상을 합법적으로 국내에 체류하는 외국인에게 국한하였다. 불법체류 외국인은 전혀 고려하지 않음으로써 이들은 법 적용 대상에서 배제하였다.

다문화주의 논의 대상을 공식적인 통로를 통해 국내로 유입해 들어온 이주민들로 국한하고 있다. 이주민들은 대한민국 국적을 취득할 것을 전제로 하는 집단이기 때문에 국가 행정부처로는 적극적인 사회통합 정책을 실시하는 당위성을 갖는다. 그러나 다문화주의 담론이 합법적 이민자만 대상으로 하는 이론이라면 국제적으로 볼 때 이들에 대한 담론은 사회정의라는 실천적 측면에서의 가치는 현실적으로 상당히 제한적일 수밖에 없다. 해외는 물론 우리나라의 경우도 국내 외국인노동자의 대부분이 미등록 이주노동자이고, 그들의 귀환은 개인적 상황이나 경제적 측면에서 실질적으로 불가능하며, 이주노동자가 결혼이민자보다 훨씬 많은 상황이다(오경석 외, 2007: 40).

한국 정부가 시행해 온 국가 주도, 관 주도 다문화정책은 외국인에 대한 관리 원칙으로 볼 수 있다. 그런데 그 적용 대상을 정확하게 합법 외국인과 불법 외국인으로 이분화하여 전적으로 전자에 대해서만 정책적으로 관리·배려·통제한다는 점을 표방했다. 이는 재한외국인의 대부분을 차지하는 미등록 외국인노동자를 정책적으로 배제하는 결과를 가져왔다. 엄한진(2006: 35)은 "선한 이민과 부정적 이민의 구별 짓기가 나타나고 있다"고 하였다. "결혼이주여성은 결혼적령기를 넘긴 농어촌 한국 남성과 결혼해서 한국 가족제도를 유지시켜 주는 고마운 존재로서 선한 이민으로 평가된다. 그러나 외국인 남성 이주노동자는 불법체류까지 하면서 내국인의 저비용, 단순노동 차원의 일자리를 빼앗고 한국에서 번 돈을 본국으로 송금하여 빼돌리는 존재, 즉 부정적 이민으로 인식하게 된다"고 보았다.

정부가 정책을 시행할 때 그 대상을 합법적 국가 구성원에 한정하는 것은 당연하다. 국민의 세금으로 불법체류 외국인노동자를 지원한다면 국민이 쉽게 용납하지 않을 것이다. 더구나 우리 사회도 점차 일반 실업률, 고연령 단순노동 계층의 비자발적 실업률이 증가함에 따라 노동시장은 지금까지와는 다른 분위기를 조성하였다. 사회문화적 질서를 안정시키기 위하여 입국하는 외국인의 규모와 자격을 엄격히 통제하고 이를 위반하는 외국인을 단속하고 출국시키는 것을 국가의 의무적 관심에 포함시켰다. 국가가 다문화주의정책을 시행할 때는 외국인 체류자들을 체류 합법성 여부를 기준으로 구분하게 된다고 볼 수 있다. 결국 현재까지 우리나라는 다문화정책의 대상을 합법체류 외국인에 한정하고 있으며, 사회 전체의 통합과 국익 증진, 다문화 구성원의 국가 정체성 제고라는 목표를 개별 외국인의 인권이나 특수상황보다 우선시하고 있다고 판단된다.

단일민족국가의 한계를 극복하면서 다문화주의 속에 실재하는 모든 구성원에게 비공식적으로라도 다문화정책의 혜택을 제공하는 것은 시민사회의 몫이다. 시민사회는 정부의 불필요한 개입과 억제에서 벗어나 국가와 개인을 연결해 주는 중요한 역할을 하는 기관이다. 더불어 인권과 환경을 중심으로 평화·문화와 같은 탈물질적인 가치를 매우 중요하게 생각하며 사회적 약자의 권익을 보호하고 대변하는 역할도 한다. 결혼이주민과 외국인노동자와 같은 사회적 약자들을 지원하고 보호하기 위해서는 이들의 욕구를 정확하게 파악하여 실생활에 도움을 주는 서비스를 제공해야 한다. 현장에서는 각종 시민단체들의 경험을 바탕으로 한 역할이 중요하다고 볼 수 있다.

(2) 시민 주도 다문화주의

시민 주도 다문화주의는 소수집단의 문화와 정체성을 보호하고자 발생하였으며, 국가 주도 다문화주의로 인하여 주변화되고 불이익을 당하는 소수집단들이 사회에 평등하게 참여할 수 있도록 보호하는 것으로, '아래로부터의 다문화주의' 또는 '풀뿌리 다문화주의'라고 볼 수 있다.

시민 주도 다문화주의는 다문화주의의 주체인 소수집단이 다문화주의의 이념과 정책을 평가하고 소수 이주자들의 욕구와 소외된 처지에 적합한 정책을 추구하는 경향이 있다. 시민 주도 다문화사회의 지향 기관과 단체들은 다문화사회의 주체들이 거주하는 지역공동체에서 시민사회를 토대로 소규모로 밀착되어 지역 사정에 따라 다양한 형태로 활동한다. 이 때문에 지역밀착형 서비스나 다문화구성원들의 입장을 대변하는 역할 제공도 가능하다. 그리고 국가가 사회통합과 국익을 목표로 시행하는 표준화된 다문화주의정책으로 발생할 수 있는 부작용을 완화하는 데 기여하기도 한다.

다문화주의도 민주화와 유사한 단계적 과정을 거친다. 권위주의와 첨예한 갈등을 겪으면서 과도기를 거쳐 민주주의가 견고해지는 것처럼 다문화주의도 그 시작은 법적·제도적 개혁을 통한 동화주의로부터 시작한다. 대부분 이 과정에서 이주민들은 전적으로 동화의 대상으로만 파악되다 점차 이주민들의 인권과 문화

를 인정하는 단계를 지나 사회적 · 경제적으로 다문화주의의 가치를 중시하는 다
문화주의의 공고화에 이르게 된다.

시민단체에서 '다문화주의'라는 말이 일상화된 것은 그리 오래된 일이 아니
다. 다문화사회라는 용어는 1960년대 중후반에도 일부 지원단체에서 사용되었다
고 한다. 이후 2005년경부터 결혼이주민의 수가 급격하게 증가함에 따라 담론 차
원이나 정책 차원에서 다문화에 대한 논의가 본격화되었다. 현재 다문화주의는
이주노동운동 내에서 이주인권연대 · 외국인노동자협의회 등의 지원단체와, 이
주여성 상담단체의 주요 의제다. 최근 들어 정부 정책의 예산안 증액과 맞물리면
서 이주노동운동에서 관련 사업들이 빠르게 증가하고 있다(오경석 외, 2007: 77).

행정안전부(2013)에 의하면 시민 주도 다문화 관련 지원사업은 규모 · 예산 ·
프로그램 등에 대한 정확한 통계가 이루어지지 않아 완전한 현황 파악이 어렵다.
다만 행정안전부 내 다문화사회지원팀의 지방자치단체 외국인 주민 현황과 기관
단체 조사 결과에 따르면 2013년 기준, 전국적으로 외국인 주민을 지원하는 기관
과 단체는 1,249개가 있다. 이 중 종교단체가 152개, 민간단체가 577개라고 한다.
등록되지 않은 단체나 파악되지 않은 단체를 포함하면 이보다 많은 단체가 존재
할 것으로 추산된다. 이주자가 증가하고, 정부의 지원사업이 확대되면서 이주 다
문화 관련 지원사업을 하는 민간단체들도 꾸준히 늘어나고 있다.

이에 대해 김선미(2009)는 "시민 주도 지원사업은 주로 이주노동자의 노동권
과 인권보호(임금체불 · 폭행 · 인권침해), 불법체류 노동자들의 생존과 관련된 지원활동
단체들이 많았다. 현재는 이주노동 지원단체와 다문화가족 지원단체들이 혼재되
어 나타나 있다"고 보았다. 한국 사회에 다문화주의가 정착되기 시작하면서 시민
단체들은 정부와 민간기구로부터 다문화가족에 대한 위탁사업을 수행하고자 많
은 노력을 기울였다. 이러한 과정에서 복지적 사업 목적을 영리적 방향으로 왜곡
하는 사례가 발생하기도 하였다. 이와 관련하여 시민단체들은 자성적 발언과 함
께 잘못을 바로잡는 움직임도 보여 주었다. 이에 따라 시민사회 지원단체들의 활

동도 폭이 넓어지면서 그 수도 증가한다. 첫째, 기존 이주노동자 지원단체들이 새롭게 다문화가정 지원사업을 사업 내용에 추가해 전개하는 경우다. 둘째, 여성 인권 단체들이 이주여성 인권보호 차원에서 다문화가정 지원사업을 하는 경우다. 셋째, 다문화사회와는 거리가 없는 전혀 다른 영역에서 활동하고 있던 기존 시민단체들이 다문화가정 및 2세 자녀 지원사업을 전개하는 경우다. 마지막으로 다문화가정 지원사업을 위해 새롭게 만들어진 단체로 구분할 수 있다.

외국인 이주노동자들의 문제를 해결하고 이주여성의 문제를 다루기 위해서는 다문화적 관점에서 제반 현상을 해석하고 이해하는 것이 필수다. 그러나 현재 우리나라는 흡수나 동화주의적 관점이나 정리된 이론적 입장이라기보다 일상생활에서 나타나는 다문화주의와 상반된 문화적 원칙을 가진 다문화가족 관련 사업을 진행하고 있다. 이에 따라 다문화이주여성들을 대상으로 한 교육 차원에서 한국 소개, 다도(茶道), 한복 입는 법 배우기, 전통예절 배우기 등 다문화적 가치와 상반되는 프로그램들이 진행되고 있다.

(3) 다문화주의에 대한 함의

이주민 또는 다문화 지원 민간단체들 중 대부분은 불법 여부와 상관없이 이주민 전체를 지원 대상으로 한다. 이것은 시민 주도 지원사업의 목적이 인권에서 문화적 권리까지 폭넓은 다문화주의를 표방하는 것과 관련이 있다. 이들 단체는 상담·복지·교육·공익·정보 등의 분야에서 지원사업을 한다. 이외에도 일부 단체는 통역 지원, 연구사업, 멘토 양성, 의료 지원, 문화교육·다문화 이해를 위한 특강 등을 실시한다.

시민단체에서 소규모로 진행하는 사업으로는 '다문화 캠프', '아내 나라말 배우기 교실' 등이 있지만 미약한 수준이다. 외국인들은 한국 사회에 적응하기 위하여 시민단체에서 주관하는 한국어와 한국 문화 프로그램에 참가하기도 한다. 다문화 관련 활동은 외국인이 한국어와 한국 문화를 학습하는 것이 주종을 이루고 한국인이 외국어와 외국 문화를 학습하는 것은 매우 미흡하다.

한국이주여성인권연대에서 실험적으로 시작한 한국인 남편 대상 베트남어 교실은, 처음에는 20명의 남편이 참여했지만 5명만 계속해서 수업을 들었다. 베트남 출신 아내가 한국어를 배우는 것은 필수라고 생각하지만, 자신이 아내의 나라말인 베트남어를 배우는 것은 선택사항으로 여기는 것이다. 아내의 나라 말을 배우는 남편들은 가정이 화목하고 부부관계가 다른 부부들보다 좋다는 의견도 있다. 이들은 나아가 아내의 나라에서 노후를 보낼 생각으로 베트남 부동산에 투자하는 등 제2의 인생을 위한 전환점을 찾기도 한다. 이는 국제결혼을 통해 동남아 여성이 한국으로 이주하는 것을 넘어 한국 남성도 아내의 나라로 진출할 수 있는 가능성을 보여 주는 것이다.

시민단체들이 정부의 재정지원을 받는 경우는 매우 미미한 실정이다. 그러나 지원받는 단체들도 프로젝트를 기준으로 사업 관련 경비만 지원받는 정도일 뿐, 단체 운영을 위해 필요한 인건비와 경상비 등은 지급받지 못하는 경우가 많아, 프로젝트별 단기적 운영에 그치고 있다. 이러한 재정적 어려움은 지원단체들의 제도화나 기능의 심화 혹은 다양화를 촉진하는 데 하나의 장애요인이 되고 있다.

이런 맥락에서 김선미(2009)의 주장을 살펴보면 정부의 정책에 대해 비판을 하고 있는 것으로 보인다. "현재 중앙정부는 지자체 차원에서 재한외국인처우기본법과 다문화가족지원법에 근거해 다문화정책을 추진해 오고 있다. 정부의 정책 대상은 합법적인 외국인에 국한하여 합법적 이주노동자·결혼이민여성·다문화가정 2세 등이다. 국제결혼을 한 외국인 여성과 남성은 한국에서 합법적 지위를 부여받게 된다. 외국인 관리 메커니즘을 보면 이들은 통합 대상으로 간주된다. 그러나 불법체류 외국인은 물론 합법적 지위를 가진 외국인노동자들도 귀환의 대상으로 관리하고 있다. 즉 정부의 다문화정책은 합법적 체류자나 정주자로 규정함으로써 미등록 외국인노동자를 배제하는 정책이자 관리 메커니즘으로 볼 때 정부가 정책 대상 범주로 삼는 것은 이민자가정이라고 할 수 있다."[2]

지금까지 시민 주도 이주민 지원사업은 불법 외국인노동자들도 인권과 노동권을 최소한으로 보장받아야 한다는 입장에서 이를 실현하기 위하여 많은 노력과 지원활동을 전개하고 있다.

정부 주도 다문화주의가 국가 발전과 국민통합과 국가 정체성 제고 등에 초점을 둔다면 시민 주도 다문화주의는 이주민을 다문화주의 주체로 인정하고 그들의 문화적 권리를 인정하면서 더불어 살아가는 공동체적 다문화주의 관점을 견지하고 있다. 이에 따라 이주민의 인권과 사회정의 실현에 기여하고 정부의 다문화주의정책에서 발생할 수 있는 문제점을 시정하는 역할을 할 수 있으리라 기대된다.

3) 한국의 다문화사회 특성

우리나라는 세계화의 소용돌이 속에서 국제적 · 경제적 · 문화적으로 변화를 피할 수 없는 상황에 직면했다. 이런 흐름에서는 우리만의 고유한 전통과 미풍양속을 아름답게 유지해야 할 뿐만 아니라 다양한 문화를 포용해 또 다른 우리 문화를 표현하는 것이 필요하다. 다문화사회통합의 이상적 목표는 각기 다른 문화를 가진 이주민들이 주류사회의 가치 · 문화와 공존하며 통합되는 것이다. 그러나 다양한 인종집단 간의 사회통합 과정에서는 수많은 갈등이 발생한다. 따라서 공존하는 원칙을 찾아내는 것은 다문화사회화의 중요한 요소가 된다.

전통적으로 우리 민족은 수많은 전쟁과 이민족의 지배를 받으면서도 동일한 언어와 문화, 혈통을 가진 단일민족으로서 공동체 의식으로 단결하여 왔다. 이웃

---

2) 김선미, "이주, 다문화 실태와 지원사업 분석: 정부 주도와 시민사회 주도", 『시민사회와 NGO』 7(2), 2009, 199-200.

민족에 동화되지 않고 정체성을 유지한 채 통일국가를 발전시켜 온 민족으로 믿어 왔다. 학계의 논쟁은 차치하고 우리는 단일민족으로 규정하고 공동체성과 민족적 자긍심을 강조하여 왔다. 이는 우리 역사의 많은 부분에서 긍정적인 역할을 해 온 것도 사실이다(임형백, 2009: 161-192).

다문화사회화는 미국 · 호주 · 캐나다 등 이민자에 의해 개척된 신대륙 국가들의 영향을 받았다. 동양에서도 역시 다민족에 의한 다문화주의는 민족정책이라고 할 수 있을 만큼 깊은 역사를 가지고 있다. 서양 국가들에서는 다양한 민족과 인종으로 구성된 근대 국가 형성기에 국민통합을 위한 이데올로기로서 다문화주의의 당위성이 지속적으로 논의되었고, 근래에 이르러 한국에서도 이에 관심을 갖기 시작하였다.

제3세계 산업연수생을 비롯한 외국인노동자들의 출입 증가와 노동력을 제공하는 근로자의 유입은 국제결혼 문제와 더불어 다문화사회의 진전을 이끈다. 특히 결혼 기피나 농촌 지역 만혼 현상, 결혼 상대자의 수급 불균형 등으로 동남아시아를 비롯한 주변국들로부터 국제결혼을 통한 이민자들이 지속적으로 증가하고 있다.

(1) 한국 다문화사회의 형성 원인

이주민들의 사회통합에 관한 논의는 비교적 오랜 역사를 가지고 있다. 사회통합의 역사가 오래된 이유는 통합(integration)의 개념이 사회 구성원들을 통일하여 체제를 안정으로 유지하기 위한 개념이기 때문이다. 이주민의 사회통합(social integration)은 '개인이나 집단이 한 사회에서 어떻게 적응하고 함께 살아가느냐'에 대한 사회적 유대라는 관점에서의 개념으로, 주류와 비주류 간 갈등을 최소화하고, 상호 존중하는 것이다.

우리나라는 단기거주 외국인노동자와 결혼이민자에 의해 다문화사회가 주도되고 있다. 그러나 단기거주 노동자는 정주허용 금지로 외국인 신분을 유지하며, 차별적 포섭과 배제의 모델에 해당된다. 귀화자의 경우 다문화주의 모델이며 결혼이민자의 경우에는 동화 모델에 해당한다. 정부가 고려하는 결혼이민자 대상의 다문화정책은 가부장적 순혈주의에 뿌리를 둔 동화주의 원칙을 고수하며 사회통합정책을 펼치고 있다.

다문화사회화에 따른 가치를 실현하기 위한 정책에서 한국은 어느 면에서는 선진국보다 앞서가기도 하지만, 여전히 강압적이고 경직된 정책을 유지하고 있다. 불법체류 외국인, 결혼이주여성, 다문화가족 자녀들에 대해서는 동정심을 갖고 시혜 차원의 대책을 마련하고 있다. 다시 말해 우리 사회는 다문화가족의 고유한 문화와 정체성을 인정하고 존중하기보다는 한국 주류사회의 문화에 일방적으로 동화시키려고 한다는 것이다. 불법체류 외국인들은 한국에서 장기간 거주하고 경제적으로 기여했더라도 한국 사회의 구성원으로 인정하지 않고 단속과 강제퇴거를 담당하는 출입국관리 행정에서 크게 벗어나지 못하는 경우에서도 동화정책의 증거를 찾아볼 수 있다(박성호, 2012).

(2) 한국의 다문화사회의 성격

우리 역사에서는 고대로부터 수많은 민족 교류가 있었고 귀화 성씨도 많다. 더욱 중요한 것은 한국의 근대 국가 형성과 근대 경험에서는 이민자의 문제가 중요하게 인식되지 않았다는 점이다. 이민자의 문제가 없었다는 의미가 아니라 화교 등의 존재를 아예 인식하지 못했던 상황이었다. 우리의 경우 이주자나 외국인에 대한 문제의식은 민족국가 형성 시기가 아니라 탈민족국가의 흐름이 가시화되는 상황에서야 비로소 사회적 문제로 인식되기 시작하였다(보건복지부, 2005).

국제 이주가 일반화되고 세계화가 되기 전에는 한국을 비롯한 많은 나라에서 대체로 단일문화를 지니고 있었다. 단일한 언어·가치·규범을 가지고 있었기 때문에 단일문화로서 정체성을 유지하여 왔다. 다문화사회에 대한 관심은 비교적 최근의 현상인 국제 이주와 깊이 관련되어 있다. 국제 이주민들은 자신의 문화를 이주국으로 가져와 함께 살고 있으며, 문화 역시 고수함으로써 문화적 갈등·충돌·충격 등과 같은 문제에 놓여 있다.

새로운 이주민과 이주국 시민, 이주국은 다문화에 직면한다. 다문화사회의 구성원은 각각의 신념과 규범, 상징체계를 지니고 있어 자신의 삶을 상이하게 구조화한다. 다문화사회 구성원들의 가치와 규범 가운데 일부는 유사하나 대부분은 다르게 마련이다. 문화적으로 동질적인 단일문화사회에서와 달리 바람직한 삶에 대한 일상적 관점을 공유하지 않아 상호 작용에 상이한 가치를 부여한다.

인간은 여러 문화 특질(culture traits)을 공유할 수는 있지만, 각 문화는 상이한 방식으로 문화 특질을 조직화하는 것으로 추정된다. 문화적으로 다양한 집단의 사람들이 만나게 되면 정치·문화와 사회적 구조와 제도, 가치체계에 영향을 미치게 된다. 이러한 변화가 가지고 있는 특징과 정도는 발생한 배경적 요건에 의해 다르게 나타난다. 문화 적응은 중립적인 용어로서 상호 작용하는 두 집단 모두에 해당하나, 현실에서는 한 집단이 다른 집단보다 더 많은 변화를 겪는 경우가 대부분이다.

한국여성정책연구원이 펴낸 보고서에서 사회적 거리(social distance), 국민 정체성과 시티즌십(citizenship), 문화적 다양성에 대한 태도, 종족적 배제주의 등 네 가지 차원에서 한국 사회의 다민족·다문화 지향성을 조사하였다. 보고서에 따르면 한국인은 다문화사회로 변화하는 과정을 체감하는 가운데 법과 제도의 변화나 이주자 지원정책의 필요성을 대체로 인정한다. 문화 다양성의 수용에서는 세대별 차이가 있으며 외국과 다르게 생산직 종사자에 대해서는 매우 관용적 태도를 보이고 있다. 그러나 외국인 이주자가 한국 사회에 위협적 존재라고 보는가 여부는 이러한 태도 형성에 결정적 영향을 미친다고 본다(김이선 외, 2006).

한국은 이주국가의 대열에 들어서고 있지만, 이에 대한 준비와 여건은 아직 미비하다. 결혼을 통해 이주한 여성들과 단순노무직 혹은 생산기능직에 종사하는 외국인노동자들에 대한 인권유린과 인종차별, 사회 부적응과 문화적 차이로 인한 문제, 자살범죄 등 이주민들에 대한 일들이 사회문제로 대두되고 있다.

2.
다문화사회화 요인

1) 다문화사회화 개념

사회화에 대한 연구는 크게 방법적인 측면에서의 조직사회화 전략에 대한 연구와, 구성원의 사회화된 정도를 나타내는 사회화 내용 영역에 관한 연구로 나눌 수 있다(Chao et al., 1944). 우선, 사회화 전략은 조직에 진입한 개인이 불안감을 감소하고, 가능한 한 빨리 사회에서 제공하는 정보를 통해, 새롭게 맡게 되는 역할의 기능적이고 사회적인 요구 조건을 학습하는 데 유용하다. 예를 들어, 사회화 전략을 6개로 구분한 Van Maanen과 Schein(1979)의 연구와 이들 연구에 대한 요인분석을 실시하여 사회화의 영역을 3개로 구분한 Jones(1986)의 연구가 있다.[3] 이들 연구는 사회화를 위한 전략이 상황·내용·사회적 영역에 따라 다양하게 고안될 수 있음을 보여 준다.

---

[3] 사회화 전략에 대한 초기 연구는 Van Maanen과 Schein(1979)의 분류에 따라 6개로 나누었는데 ① 집단적-개인적 사회화 전략, ② 공식적-비공식적 사회화 전략, ③ 순차적-임의적 사회화 전략, ④ 고정적-변동적 사회화 전략, ⑤ 연속적-분리적 사회화 전략, ⑥ 수여적-박탈적 사회화 전략의 과정적 접근이 주로 이루어졌다. Jones(1986)는 요인분석을 통해 Van Maanen과 Schein(1979)의 연구를 각 영역별로 2개씩 묶어서 상황(context) 영역, 내용(content) 영역, 사회적 측면(social aspects) 영역 3개로 나누었다.

한편, 사회화는 개인이 새로운 사회 안에서 변화된 사회적 역할에 적응하기 위한 학습의 과정을 포함한다. Chao 외(1994)는 여섯 가지 사회화 내용 영역을 제시하였다. 이것은 적응능력(performance proficiency), 대인관계(people), 정치(politics), 언어(language), 역사(history), 조직 목표와 가치(organizational goals and values)이다. 이들 여섯 가지 사회화 내용 영역에 대해 구체적으로 살펴보면, 적응능력이란 개인이 사회화를 통해 사회적으로 세부적인 과업들을 수행하기 위해 학습하는 정도를 의미한다. 대인관계 사회화란 다른 사회 구성원들과 성공적이고 만족할 만한 인간관계를 형성하는 것을 의미하고, 정치 사회화란 사회 내에서 공식 또는 비공식적인 업무 관계와 권력 구조에 관한 정보를 개인이 성공적으로 획득한 정도를 가리킨다. 언어 사회화란 개인이 사회나 조직과 관련된 약어 · 은어 · 속어나 전문용어들에 대한 지식을 습득하는 것을 의미하며, 역사 사회화란 사회의 관습, 의식과 같은 사회의 문화적 · 역사적 지식과 사회 구성원의 개인적 배경에 대한 지식을 학습하는 것을 뜻한다. 마지막으로, 조직 목표와 가치 사회화는 사회의 목표와 가치에 대한 학습과 사회의 통합성을 유지하게 하는 규칙과 원칙을 이해하는 것을 의미한다(Chao G. T. et al., 1994: 730-743). 이를 통해 사회화의 과정이 다차원적이며 복합적으로 이루어진다는 것을 유추할 수 있다.

다문화사회로의 진입은 그동안 경험하지 못했던 변수로서 우리나라의 인구 구성과 다양한 분야를 근본적으로 변화시키고 있다. 우리는 과거 어느 시대보다도 급변하는 시대에 살고 있다. 수많은 과학의 발전으로 인해 국가 간의 거리는 가까워지고 있다. 이러한 변화의 조류 속에서 우리 사회가 경험해 보지 못했던 다양함과 인종 · 종교, 각기 다른 문화들이 일상적 삶에서 공존하며, 문화적 다양성과 인구 구성의 변화 정도는 점차 심화되어 가고 있다.

그동안 중요한 기준이 되었던 혈연에서 벗어나 외국인도 우리 사회의 시민으로 동등하게 인식되어야 한다는 사실을 대변하고 있다. 우리가 소중히 여겨 왔던 민족주의는 식민지 해방과 근대화와 민주화를 이루는 데 크게 기여했다. 그러나 저출산으로 인구가 줄고 있는 한국 사회가 발전적 도약을 유지하고, 선진국의 대열에 서려면 우리 스스로가 민족 정체성의 개념을 바꾸어야 할 것이다. 이 시대는 기성 시대 문화가 가지고 있던 인식과 가치관을 새롭게 변화시킬 것을 요구하고 있다.

즉, 다문화사회로의 진입은 그동안 순수혈통 중심의 단일문화주의를 지켜온 우리나라가 문화적 다양성에서 기인하는 문제들을 어떤 시각에서 보고 대처할 것인가에 대해 고민하게 한다. 우리나라는 세계 유일의 단일민족이라는 자긍심을 가지고 있었다. 이것은 본격적으로 도래하게 될 다인종 · 다문화사회에서는 부적합하다. 앞으로는 개방적인 마음가짐을 바탕으로 우리와 다른 문화와 피부색을 배경으로 하는 이주민들과 함께 살아가기 위한 준비를 해야 한다.

그만큼 다문화사회화는 국가적으로 중대한 사안이며, 이는 국가에서 어떠한 사회통합을, 그리고 어떻게 사회통합을 추구할 것인가의 문제와 관련이 있다. 사회통합은 광범위하고 포괄적인 개념으로 각국의 고유한 경제적 · 사회적 여건에 따라 해석과 적용이 달라진다. 다문화사회 통합은 이주민들이 주거, 취업, 교육, 사회적 관계망, 사회참여 등을 통해 스스로 독립적인 삶을 영위할 수 있도록 한다(오화영, 2010: 365). 단순히 정치적으로나 법 제도적인 측면에서 통합을 의미하는 것이 아닌 국가 정체성 · 생활방식 · 경제 · 교육 · 문화 등 모든 사회적 측면에서의 통합을 의미한다. 이주민의 사회통합은 한국어 능력을 비롯한 사회적응능력이 부족한 사회적 소수자로서 기본적 권리의 침해나 부당한 차별을 받지 않고 건강한 사회구성원으로 정착하는 데 있다.

외국인의 정착을 받아들이는 정책의 유형에 따라 다문화사회에서의 사회통합 방식은 차별적 포섭과 배제 모델 · 동화주의 모델 · 다문화주의 모델로 유형화하면 다음과 같다.

첫째, 차별적 포섭과 배제 모델은 유입국 사회가 이민자를 3D 직장의 노동시장과 같은 경제적 영역에서만 받아들인다. 이는 복지 혜택·국적·시민권·선거권 부여와 같은 사회적·정치적 영역을 제한하는 모델이다(Martiniello, 윤진 역, 2002). 국내에 들어온 소수인종들이 국민의 단일성을 위협하는 존재로 인식되면 그들을 배제하거나 그들의 영향력을 최소화하는 것이 목표다. 이러한 정책 유형은 국가가 원치 않는 이민자의 정착을 원천적으로 차단하려는 것으로 내국인과 외국인의 차별적 대우를 유지하려 한다.

둘째, 동화주의 모델은 이민자가 출신국의 언어·문화·사회적 특성을 완전히 포기하여 주류사회의 구성원들과 차이가 없게 동화되는 것을 이상으로 삼는다. 동화 모델에서의 정책은 자국의 구성원이 되기를 원하는 이민자에게 문화적 동화의 대가로 '국민'으로 합류하는 것을 허용한다(이혜경, 2007: 219-250). 이 정책 유형에서는 국가가 소수인종에게 고유문화를 포기할 것을 강요하지 않고 이를 유지하기 위해 어떠한 지원도 하지 않는다. 소수집단 및 이민자들이 문화적 정체성을 점차 잃고 다수에 의해 정의된 주류사회를 따라갈 수밖에 없도록 하는 것이다.

셋째, 다문화주의 모델은 이주민의 문화와 정체성의 다양성을 받아들인다. 이주민이 그들만의 문화를 지켜 가는 것을 인정하고 장려하며, 정책 목표를 주류사회로의 동화가 아닌 집단 간의 공존(symbiosis)에 둔다(박진경, 2010: 259-289). 다문화주의 모델은 동화주의가 오히려 인종 간 분쟁의 원인이 된다고 보며, 다양성의 존중으로 소수 이주민 집단들이 가진 잠재력을 통해 전체 사회의 발전을 가져올 것으로 기대한다. 이 정책 유형에서는 어떤 소수집단이라도 자유롭게 결사하여 법을 존중하면서 자신들의 문화와 정체성을 보존할 수 있지만, 국가가 재정지원을 통해 소수집단의 문화를 보존하는 데 도움을 주지는 않는다(Martiniello, 윤진 역, 2002). 그러나 소수자에 대한 사회적·정치적 자원의 배분구조에 대해서는 국가가 적극적으로 개입하여 소수인종이 현재 당하고 있는 차별정책을 시정하기 위해 노력하고 역사적으로 배제되어 생긴 인종적 불균형을 보상하기 위해서 특혜정책을 시행하기도 한다.

차별적 포섭과 배제 모델이나 동화주의 모델에 입각한 국가에서는 문화적 단일성을 중시한다. 다문화주의 모델에 입각한 국가에서는 문화적 다양성 자체를 사회 구성의 기본원리로 채택하고 다양성이 공존하는 가운데 집단 간 상호 문화 역량의 질서가 자리 잡도록 하는 데 정책의 목표를 두고 있다(김명성, 2009: 5-29). 이러한 모델은 국가가 사회통합을 추구하는 데 있어 근간이 되는 철학을 보여 주며, 국가에서 취한 다문화정책에 따라 다문화사회화의 양상이 다를 수 있음을 시사한다.

2) 다문화사회화 요인

다문화사회화의 진행은 그 사회에 내재한 다문화 역량과 밀접한 관련이 있다. 먼저 다문화 역량에 대해서 살펴보고 다문화 역량의 학습 및 표출 형태로서 국민 정체성에 대한 인식과 태도, 행동의사에 관한 개념을 정립하고자 한다.

다문화 역량은 다른 문화적 정체성을 가진 사람들과 교류하는 능력을 말한다. 또한 세계와 타자에 대해 다양한 방식으로 이해하고 평가하여 생각할 수 있는 능력도 포함한다. 뿐만 아니라 다문화 역량은 자신과 다른 문화적 환경 속에서 자기의 문화 정체성을 뒤로 하여 주류문화와 비주류문화 사이에 존재하는 이분법적 경계 긋기를 극복하게 한다. 다문화교육학계에서는 아직까지 다문화 역량이 무엇이며, 다문화 역량을 구성하는 요소가 어떠한 것인가에 대해 뚜렷한 합의점이 없다. 다만 최근 생애핵심역량의 논의에서 등장하는 의사소통능력 · 대인관계능력 · 갈등관리능력, 그리고 문화적 역량에 포함되는 관용적 능력, 개방적 능력 등은 다문화 역량의 내용적 요소에 포함될 수 있다. 이에 기초한 다문화 역량을 제시하면 다음과 같다(김영순, 2010: 33-39).

첫째, 생애기초역량으로서 다문화 역량이다. 앞으로 진행되는 다문화사회로의 이행 과정에서 다문화 역량은 일상의 생활과 삶 속에 요구되는 기초적 역량으로 부각된다.

둘째, 기초직업능력으로서 다문화 역량이다. 향후 글로벌화가 진화되어 다문화 역량은 거의 모든 직업에 필요한 기초직업능력으로 이해될 것이다.

셋째, 문화적 역량으로서 다문화 역량이다. 다문화 역량은 한 사회 안에서 개인의 주체가 세계와의 소통과 관계성·정체성·취향을 형성해 가는 문화적 역량으로 이해되어야 한다.

넷째, 지식·기술·태도 및 인식까지 포함하는 다문화 역량이다. 다문화 역량은 지식적·기술적·태도적 측면과 나아가 다문화사회를 바라보는 개인과 사회 인식까지 포괄하는 심층적 측면에서 바라보아야 한다.

이와 같은 다문화 역량을 시민들에게 함양시키는 것이 다문화교육의 주요 과업이다. 다문화사회에서 다문화 역량을 함양한 개인들은 다음과 같은 기대를 할 수 있다.

첫째, 시민들이 자신의 고정관념에 도전하고 세계관이 어떻게 자신의 문화에 의해 형성되었는가를 인식하게 한다.

둘째, 시민들에게 원활한 문화교류를 위해 문화매개자 역할과 자신의 자민족중심주의를 극복하고 타 문화에 객관성을 유지하게 한다.

셋째, 문화 간 접촉을 정확하게 평가하고 두 문화 간 의사소통의 접점 역할을 할 수 있게 하는 제3세계적 관점을 발달시켜 준다.

넷째, 문화적 공감성이 뛰어나며 타자의 세계관에 대한 상상적 참여가 가능하다.

다문화 역량은 다문화사회에서 살아가는 모든 시민에게 매우 중요한 역량이다. 또한 다문화사회의 세 가지 요인, 즉 국민 정체성에 대한 인식, 다문화태도, 다문화 행동의사에 영향을 미치는 역량이라고 볼 수 있다. 다문화사회의 지속 가능한 발전 여부를 결정하는 것이 해당 사회 구성원들의 다문화 역량 확보 여부나 정도와 관계를 갖기 때문이다.

(1) 국민 정체성에 대한 인식

국민 정체성에 대한 인식은 사람들이 어느 한도까지 외부 집단과 접촉하거나 회피하고자 하는지, 그리고 자신들의 문화적 속성을 유지하고자 하는지에 대하여 다수집단의 입장에서 평가했을 때 나타난다. 상대적인 개념으로 이를 소수집단 또는 이민자집단에서 평가했을 때는 문화 적응 정도로 이해한다. 다수집단이 타 집단을 사회 안에 수용하기 위해 스스로 어떻게 변해야 하는지에 대한 문화 간 전략(intercultural strategies)은 다문화에 대한 인식과 함께 파악된다. 다문화 인식은 이주민에 대한 태도나 편견과 깊은 관계가 있다. 이주민의 유입으로 인해 문화적으로 다원화된 사회에서 집단 간 관계를 다루는 국가정책과 더 밀접한 관계를 형성한다(Berry, 2001: 615-631). 이 개념은 인종이나 민족집단 간의 차이는 상호 인정하고 존중해야 한다는 신념에서 출발한다.

이 개념을 바탕으로 다문화주의에 관한 지지 세력이 구성되었다. 다문화주의 지지자들은 정의를 실현하고, 소수자들의 경제적·사회적 여건을 개선하며, 집단 간의 조화를 이루기 위한 수단으로 다양성을 이해하고 수용하며 감싸 안아야 한다(Ryan et al., 2007: 618). 다문화주의하에서의 이데올로기는 다원주의(pluralism)의 한 형태로 나타난다. 이는 다른 문화를 수용하는 것뿐만 아니라 소수자집단이 여러 면에서 사회에 긍정적으로 기여하는 것에 주목한다.

Berry와 Kalin(1995)은 집단이 자신들에게 이익이 된다고 판단했을 때 다문화주의에 더 호의적이라고 보았다. 몇몇 이론들은 집단 간 관계(intergroup relations)의 역학에서 집단 관심사의 역할을 강조하였다. 사회적 지배(social dominance) 이론에서의 계급체계는 지위가 낮은 집단이 높은 집단과는 달리 이로운 작용을 하기 때문에 이념적 불균형 가설을 제시한다. 이 가설은 다문화주의와 같은 계급체계를 약화시키는 이데올로기는 다수집단이나 지위가 높은 집단에 비해 소수집단이나 지위가 낮은 집단에게 더 호소력을 가진다는 점을 시사한다. 계급체계의 약화를 정당화하는 이데올로기는 지위가 낮은 집단의 이익을 지지하고 지위가 높은 집단의 이익에 반한다.

다문화주의는 소수자집단에게 고유문화의 보존과 더 높은 사회적 지위의 획득 가능성을 제공해 준다. 다수집단은 민족적 소수집단과 그들의 고유문화를 보존하려는 열망을 자신들의 정체성과 사회적 지위에 대한 위협으로 간주하려는 경향이 있다(Barker, 1998). 소수문화는 각자 고유의 가치를 지니고 있고 주류문화를 풍요롭게 할 수 있기 때문에 보존하거나 발전시켜야 하며, 사회는 소수집단을 인정하는 것에 그치지 않고 그들의 문화적 관습을 일반적 문화의 일부분으로 받아들여야 한다.

본 연구에서는 국민 정체성 인식 유형을 종족적 요건과 시민적 요건으로 구분하여 다문화 수용성에 미치는 효과를 검토한 Hjerm(1998)의 연구를 차용한다. 이 연구는 다문화 인식의 출발점으로 한국인과 귀화한 사람들의 국민 정체성 개념 인식이 다문화태도에 미치는 영향을 분석하였다.

국민 정체성은 국가 정체성과 구별되는 개념이다. Kymlicka(2007)는 '국민'과 '국가'를 동일하게 보는 단일 모델적인 생각으로 보면 안 된다고 지적한 바 있다. 윤인진 · 송여호(2011)는 국민 정체성에 대한 인식 유형이 다문화 수용 태도의 출발점임을 주장하였다. 본 연구에서는 이러한 최근 연구의 흐름을 따라 다문화 인식을 측정하는 개념으로 국민 정체성을 도입하여 설문을 작성하고 독립변수로 선정하였다.

(2) 다문화태도

다문화태도는 주로 이민자 유입이 비교적 많은 사회에서 연구되어 왔다. 일반적 개념이 정립되지 않았음에도, 주로 다문화주의에 대한 해당 사회 구성원들의 태도(attitudes toward multiculturalism)의 의미로 사용되었다.

다수집단의 관점에서 다문화주의를 구성하는 요소가 무엇인지에 대해서는 연구가 더 이루어져야 한다고 본다. 지금까지 강력하고 영향력 있는 문화집단의 태도는 집단 관계 연구에서 주요 쟁점이 되었다. 상대적으로 약한 집단에 대한 태도는 다소 소홀히 다루어져 왔다. 이는 기득권 집단의 편협한 태도가 강압적 행동으로 나타날 때 사회적으로 더 큰 반향을 일으킨다는 결과를 가져온다(Dunn et al., 2010: 19-31). 다수집단의 다문화에 대한 태도는 이민자집단에 대한 문화 적응 전략에 영향을 미치기 때문에 중요하게 다루어야 할 필요가 있다. 사회통합이 어느 범위까지 이루어져야 긍정적 결과를 산출하는지는 그것이 다수집단의 태도와 국가의 정책에 얼마나 부합하는지에 달려 있다(Bourhis et al., 1997: 369-386).

국가정책은 주류사회에 대한 소수자들의 참여를 독려하고, 그들의 사회적 · 경제적 위치를 개선하며, 모든 구성원의 평등한 권리를 보장하고, 차별을 없애려는 것을 목적으로 한다. 서구권 대부분의 연구에서 다수집단의 구성원들은 다문화주의를 지지하지 않아 중립적이거나 부정적 결과를 나타냈다. 다문화사회에서 집단 간 갈등을 야기하는 요인이 무엇인지에 대해 서구 학자들은 크게 문화적 측면과 인종적 측면의 다름에 원인이 있는 것으로 보고 접근하고 있다.

이런 다문화사회의 맥락에서 Bennett(1993)은 다문화감수성 발달단계(DMIS: Developmental Model of Intercultural Sensitivity)를 제시하였는데, 이는 사회 구성원들의 다문화에 대한 인지적 · 정의적 · 행동적 측면의 접근으로 이해할 수 있다. 특히 다문화감수성 발달은 사회 구성원들이 문화적 차이를 경험하게 되어 이를 인식할 수 있는 의식구조와 문화적 차이에 대한 태도와 행동의 체계화 과정을 말한다.

Bennett(1993)에 따르면, "다문화감수성에서의 일반적인 수용 과정은 우선 자민족중심주의를 지키고자 타 문화에 대한 저항이 야기되지만 점차 다른 문화에 대해 개방적 태도를 보이는 것으로 시작된다. 나아가 다른 문화에 적응하고 통합해 나가는 발달단계를 거치게 된다. 즉 부정(denial)과 방어(defense), 최소화(minimization)의 자민족중심 단계에서 수용(acception), 적응(adaption), 통합(integration)의 민족 상대주의적 단계로 이동한다"고 주장했다.

다문화감수성 발달단계에서 자민족중심적 단계는 앞서 논의한 바대로 부정·방어·최소화의 세 단계다. 이에 대한 설명은 다음과 같다.

첫째, 부정 단계는 고립(isolation)과 분리(separation)라는 하위 단계로 구성된다. 이 단계는 자민족중심주의의 가장 낮은 단계다. 이 단계에서 사회 구성원들은 문화의 차이를 인정하지 않고, 자신의 문화만 진정한 문화라는 생각에서 다른 문화에는 관심을 가지지 않는다.

둘째, 방어의 단계는 비하(denigration), 우월감(superiority), 반전(reversal)이라는 하위 단계로 구성된다. 이 단계에서 사회 구성원들은 다른 문화와 문화적 차이를 인식하게 된다. 그렇지만 자신이 속한 문화를 기준으로 타 문화에 부정적 평가를 한다. 또한 문화 차이가 심할수록 타 문화에 대해 부정적인 평가도 심해지는 경향을 보인다.

셋째, 최소화의 단계는 물리적 보편주의(physical universalism)와 초월적 보편주의(transcendent universalism)라는 하위 단계로 구성된 자민족중심주의 마지막 단계다. 이 단계에서 사회 구성원들은 모든 인간이 근본적으로 유사하다는 가정을 수용하면서 문화의 유사성에 더욱 초점을 맞추려고 한다. 이 단계에서 표면적으로 드러나는 문화적 차이를 인정하지만, 모든 인간이 근본적으로 유사하다는 가정을 한다(배재정, 2012: 559-584).

넷째, 수용의 단계는 행동 차이에 대한 존중(respect for behavioral difference)과 가치

차이에 대한 존중(respect for value difference)이라는 두 하위 단계를 가지는 문화상대주의의 초기 단계다. 이 단계에서 사회 구성원들은 문화적 차이를 인정하기 시작한다. 이들은 문화상대주의에 바탕을 두고 타 문화를 이해하고 해석하는 능력이 갖추어지기 시작한다.

다섯째, 적응 단계는 공감(empathy)과 다원주의(pluralism)라는 하위 단계를 가지는 문화상대주의의 단계다. 이 단계에서 사회 구성원들은 문화 간 의사소통능력을 발달시키게 된다. 이들은 효과적인 공감과 감정이입으로 타 문화를 이해하려고 노력한다. 자신의 문화와 타 문화의 입장에서 사건을 바라보게 된다. 이 단계의 사회 구성원들은 문화 간 커뮤니케이션 능력을 더욱 발달시키게 된다.

여섯째, 다문화주의의 완성 단계라고 할 수 있는 통합 단계다. 이 단계에는 맥락적 평가(contextual evaluation)와 구성적 주변성(constructive marginality)이라는 하위 단계가 있다. 이것은 개인이 다문화적 관점을 내면화하는 것으로 보다 범경계적 관점에서 문화 간의 관계를 조명하고자 한다.

따라서 다문화감수성 발달 모형(DMIS)은 사회적 구성주의에 근거하여 다문화감수성을 문화적 차이로 이해하고 조절하는 능력으로 보았다. 경험의 재구성은 세계관의 변화가 행동과 태도의 변화를 가져온다는 관점을 제공한다. 다문화감수성의 발달 과정은 발전적이고 예측 가능한 연속체로 개념화하였다. 이는 다문화감수성이 정적 단계라기보다 계속 변화해 가는 단계로, 교육과 훈련을 위한 모형으로도 활용도가 높다고 하겠다.

다문화사회에서는 문화의 다양성이 존재하며, 이런 다양성을 사회 구성원들이 이해할 수 있는 능력이 필요하다. 이것은 위에서 논의한 바대로, 바로 다문화감수성이라고 볼 수 있다. 다문화감수성은 다른 문화지식을 지닌 주변 사람들과의 공존에서 중요한 역할을 한다. 즉, 다문화태도는 이와 같이 다문화감수성 발달의 형태로 나타나게 된다. 다문화감수성이 발달할수록 자신의 정체성을 풍부하게 해 주고, 궁극적으로 다문화사회가 요구하는 정체성을 확립할 수 있게 된다.

(3) 다문화 행동의사

다문화 행동의사는 다문화에 대한 참여의사를 포함한다. 김진혁(2011)은 참여의사의 개념을 다음과 같이 설명한다. "참여란 개념에서 기인하는 것으로 집단 목표에 기여하고 책임을 공유하도록 요구하는 집단 상황에 대한 개인의 정신적·정서적 관여이며, 의사결정 과정에서 개인이 스스로 영향을 미치며 지각하는 정도인 심리적 관여이다. 뿐만 아니라 참여의사는 개인의 의도 혹은 계획된 미래의 행동으로서 신념과 태도가 행위로 옮겨지는 일종의 확률을 의미한다"고 정리한다. 반면 김영호(2011)는 참여의사란 "소비자 행동 결정에 가장 직접적인 영향을 미치고, 마케팅 분야나 경제학에서 소비자의 미래 행동을 예측하기 위한 변수로 사용되며, 문화적·사회적·개인적·심리적 요인에 의해 영향을 받는다"고 주장했다.

이윤정(2011)은 "인간의 모든 참여는 우선적으로 의사를 가지고 있다"고 볼 수 있으며, "참여를 위해서는 본인의 의사를 가져야 한다", 또한 "참여의사란 실제로 참여의향에 대한 여부를 나타내는 것으로 선택에 대한 최종 결심 상태를 나타내는 것이다"라고 정의했다.

일반적인 참여의사는 위에서 거론한 바와 같이 다수의 논의가 있다. 하지만 다문화 행동의사는 학문적으로 선행연구가 축적된 개념이기보다는 일반적 의미로 연구자 관점에서 사용해 왔다. 행동의사는 다문화와 관련하여 다문화사회가 지향하는 바를 실천하고자 하는 생각을 의미한다. 직접적 참여, 정책 및 다문화 관련 이벤트, 사회적 참여 등을 포함하는 개념으로 이해하기도 한다.

다문화 행동의사에서 필요한 역량으로 가장 중요한 상호 문화역량을 들 수 있다. 상호 문화역량은 다른 문화권 사람들과 효과적이면서도 적절하게 소통할 줄 아는 능력을 말한다. "상호 문화역량은 자신의 것들로 표현되는 것과는 다른 문화적 양식으로 나타나는 관습·태도·행동 등을 해석하고 이해할 수 있는 능력"이다. 즉 "선입관이나 고정관념의 굴레에서 벗어나 타 문화와 접촉하는 상황이 낯설고 불편하다 할지라도 그것을 객관적으로 받아들이고 원활하게 소통하는 역량"을 말한다(Rathje, 2007). 다문화 구성원들끼리 소통하고 다문화사회의 상생과 공존을 위해 행동적으로 참여하여 같이 이루어 실천해 가는 것이 다문화 행동의 사라고 할 수 있다.

3.
국가 정체성의 정의와 모델

1) 국가 정체성의 정의

인간의 정체성이라는 것은 결코 고정적이지 않다. 그렇다고 해서 임의로 변하는 것도 아니다. 기본적으로 이것은 역사를 배경으로 특정 공동체로부터 형성된 사상, 특정 사회나 집단을 둘러싼 환경과의 적응, 여러 언어와 이들로부터 생성된 문화적 특질들로 구성된다. 그렇기 때문에 과거로부터 현재까지 이어지는 속성들과 주체와 관련된 여러 핵심 구성요소들이 상호 관련되며 어느 정도의 항상성(homeostasis)을 가지고 집합됨으로써 정체성을 형성한다.

(1) 정신분석학적 측면

정체성이라는 용어는 정신분석학자인 Erickson(1968)에 의해 최초로 사용되기 시작했다. Erickson은 정체성을 '개인의 특유성에 대한 자각(conscious sense of individual uniqueness)', '경험의 연속성을 위한 무의식적 노력(unconscious striving for a continuity of experience)', '집단 가치관의 결속(a solidarity with a group's ideal)'으로 정의하였다. 이후, 정체성이라는 용어는 논리학이나 철학의 경계를 넘어 정신의학·심리학·사회학·교육학 등 인간의 특성을 연구하는 모든 학문 영역에서 두루 다루어지게 되었으며 학자에 따라 정체감·주체성·일체감·아이덴티티 등 다양하게 번역되고 있다.

Erikson(1968)은 정체성을 객관적인 것과 주관적인 것으로 구별하여 설명하였다. 한 개인이 속한 집단에 대해 느끼는 소속감 혹은 동일시를 객관적 정체성으로 보며 이를 심리적 사회적 정체성(psychological identity)이라 하였다. 주관적 정체성은 집단 내에서 다른 이들과 구분되어 자신이 가지는 고유한 특성을 의미하며, 이를 '개별적 정체성(individual identity)'이라 한다. 이것은 다시 개인적 정체성(personal identity)과 자아 정체성(ego identity)으로 나누어진다. 개인적 정체성은 과거·현재·미래 시간의 흐름과 상관없이 자신을 지속적으로 동일한 존재로 인식하는, 자신에 대한 불변함과 동일성에 대한 느낌을 의미한다. 후자인 자아 정체성은 개인적 정체성에 비하여 넓은 개념으로 다른 사람과 구별되는 자신만의, 고유한 생각과 가치관을 지속적이고 통합적으로 유지하려는 노력을 의미한다. 대중이 가장 일반적으로 인식하는 자아 정체성을 Erikson은 다음과 같이 정의하였다.

첫째, 개인이 경험하는 다양한 지위와 역할기대 속에서 자신의 '동일성'을 유지하는 것이다.

둘째, 시간의 흐름에 상관없이 일관된 나를 말한다. 예측할 수 없는 개인의 모습이 아니라 어제-오늘-내일의 나 속에서 찾을 수 있는 연속성을 말한다. 이것은 나와 타자 간의 신뢰와 안정감이 삶의 가치를 분명하게 일깨워 주는 역할을 한다.

셋째, 내가 보는 나(주체적 자아, I)와 타인에게 인식된 나의 모습을 알아차리는 나(객체적 자아, Me) 간의 조화를 의미한다. 주체적 자아가 발달하면 자아도취적인 사람이 되기 쉽고, 객체적 자아가 유난히 발달한 사람은 타인을 의식하다 다른 자아를 잃기 쉽다.

넷째, 자아 정체감은 타인이나 사물로부터 독립적인 '나는 나'라는 실존적 의미를 포함한다. 자아정체감은 자신만의 고유한 특성으로 자신을 바라보거나 내집단 속에서 타인과 구별되는 자신을 의식하는 경우로 이해할 수 있다.

집단 속에서 한 개인이 집단과 동일시하여 자신을 바라본다면 그것은 사회적 정체감이 된다. 이는 국가라는 소속 집단이나 국가 구성원 사이에서 형성된 동질적 인식과 정체감을 의미하는 것이다. 개별적 정체성은 자신에 대한 동일성이나 지속성을 추구한다. 심리적 · 사회적 정체성 또한 소속 집단에 대해 통합성을 이룬다. 집단이나 그 구성원으로부터 다른 구성원들과 공유하는 공통된 특징을 발견하게 되면 안정적인 정체성 형성을 기대한다. 그러나 넓은 시각에서 보면 소속 집단에 대한 정체성이 극단적이며 편향적으로 형성되면 다른 집단과의 차별성이 매우 분명해지면서 집단 간의 충돌 위험성도 내포하게 된다.

(2) 사회심리학적 측면

사회심리학적 측면은 사회학과 결부된다. 정체성은 사회학과 결합하여서도 학문적 탐색이 이루어졌다고 한다. 사회심리학은 "사람들이 생활하는 사회 상황에서 다른 사람들로부터 어떤 영향을 받아 어떤 심리를 형성하고, 어떻게 행동하게 되는지를 알아내는 데 목적이 있다(한덕웅 외, 2005: 21-27)"고 한다.

Tajfel(1982)은 사회 정체성 이론에서 "개인의 자아 개념을 개인적 정체감(personal identity)과 사회적 정체감(social identity)의 두 측면으로 구분하고 있다. 개인적 정체감은 사람들이 자신의 정체감을 자신이 지닌 고유한 특성들로 예를 들어 이름, 성격, 신체적 특징 등을 가지고 규정할 때 나타난다. 반면, 사회적 정체감은 자신이 속한 사회집단에 대한 소속감과, 그에 결부된 정서와 감정에 근거한 자아개념"이라고 규정한다.

개인적 정체감은 개인으로서 자신에 대해 어떻게 생각하고 느끼는가를 말한다. 사회적 정체감은 자신이 속한 사회집단들에 대해 어떻게 느끼고 생각하는가를 반영한다. 한 개인이 속한 사회집단은 그에게 부여된 자연집단들, 즉 국가·민족·성·지역 등과 스스로 선택하여 속한 집단들(예: 서클 등)이 있다.[4] 사회 정체성이 형성되면 개인의 태도에 영향을 미치게 된다. 어떤 단어나 표현에 대해서도 다른 사람들을 의식하게 된다. 일반적으로 지배집단 또는 특정 권위에 편성키 위해 그들과 같은 언어를 쓰게 된다. 사회 정체성에 의해 내집단 내에서 신념과 태도가 극단화하는 경우도 일어난다. 외집단과 구분되려 하고 이들과 다른 속성을 더욱 부각시킨다. 그리고 내외집단 범주화에 따라 외집단에 대해 편견적 태도를 가지게 되는 가능성 등이 있다(한덕웅 외, 2005: 321-323).

Turner에 의해 사회 정체성 이론은 자기범주화 이론으로 이어졌다. 개인적 정체에서 사람들이 사회적 정체로 관심이 옮겨지는 경우에 집단 고정관념적 행위 및 사고를 보이며 집단 내 결속, 집단 간 경쟁, 집단 규범 형성, 동조 성향의 증가, 태도 극화 현상 등을 보이게 된다(한규석, 2009: 541에서 재인용). 이러한 사회 정체성 이론은 특정 집단이나 사회적 상황이 개인의 태도나 성향에 있어 어떠한 방식으로 영향을 끼치는지 설명해 준다.

상징적 상호 작용론은 개인의 의식과 정신 과정에 집중하였다. 이 이론의 기본인 전제는 인간의 행위가 행위자를 통해서 이해된다는 것이다. 인간의 특정 행위는 행위자에게 주는 의미를 모르고는 설명하기가 어렵다. 의미는 주체와 객체 간의 상호 작용에서 비롯되는데 개인은 이러한 환경에서 직접적으로 반응하는 것이 아니라 자신의 문화 속에서 공유되는 사회적 의미와 상징을 통해 추상적으

---

4) 김혜숙, "지역고정관념이 귀인판단과 인상형성에 미치는 영향", 『한국심리학회지 사회 및 성격』 7(1), 1993, 53-70. 한덕웅 외, 『사회심리학』, 310.

로 현실을 재해석한다(Blumer, 1969. LaRossa & Reitzes, 2009. 김인지, 2011: 13에서 재인용). 해석에 맞추어 타자화된 '자신(me)'에 비추어 '나(I)'를 보게 된다. 따라서 역할기대를 받게 되고 이에 맞추어진 행동이 이루어지는 과정에서 역할을 어떻게 수용하는가가 정체성에 영향을 미친다. 상징적 상호 작용론에서는 개인을 능동적인 행위자로 바라본다.

정체성의 논의 중 핵심적 위치를 차지하고 있는 자아(self, ego)는 개인이 자신을 대상으로 하는, 자신에 대한 태도 평가 혹은 규정이라고 정의한다.

그 본질적 속성은 사회적이다. 개인의 자아는 사회적 상호 작용 속에서 여러 가지 역할을 담당하면서 성찰적으로 자기 자신을 보는 과정에서 구성된다. 사회의 구조와 체제, 가치 및 성원들의 생각 등을 반영하며 자아는 개인과 사회를 연결해 주는 가장 중요한 매개체다(홍승직, 1990: 16).

Erikson(1956)은 개인의 정체성이란 개인과 사회적 조화에 의해 구성되며, 정체성 구성의 주요 기제인 동일시를 통해 자기와 타인, 사회와의 간격을 연결시켜 준다고 했다. Hogg & Abrams(1988)도 사회 정체성(social identity)의 개념을 개인이 어떤 사회 범주 또는 집단에 속해 있다고 아는 것이라고 정의했다. 사람들은 사회의 비교 과정을 통해 자신과 유사한 집단과 그렇지 않은 집단을 비교하여 자신이 속한 집단과 그렇지 않은 집단을 구분할 수 있게 된다. 이러한 분류 과정은 정체성 형성과 깊은 관련이 있다.

사회 정체성의 한 형태로서 국가 정체성은 한 국가의 구성원이 국민임(nationhood)에 대하여 생각하고 이야기하는 방식 혹은 스스로를 규정하는 자기인식이라고 정의한다. 특정 국가 또는 국민과 연관하여 국가에 대한 소속감을 공유하면서 다른 사람과 관계를 형성하고 있다는 신념과 감정을 의미한다(Hjerm, 1998: 335-347). 국가 정체성은 국가 구성원인 국민이 느끼는 소속감으로 상상의 공동체에 참여하는 구성원 모두 공유하는 이미지 또는 집합적 정체성으로 이해할 수 있다.[5]

---

5) Gellner, E., *Nations and Nationalism*, Oxford, Blackwell, 1983. Hjerm, M., Ibid.

국가 정체성은 국가 자긍심, 집단 응집력, 대외 관계나 쟁점들에 대한 태도·정서·가치와 밀접히 연관되어 있다.

국가 정체성의 의미를 완전히 이해하려면 국가주의(nationalism)를 이해하여야 한다. 국민성(nationality)이란 근대적 문화통합의 한 현상으로 볼 수 있다. 국가주의는 문화적 유사성이 정치적 공동체의 근간이 되며, 정치적·국가적 단일체는 동질적이어야 한다는 개념에 기초하고 있다(Calhoun, 1993: 211-239. Gellner, 1997). Hobsbaum(1990)도 국가주의를 근대화의 발전 과정에서 나타난 하나의 현상으로 보았으며, Smith(1991)는 국가주의를 집합적 정체성, 특히 민족성의 한 형태로 보았다. 그는 국민성을 나타내는 특징은 역사적 영토, 공통의 신화와 전통, 광대한 대중문화, 법적 권리와 의무에 대한 공통체계 그리고 단일의 경제체제라고 보았다.

2) 정체성 갈등

20세기 후반에 일어나고 있는 세계화의 구조적 변화로 사회는 '정체성의 위기'에 직면하였다. 포스트모더니즘은 정체성을 다양하고 유동적이며 일시적인 것으로 고려한다. 또한 통합된 주체로서 정체성의 '탈중심화'로 개인은 '정체성의 위기'를 겪게 된다. 정체성의 위기에 직면할 때, 안정된 것으로 여겨지던 무언가가 의심스럽고 불확실하게 느껴질 때 정체성 갈등은 일어난다(Hall, 1992, 전효관 역, 2000: 321).

오원환(2011: 34)에 따르면 전 지구화 과정에서 개인의 복수적이고 파편화된 정체성은 그 위계적 질서에 따라 개인의 정체성과 입장을 구성한다. 정체성의 위계질서는 급격한 환경 변화에 영향을 받고, 개인의 정체성은 갈등을 맞는다. 또한 정체성의 혼란과 위기 과정을 거쳐 개인 정체성들의 위계질서가 재조직된다. 그

과정은 나와 주변과의 관계에서 자신을 성찰하며 이루어진다. 또한 '타자화된 시선'을 통해서 자신과 타인을 규정함으로써 생기는 정체성의 위기는 사회와 개인 간 갈등의 원인으로 지목되기도 한다(고유정, 2013: 13). Hall(1992)의 '포스트 모던적 주체의 관점'에서 정체성 갈등 유형을 재인용하여 세 가지로 범주화하였다.

(1) 개인적 요소와 사회적 요소의 간극

개인적 · 사회적 요소 사이의 간극에서 발생되는 정체성 갈등의 유형을 살펴보면 다음과 같다. 정체성이란 의식/무의식적의 감정, 개인적 신념과 가치들을 포함하는 개인적 요소와 나이 · 민족성 · 성별을 느끼도록 만드는 사회적 요소 사이의 경계다. 우리는 인생 전반을 통해 가족 · 직업 · 성 · 문화에 대한 경험으로 인해 다방면에서 사회적 정체성을 부여받는다. 정체성은 우리가 스스로 재현하기도 하고 우리의 생각 · 믿음 · 감정을 사회적인 세계 속에서 실천하기 위해 선택할 수도 있고, 타자에 의해 보여진다(Giles & Middleton, 1999, 정성희 역, 2003: 55).

사회학적 개념 속에서 정체성이 개인적 세계와 공적 세계 사이의 틈을 연결해 준다고 하였다. 이것은 정체성이 주체와 그들이 살고 있는 문화적 세계의 양자를 안정시키면서 상호 통합되는 것을 의미한다(Hall, 1992, 전효관 역, 2000: 324). 상징적 상호 작용론의 정체성은 'I, Me'의 개념으로 출발하여 'I'라는 '본래의 나'와 'Me'라는 '사회적인 나'와의 상호 작용에서 형성된다. Hall의 사회학적 개념이나 상징적 상호 작용 관점에서의 정체성은 어떻게 나와 너의 관계를 형성하고 있는지가 중심이다. 하지만 'I(본래의 나)'와 'Me(사회적 나)' 사이의 상호 작용이 언제나 원만한 것은 아니며, 둘 사이에 간극이 발생할 경우 정체성 갈등 상황이 일어나게 된다(정필주, 2000: 197-198). 자신에 대해 지각하는 개인적 요소와 사회적으로 부여받은 요소 사이에 간극이 발생할 경우, 통일되고 안정적이라고 여기던 정체성은 의문스러워

지고, 정체성 갈등의 상황이 일어나며 정체성은 끊임없이 변형되기 시작한다. 개인적 요소인 '내적(사적)' 자아와 사회적 요소인 '외적(공적)' 자아 간의 분열과 갈등은 절망이 아니라 새로운 방식으로 사고할 수 있는 기회를 제공할 수 있다고 본다(고유정, 2013: 13-14). 또한 개인적 요소와 사회적 요소의 이중성과 모순을 포용하는 새로운 형식의 의식을 창조하게 된다.

(2) 포함과 배제의 정체성 갈등

포함과 배제의 정체성 갈등 유형은 사회집단을 정의하는 분류와 범주화의 기능이 '우리와 그들'이라는 포함과 배제의 틀을 만들어 내면서 배제된 자의 정체성 갈등을 말한다. 정체성은 권력관계 속에 '우리와 그들'이라는 이분법적 대립속에 위치하고 있다(Giles & Middleton, 1999, 정성희 역, 2003: 55). 그리고 유사성과 차이의 관점에서 사회집단들을 정의하는 분류체계들을 통하여 형성되는 것이다. 인종·나이·민족·성적 취향은 생물학적인 내재보다는 역사적·사회적·지리적 요소에 따라 구성된 범주들이다. 이 범주의 '차이'와 '타자성'을 상징으로 표시한 기능을 언어적 구성물로, '타자'로 인식되는 집단 구성원들을 배제하고 주변화시킨다. 즉 이러한 범주들은 개인들을 타자로 분류하는 상징적 표지로 이용된다. 포함과 배제의 원리는 인종적·문화적·사회적 차이라는 서양 특유의 이분법적 사고체계의 결과물이다. 집단에서의 차이라는 상징적 표식과 구성요소들은 정체성과 차이를 유지시키는 데 필수적이다. 사람들의 실제 사회적 관계에서 타자를 배척하게 하는 실질적 효과를 미친다. 포함과 배제의 원리가 작동되는 분류체계는 남성/여성, 흑인/백인/동양인, 제1세계/제3세계, 동성애/이성애가 있다(Giles & Middleton, 1999, 정성희 역, 2003: 60-61).

오리엔탈리즘은 유럽 백인들의 자아가 동양인과의 차이를 통해, 서양과는 또 다른 부정적인 '타자'를 만들어 냈다. 한국은 제3세계 출신의 이주민가정을 단지 피부색 때문에 상징적으로 '열등'하다고 정의하고 그들을 배제하고 있다. 이것은 서양세계가 동양을 바라보는 오리엔탈리즘이 한국에 반영되어 집단과 또 다른 집단을 다르게 만들어서, '상징적 표지 틀'을 작동시키고 제3세계 이주민을 배제하는 것이다.

인종은 생물학적 범주가 아니라 하나의 집단과 다른 집단을 사회적으로 차별하기 위해 상징적 표식을 사용하는 담론적 범주로 보았다(Hall, 1992, 전효관 역, 2000: 351). 정체성의 정의는 분류와 범주화의 기능을 하며, 이러한 정체성의 차이는 포함과 배제를 낳는다고 하였다. 정체성의 입장들은 우리가 스스로를 위치시키거나 다른 사람에 의해 위치 지어지기 때문에 중립적이거나 평등한 것이 아니게 된다(Giles & Middleton, 1999, 정성희 역, 2003: 133). 개인의 특징이 어떤 특수한 한 가지 정체성으로 정의되면서 다른 집단으로부터 배제되는 상황에 직면하게 되면 정체성 갈등이 시작된다(고유정, 2013: 15).

(3) 중심과 주변의 정체성 갈등

다문화사회에서의 정체성 문제는 다양한 연구 분야에서 다루어졌다. 정체성의 의미 또한 세분화된 다층적 구조의 개념으로 사용된다. 감동규(2013)는 국가 정체성에 대해 사회과학적 의미에서부터 사회심리학, 그리고 국제정치학 등에 이르기까지 다양화되고 있다고 주장한다. 국가 정체성의 개념도 근본적인 흐름이 정체성 자체의 개념으로부터 출발하기 때문이다.

현재 세계는 전 지구화 현상으로 인해 민족 간의 경계는 허물어지고 시공간의 압축 현상이 나타났다. 전 지구화는 자본주의적 경쟁을 부추기고 빈곤을 만들고 있다. 빈곤층은 이를 벗어나기 위해 본국을 떠날 수밖에 없다. 이들이 이주한 새로운 장소는 이들과 아울러 원주민의 정체성에 영향을 미친다(Hall, 1992, 전효관 역, 2000: 353). 이주민·소수자·주변인·경계인 등으로 일컫는 특정 사회의 비주류 구성원들은 전 지구화 과정에서 촉발시킨 새로운 유형의 타자다. 전 지구화로 인해 타자의 공간이 등장하였고, 이것은 중심과 주변이라는 경계를 만들어 냈다(고유정, 2013: 16).

Hall(1992: 356)은 경계가 어떤 특정 지역을 장소화하는 데 기여하는 것으로 본다. 따라서 장소는 우리를 틀 짓고 형성해 온 사회적 실천의 장이며, 우리의 정체성들과 밀접하게 결합되어 있는 장이다. 이주 주체에게 새로운 장소는 수용과 배제, 소속감과 타자의식, 우리와 그들의 경계가 갈등하고 있는 공간으로, 정체성과 밀접하게 결합되어 있다. 또한 공간 혹은 장소에는 그 장소를 재현해 내는 힘들 간의, 곧 주체/객체, 중심/주변이라는 관계가 함의되어 있다(장희권, 2007: 225).

이산으로 인한 디아스포라는 자신이 살고 있는 새로운 문화와 그들 자신의 특수한 문화·전통·언어·역사 속에서 정체성 갈등을 겪는다. 민족적·문화적인 배경이 다르기 때문에 빚어지는 정체감 갈등을 겪게 되며 자신의 인종적·문화적인 뿌리에 궁금증을 갖게 된다(Giles & Middleton, 1999, 정성희 역, 2003: 82). 디아스포라는 두 가지의 정체성 속에서 살고, 두 문화의 언어를 말하고, 그들 사이에서 번역하고 협상하는 법을 배워야 한다(Hall, 1992, 전효관 역, 2000: 343). 또한 나에게 익숙하지 않은 장소에서의 경계와, 차이의 국면을 확인하는 과정을 통해 정체성이 재발견된다(남호엽, 2010: 26).

디아스포라 공간은 이주자, 경계인, 주변인들이 이룬 문화적 다양성이 실현되는 혼종의 공간이다. 이 공간에 대해 많은 사람들은 긍정적인 이미지를 부여하지만, 정작 이곳에 머물러야 하는 비주류인 이주민들에게는 배제와 차별, 질시의 시선과 맞닥뜨리며 힘겨운 삶을 살아야 하는 곳이기도 하다(장희권, 2007: 228-229 재인용).

감동규(2013)는 소속 공동체의 문화 등에 깊은 애착심을 지닌 시민의 자아 정체성은 집단 및 국가에 대하여 반성적 정체성을 형성할 가능성이 크다는 주장을 하고 있다. 반성적 정체성은 자기 문화에 대한 애착심이 없는 시민보다 더 큰 복수의 정체성을 이해하여 국제 공동체에서 자신의 역할을 다하는 시민으로 행사할 수 있을 것으로 보고 있다. 이와 같은 반성적 정체성 개념은 다문화사회의 시민이 가져야 할 정체성으로 간주할 수 있다. 이는 기존의 민족 정체성에서 진일보한 정체성으로 볼 수 있다.

전 지구화로 인한 이주는 수평적 관계에 기반을 두고 공동체를 형성하는 것이 아니다. 이주자들이 동일화할 수 있는 민족과 멀어질 경우, 위계가 서열화되면서 포함과 배제의 문제가 발생된다.

국제적 인구 이주의 확대는 글로벌 경제와 자유로운 문화의 흐름으로 비춰진다. 하지만 전 지구화는 경제와 문화의 흐름이 지역 간 그리고 지역 내의 상이한 인구 계층들 사이에서 매우 불균등하게 배분되기도 한다. 이는 경제적 빈곤을 벗어나기 위해 본국을 떠나는 사람들이 수용국에서 주변적 존재가 되어 저임금 하층 노동 부문을 메우는 장기체류자가 되는 것을 통해 알 수 있다(양은경, 2012: 241). 중심과 주변이라는 공간의 위계적 서열화에 의해, 다양한 방식의 타자화가 일어나며, 이런 과정에서 구성원 간 혹은 구성원 개인의 정체성 갈등이 일어난다.

3) 국가 정체성의 모델

사회 정체성에 근거하여 대한민국 사람들은 국민으로서, 혹은 한민족의 일원으로서 자신의 국가와 민족에 대한 정체성을 지니게 된다. 그러나 우리 사회에 속한 모든 사람들이 대한민국 국민이라는 것에 대해 똑같은 기준을 가지고 있지는 않다. 일반적으로 민족적–혈통적 모델(ethnic- genealogical model)과 시민적–영토적 모델(civic-territorial model)로 구분된다(Smith, 1991).

먼저 민족적-혈통적 모델은 전근대사회를 설명할 때 유효하며 국가 정체성을 언어적·문화적 요소와 같이 이미 정해져 있는 속성에 의해 규정한다. 귀속적 속성이 강하고 민족의 구성에 있어 영토보다는 혈통을 중시하는 개념이다. 또한 민족공동체 혹은 문화공동체에 기반이 되는 동일 조상의 후손, 전통과 문화적 유산의 공유, 공동의 정치운명에 대한 집단기억의 공유 등을 포함하고 있다(Smith, 1991).

시민적-영토적 모델은 민족의 구성에서 영토의 중요성이 강조된다. 또한 선택적이고 자발적인 속성이 강한 개념으로 시민으로서 동등한 권리 및 의무의 행사와 같은 정치적 의지와 자본주의적 이해를 포함하고 있는 개념이다(최현, 2007: 141-174). 이 모델은 국가를 명확히 그어진 국경 안에 있는 의도적인 정치적 공동체의 개념으로 보고 있으며, 국가의 문화나 국가 정체성을 설명할 때에도 체제 또는 제도의 법적·합리적 속성을 강조한다.

Brubaker(1992)와 Smith(2000)는 국가적 차원에서 국민 정체성 중 시민적-영토적 요인을 중요시하는 국가는 다인종주의와 다문화주의를 보다 쉽게 수용하고, 인종 문화적 배경이 다른 사람들을 동료 시민으로 받아들이는 데에는 개방적인 태도를 취하는 비율이 높다고 주장한다. 종족적-혈통적 정체성을 중시하는 국가에서는 이주자들에 대해 포용 정도가 낮고 배타적 태도를 보이는 것으로 나타났다.

Jones & Smith(2001)는 후기산업화 수준이 높은 나라일수록 민족적 요인보다는 개방적이고 포용적인 국가 정체성을 가지며, 이런 경향은 개인 차원에서는 경제적으로 상위집단에 속할수록, 시민권자보다 이민자들이 포용적 국가 정체성을 갖는 것을 설명한다. 국가적 수준에서는 세계화 수준의 문화적 다양성이 높을수록 시민적 요건이나 민족적 요인을 강조하는 정도가 낮아진다. 개인 수준의 분석에서 시민권자나 연령대가 높은 세대들은 두 요인 다 강조하는 경향을 나타냈다. 이민자나 교육수준이 높고 종교가 없는 사람들이 그 나라의 진정한 국민이 되는 민족적 · 시민적 자격요건의 요구가 낮아진다.

Shulman(2002)도 시민 정체성을 강조하는 사람들은 집단의 집합적 성원의식에 기반하고 있기 때문에 이민자집단과 함께 어울려 사는 것에 대하여 상대적으로 포용적인 태도를 보이고 있다고 주장했다. 반면 종족적 정체성을 강조하는 사람들은 내집단에 대한 장려와 외집단에 대한 배제적인 태도가 나타났다.

Heath & Tilley(2005)에 의하면 종족적 정체성이 강한 집단은 동화주의적인 정책에 보다 강력한 지지를 보내고, 이주자들에게 배타적인 태도를 보이는 것으로 나타났다. 반면 시민적 요건을 강조하거나 종족적 요건과 시민적 요건 모두를 강조하지 않을수록, 다문화적 정책에 대한 지지율이 높고, 이주자에 대한 관용적 태도를 보이고 있다.

국가 정체성과 관련된 많은 연구에서 민족적 · 시민적 요건으로 구분한 이분법 모델을 적용하여, 요인별 성향에 따른 이주자와 소수인종집단에 대한 태도 등을 연구하였다. 이러한 이분법은 충분한 경험적 연구를 통해 뒷받침된 것이 아니라 역사적 요인에 초점을 맞춘 규범적이고 자민족중심적인 이론이라는 비판을 듣고 있다.

Castles & Miller(1998)가 이 두 가지 모형의 대안으로 제시한 다문화 모형에 의하면, 국가 정체성은 이주 허가로 시작되고, 거주 및 경제활동으로 활성화된 시민사회 내의 여러 하위집단의 멤버십과 공동참여의 결합을 의미한다. Keillor et al.(1996)은 마케팅 이론을 접목시켜 국가 정체성에 대한 새로운 정의를 제시하였는데, 이들은 주어진 문화가 가지고 있는 다른 문화와 구별되게 하는 의미의 묶음으로 정의하였다.

Kelloway & Hult(1999)는 Smith와는 달리 국가적 특징에 초점을 두지 않고, 고유의 정체성으로 인식할 수 있는 공통점을 찾기 위해 특정 문화가 가지는 중요성을 강조하였다.

위의 논의들에서 국가 정체성이 다차원적 개념이라는 사실을 확인하였다.

국가 정체성이 형성되는 데 영향을 미치는 요인은 다양하게 존재하지만, 연구의 목적이나 범위에 따라 측정요인들을 한정해야 할 것이다.

4) 국가 정체성 국제비교

많은 사회과학자들은 세계화·탈산업화 시대에 국가 정체성이 강화될 것인지 약화될 것인지에 관한 논의를 하고 있다. 이것은 여러 나라 국민들이 현재 가지고 있는 국가 정체성의 실체와 이것이 세계화의 확산과 더불어 어떻게 변해 가는가에 관한 관심을 만들어 냈다. 이와 관련한 국가 정체성의 국제비교를 통해, 세계가 초국가적 세계시민정신에 얼마만큼 근접해 있는가를 제시하고 있다. "국제사회에서 한 개별 국가의 정체성은 그 국가의 대외적인 태도와 행위에 밀접한 영향을 미치며, 따라서 그 국가 정체성에 있어서 규정의 변화는 결국 국제사회 속에서의 관념과 정책 변화를 초래하게 된다(Wendt & Katzenstein 1996, 52)"고 한다.

현재 국제비교가 가능한 것은 2003년 ISSP(International Social Survey Program) 조사 자료로서 당시에 한국도 〈한국종합사회조사〉에 국민 정체성 모듈 중 일부를 포함시킴으로써 함께 조사에 참여했다. 이를 통해 국가 정체성에 관한 국제비교가 가능하다. 이후, 여성가족부가 한국종합사회조사의 2003년 자료와 2012년 여성가족부의 다문화 수용성 자료를 출생지, 혈통, 장기거주, 언어 사용, 정치제도 및 법 존중, 소속감, 국적 소유 등으로 구분하여 비교분석하였다. 이를 바탕으로 각 항목에 대하여 한국인의 인식이 어떻게 변화하였는가를 알 수 있다. 출생지에 관한 한국의 분석 결과는 한국에서 태어나는 것이 중요하다(매우 중요 + 대체로 중요)고 응답한 비율이 2003년에는 87.7%로 나타났고, 2012년에 82.7%로 나타났다.

이들 조사에 참여한 전체 37개국과 비교하면 한국은 2003년, 2012년 각각

28위를 기록하였다. 하지만 질문에 대한 각 나라의 평균 응답률이 87%임을 감안할 때, 대부분의 국가에서는 출생지가 국민 정체성에 크게 영향을 미친다고 받아들이는 것으로 나타났다.

혈통에 관한 분석으로 한국인이 생각하는 중요성은 상대적으로 매우 높다. 한국인 조상을 갖는 것이 중요하다(매우 중요 + 대체로 중요)라고 생각하는 한국인의 비율은 86.5%로 나타났다. 생애의 대부분을 한국에서 사는 것에 대한 응답률은 2003년 ISSP 조사에서는 30위였던 것에 반해, 2012년 조사에서는 18위로 순위가 상승하였다. 이러한 결과는 앞서 혈통의 중요성과 더불어 한국인에게 거주지역도 이제 국민 정체성에 상당한 영향을 미치고 있음을 알 수 있다.

언어에 관한 분석 결과는 다음과 같다. 한국인으로 인정받기 위한 요건 중 하나인 '한국어 사용'은 2012년의 경우 국민들의 90.7%가 중요하다(매우 중요 + 대체로 중요)는 응답을 보였다. 한국보다 언어에 대한 찬성 비율이 낮은 나라는 타이완, 이스라엘(아랍), 아일랜드 등으로 나타났다.

'한국의 정치제도와 법을 존중하는 것'에 대한 찬성 비율은 높지 않다. 전체 평균 90.7%(매우 중요 + 대체로 중요)였다. 노르웨이 · 캐나다 · 스웨덴 · 프랑스 등의 국가에서는 해당 국가의 정치제도와 법의 준수가 중요하다는 응답이 높게 나타난 반면에 슬로바키아와 일본은 각각 67.5%, 67.2%로 여타 국가들에 비해 낮은 편이었다. 한국의 경우 이 질문에 대한 찬성 비율이 2003년 조사에서는 35위였지만, 2012년에는 18위로 상승하였다. 한국의 정치제도와 법을 존중하는 것이 한국인의 국민 정체성에 중요한 요소라고 생각하는 사람들이 늘어나고 있는 것이다.

국민 정체성 평가 항목 중 한국인들의 동의도가 가장 높은 항목은 '한국인임을 느끼는 것'이었다. 국민 정체성에 대한 태도의 비교 결과를 보여 주고 있다. 이러한 느낌이 국민 정체성의 요소로 중요하다고 생각하는 비율(매우 중요 + 대체로 중요)은 2012년의 경우 93.4%로 나타났다.

한국의 경우 다른 ISSP 조사 참여 국가를 포함하면 9위에 해당한다. 관련 항목의 상위 비율 국가는 오스트레일리아 · 독일(서독) · 독일(동독) · 영국 · 미국 등의 순이고, 가장 낮은 국가는 이스라엘(아랍)로 나타났다.

국적 요소에 관한 ISSP 자료와 비교한 결과는 다음과 같다. '한국 국적을 갖는 것'이 국민 정체성에 중요하다고 생각하는 한국인의 비율(매우 중요 + 대체로 중요)은 91.5%로 나타났다. 비교 대상이 되는 다른 나라에서도 국적이 국민 정체성과 관련하여 중요하다고 생각하는 사람들의 비율이 매우 높다. 다만 비교 대상이 되는 전체 국가의 평균이 86.9%로 나타난다는 점을 고려할 때, 한국인의 찬성 비율이 상대적으로 높은 것을 알 수 있다.

각국의 국민 정체성에 대하여 출생 · 혈통 같은 선천적 범주와 정치제도와 법 준수, 소속감 같은 후천적 범주로 구분할 수 있다. 전자보다는 후자를 국민 정체성에서 중요한 것으로 보는 경향이 높다. 국가별 국민 정체성을 규정하는 요건들의 분포를 보면 다음 [그림 2-1]과 같이 나타난다.

[그림 2-1]에서 한국은 혈통과 같은 선천적인 범주의 중요성이 서구 국가에 비해 상대적으로 높은 것으로 나타난다. 이와 같이 선천적 범주가 높은 나라에서는 아직 다문화사회의 정착이 실험 중이라고 볼 수 있다. 즉 우리나라와 같은 혈

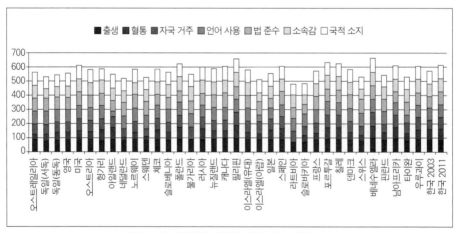

[그림 2-1] 국가별 국민 정체성을 규정하는 요건들의 분포

출처: ISSP(international social survey program), 2003. 여성가족부, 2012(국민 다문화수용성 조사)

통 중심의 사회에서는 다문화사회화 과정에서 다양한 문제가 발생할 가능성을 가지고 있음을 시사한다.

4.
국가 정체성 형성의 요인

정체성은 동일함(the same)을 의미하는 라틴어 'idem'에서 유래하였다. 따라서 '동일한' 또는 '지극히 똑같은 상태나 사실', '특정 인물이나 사물의 상태에 대한 사실 및 묘사' 혹은 '제시된 사람이나 일이 동일한 상태' 등을 의미한다. 앞서 국가 정체성의 정의에서 살펴본 것처럼, 사회과학에서는 정체성 전체를 정의하기보다 세부적으로 분류하여 각각을 정의하고 있다(이학수, 2003: 19).

Glenn Chafetz 외(1999)는 정체성을 나와 타인을 구분하는 경계를 만드는 것이라고 정의하면서 "하나의 기제로서 정체성은 개인에게 자아의 존재를 느끼게 하고 외부 환경과 자아 사이의 관계를 이해할 수 있게 해 준다"고 하였다. 정체성은 인간의 내재된 인지의 통합 부분으로 나의 개성과 삶을 더욱 잘 예측하고 예외를 줄여 혼란을 줄일 수 있게 하는 것을 의미한다.

이민을 받아들이지 않으며 전통이 중요한 국가에서는 외국인 혐오가 더욱 심각하다. 정치적 갈등으로 비화할 가능성도 큰 것으로 나타났다. 다양성이 갈등을 야기할 수 있다는 점에서 국가 정체성은 국가 구성원을 국민과 그렇지 않은 사람으로 구분하여 자신이 속한 집단(in-group)인 국민과는 동일시를 하지만, 타자(outgroup)인 이주자에게는 거리를 두는 포섭과 배제의 이중적 태도를 보이는 메커니즘으로 설명되기도 한다(Hjerm, 1998: 335-347).

정체성의 의미가 세분화되고 다층적 개념으로 발전하는 것처럼 이제는 국가를 대상으로 하여 국가 정체성 개념으로 확대되고 다양화되었다(이학수, 2003: 21). Pail A. Kowert(1999)는 국가 수준의 정체성을 내적 정체성(internal identity)과 외적 정체성(external identity)으로 분류하였다. 내적 정체성은 그 국가의 일체성(cohesion) 또는 단일성(uniformity)을 의미하며 국민이 국가에 충성하는 정도로 나타낸다. 외적 정체성이란 타 국가와 구별할 수 있는 국가만의 차별성(distinctiveness)을 의미한다.

Colin H. Kahl (1999: 94-144)은 "국가를 대상으로 한 정체성을 통합적 정체성(corporate identity)과 사회적 정체성(social identity)으로 나누고 통합적 정체성은 내재적(intrinsic), 자체 조직적(self-organizing) 성질로서 행위자의 개체성(individuality)을 구성하는 것"이라고 하였다. 예컨대 통합적 정체성은 인간의 신체와 경험·정신·심리적 인식을 말한다. 조직에서는 그 구성원인 개별적 개체와 물질적 자원, 그리고 우리(we)라는 조직에 대한 공유된 믿음과 제도를 의미한다. 이를 우리나라에 적용하면, 다른 국가와 구별되는 한국의 통합적 정체성으로 한반도와 한민족이라는 혈연적 유대감과 역사의식 등이 있다.

국가에 대한 사회적 정체성은 국가와 다른 국가와의 관계에서 형성되는 주관적 인식을 의미하며, 국제사회에서 내재된 국가의 정체성으로 기능하게 한다.

한편 구성주의 이론은 근대사회에 Habermas의 철학적 견해와 Giddens의 사회학 이론 등을 인식론과 존재론적 기반으로 하여 정체성을 이해하기 위해 전개되었다. 구성주의의 특징은 두 가지 중심적 가정에서 발견된다.

첫째, 사회구조를 결정하는 우선적 힘은 물질적인 것이 아니라 관념적인 것이다.

둘째, 행위자들의 정체성과 이익은 자연적으로, 외적으로 주어지는 것이 아니라 공유된 관념들에 의해 사회적으로 구성된다(정진영, 2000: 20). 사회 구조에 대한 설명은 구성주의자들이 가지고 있는 물질에 대한 관념을 잘 나타내 주고 있다 (Wendt, 1999: 139).

정진영(2000: 20)은 "모든 사회구조는 세 가지 요소를 포함한다"라고 보았다. 물질적 조건, 이익, 그리고 관념이다. 비록 이러한 관련 요소들이 어떤 의미에서는 분리되고 각기 다른 역할을 하기도 하지만, 물질적 조건의 중요성은 부분적으로 이익에 의해 구성되고, 관념 없이는 이익도 없으며, 이익 없이 의미 있는 물질적 조건도 없다. 결국 물질적 조건이 없는 곳에서는 실재(reality)란 없다(Alexander, 1999: 139).

구성주의자들은 행위자들의 속성인 정체성이 상호 교류와 사회구조에 의해 구성된다고 믿는다. 따라서 구성주의적 시각에서는 개인의 다문화태도 원인을 정체성으로 해석함으로써 다문화를 바라보는 새로운 시각을 마련해 주었다고 평가할 수 있다. 구성주의 이론의 문제점 중 하나는 정체성의 현실적 토대다. 추상적 개념인 정체성을 어떻게 구체화할 수 있는지, 또 이것을 어떻게 다문화 현상에 적용하는지가 관건이라고 하겠다.

본 연구에서는 다문화에 대한 구성주의의 입장에서 다문화 의식이 정체성의 방향과 내용을 형성한다는 점에서 국가 정체성을 해석하였다. 이를 구체화하기 위해 주류한국인과 우리나라에 들어온 다문화 구성원들을 통한 설문조사를 진행하여 정체성의 차원을 탐색적으로 연구하였다.

이런 맥락에서 설문조사는 선행연구를 참조하여[6] 정체성에 대한 문항을 추출한 후 실증적 연구를 통해 개념 타당도와 개념 신뢰도 분석을 거쳐 다섯 가지 차원의 국가 정체성 항목을 구성하였다. 이는 국민의 국가에 대한 자부심, 국가에 대한 개인의 기여의식, 국가에 대한 존중감, 개인 정체성과 자긍심의 기반으로서

---

6) Lilli & Diehl(1999)의 National Identity Scale을 참조. 이 측정도구는 Tajfel & Turner(1986)의 Social Identity Theory에 근거하여 국가 정체성의 요인을 멤버십, 사적 평가, 공적 평가, 동질감의 4개 영역으로 구성된 Luhtanen & Crocker(1992)의 Collective Self-Esteem Scale의 문항들을 변용하고 추가하여 비교 평가가 포함된 새로운 측정도구를 구성하였다.

의 국적, 세계화 시대의 호혜협력으로 구분하였다.

1) 국민의 국가에 대한 자부심

국가 정체성에 대하여 Doty(1996: 123)는 종결이 있는 프로젝트가 아니며 이것은 구성의 단계에 속하고 지속적으로 재구성되는 사물이라고 하였다. Renn(1982: 20)의 민족(nation)은 정신이고 영적 원천이다. 이를 구성하는 두 가지 사물이 있다. 하나는 과거이고 또 다른 하나는 현재다. 과거는 공통적 기억의 풍부한 유산으로 소유되는 것이고, 현재는 실제적 동의, 즉 더불어 사는 열망이다. 국가 정체성은 과거와 현재를 통해 지속적으로 재구성되는 민족 열망의 구체적 자기표현이다.

이런 맥락에서 감동규(2013)는 "국가 정체성도 집단 정체성 및 사회적 정체성에 기반을 두고 있는 사회 행위자들의 정체성이라 볼 수 있다"고 하며, "사회 혹은 집단 속에서 행위자들은 제각기 자기 스스로를 규명한다는 자기 정체성 의미를 내포하며, 나아가 국가 정체성의 개념도 집단 및 사회의 연속선상에 위치함은 물론 그 의미의 확장으로 볼 수 있다"라고 했다.

위의 논의들을 기초로 국가 정체성 요인의 세부항목을 다음과 같이 설정할 수 있다. 국민이 국가에 대한 자부심하에 내가 국가에 협조적이며, 내가 국가에 필요하다는 문항 등 집단에 대한 개인의 기여(공헌) 또는 가치를 표현하는 항목, 외국인들이 대한민국을 좋게 볼 것이라는 공적 평가 등의 내용이 있다. 내가 대한민국이 마음에 든다는 사적 평가, 오랫동안 단일민족을 유지해 온 것에 대한 긍정적 평가 등의 내용이 세부항목을 이룬다.

2) 국가에 대한 개인의 기여의식

국가 정체성은 근대 민족국가의 정체성을 말하며, 다른 민족국가와 차별화된 산물이다. 민족국가는 국민국가라고도 부르며, 그 구성원을 국민이라고 한다. 국민으로 범주화되는 개인들은 국가 정체성을 공유하는 사람들이다. 특정 개인들은 국가 정체성을 가지면서 국민으로 호출된다. 국가 정체성을 공유하는 사람들이 국민이 되어 하나의 민족국가를 형성할 때, 내부적으로는 통일된 심리적 기제를 가진다. 이러한 심리적인 기제 중 전형적인 것이 민족주의다. 민족주의는 교통과 통신, 교육과 언론 등을 통해서 국가 정체성을 생산한다(한국다문화교육연구학회, 2014: 52).

국가 정체성은 하나의 집단에서 나타나는 애착의 형태다. 국가에 대한 소속감은 개인의 정체성에 중대한 영향을 미친다. 개인은 보편적이지 않고 뚜렷하게 구별되는 문화에 속해 있을 때 비로소 충족감을 얻는다(Smith, 1991). 이는 개인 간의 사회적 유대를 통해 달성되며, 집단 내에서의 소속감 · 충성 · 자부심과 같은 욕구를 충족시킬 수 있다.

언급하였듯이 Erikson(1956)의 개인 정체성 이론과 Hogg & Abrams(1988)의 사회 정체성(social identity) 개념을 근거로 국민의 국가에 대한 자부심과 국가에 대한 개인의 기여의식 요인은, 국가와 개인의 상호 관계 속에서 느끼는 집단의식의 양쪽 측면을 반영하는 요인으로 작용하고 있다. 부정적인 표현으로 구성된 문항들이 주로 묶이며, 이런 태도를 분명하게 알기 위해 국가에 대한 개인의 기여의식을 반대로 표현한 '대한민국을 위해 내가 할 일이 별로 없다', '내가 쓸모없는 국민이다', '여러 민족을 국민으로 받아들인다면 국가의 결속력을 해치게 된다'라는 멤버십 하위 내용과 '대한민국은 다른 나라와의 경쟁에서 지고 있다'와 같은 비교평가 문항으로 구성되어 있다. 타 국가의 소속 국민이었던 사람들이 대한민국으로 이주해 오면서, 자신감을 결여하고 있는 우리나라만의 특수상황을 반영하는 요인이 형성된 것이다. 다문화 이주민들의 경우 우리나라의 사회적 계층상으로 볼 때 대체로 하위계층 쪽으로 편입되고 있는 현상이 투영되어 있다. 이를 긍정적으로 표현하여 국가에 대한 개인의 기여의식이라고 명명하였다.

3) 국가에 대한 존중감

국가에 대한 존중감은 국가 정체성 차원에서 이해할 수 있다. 이와 같은 맥락에서 감동규(2013)는 Smith(1991)와 Evans 외(2002)를 인용하여, "국가의 구성원으로서 개인이 구축하고 있는 집단 정체성은 국가 · 성 · 계급 · 세대 · 언어 · 종교 등을 기반으로 하여 형성된다"고 하였다. 또한 "국가 정체성 구성요소가 바로 종족 · 혈통적 요인들과 시민 · 영토적 요인들"이라고 하였다. 이러한 국가 정체성 형성에 영향을 미치는 구성요소의 강도는 결국, 정체성의 강도와 직결될 뿐만 아니라 개별 국가의 이익과 맞물려 내적 및 외적 정체성에 참여하게 된다고 보았다 (감동규, 2013: 76).

국가에 대한 존중감 요인은 공적 평가의 내용을 토대로 구성되어 있다. 여기서 외국인들은 대체로 대한민국을 존중한다는 긍정적 평가와, 대한민국이 다른 나라보다 무능하며, 별 볼 일 없는 나라라는 부정적 평가를 동시에 묶어서 구성된 요인이다.

이미 국가 정체성의 사회심리학적 측면에서 언급한 Tajfel(1982)의 자아 개념의 개인적 정체감(personal identity)과 사회적 정체감(social identity)으로써 국가에 대한 존중감 요인을 평가할 수 있다. 개인적 정체감이 개인으로서의 자신에 대해 어떻게 생각하고 느끼는가를 표현하는 반면에, 사회적 정체감은 자신이 속한 사회 집단에 대한 소속감과 그에 결부된 정서와 감정에 근거한다. 따라서 사회적 정체감은 자신이 속한 사회집단에 대해 어떻게 생각하는가를 나타낸다. 그러므로 Tajfel(1982)의 사회적 정체감 개념은 국가에 대한 존중감 요인과 밀접하다고 볼 수 있다.

국가에 대한 존중감 요인은 공적인 평가를 통해 나타나는 사회적 정체감이며, 우리나라의 다문화 이주자들에게서 대한민국에 대한 긍정적인 사회적 정체성과 한편으로는 부정적인 사회적 정체성이 동시에 나타나고 있는 현상을 그대로 반영하여 요인이 형성되고 있다.

4) 개인 정체성과 자긍심의 기반으로서 국적

속지주의에 따라 국가에서 태어나는 개인은 법적인 국민으로 성장한다. 사회 환경과 가족 및 교육 등에 의해 개인 정체성은 자신을 나타내는 방향으로 형성하게 된다. 개인 정체성은 자신이 속한 일정 영역이나 지역 내에서 형성되는데 한 사회나 집단 그리고 국가 차원에서 자연스럽게 자리를 잡고 사회 정체성을 형성하게 된다.

국가 정체성은 국가에 대한 국민의 소속감과 자긍심에서 만들어지며 자신과 국가를 동일시하는 마음에서 이해되고 이러한 과정을 통하여 사회 정체성으로 확장된다. 따라서 개인의 정체성에 대한 확장은 일정 영역과 국가 혹은 국민의 범주에 속하게 된다. 이런 과정을 통해 형성되는 정체성은 집단 정체성으로 이해된다.

Giddens(2002)는 "국가 정체성에 대해 사회적 정체성 차원을 언급하였다. 사회적 정체성은 개인들에게 대부분 하나 이상의 성질로 구성되는 특성을 가지고 있다. 이것은 또한 다양한 인간의 삶을 구성하는 다중 정체성의 의미도 동시에 포함하고 있다. 하지만 개인들은 삶의 의미와 경험들을 시공 속에서 일차적 정체성의 근처로 지속적으로 배치한다"고 하였다. 사회적 정체성은 다중적인 의미를 포함해 집단 이익에 우선시하며 결집될 가능성이 있다. 또 개인이 사회생활을 하면서 타인들과 다양한 관계를 형성하며, 자신의 위치를 지각하고, 안정된 핵심을 찾아 가게 한다. 사회적 정체성은 스스로를 규정하는 방식을 분석한다. 최안복·이윤옥(2010)은 국가 정체성을 "국가의 체제가 존속하는 데 있어서 고려되어야 하는 기본적인 요소"로 간주하였다. "이것은 국민의 일원으로 느끼는 개인의 유대감이나 연대의식 또는 자각 등에서 형성되는 것으로 국가와 민족이라는 집단에서 한 개인의 소속감을 말하기도 한다."[7]

이러한 관점에서 이 요인을 개인 정체성과 자긍심을 기반으로 하는 국적으로 명명하였으며, 구성 내용은 '어떤 사회 구성원의 국적은 자신의 정체성을 알리는 데 중요한 기준이다.' 등의 항목이다. 이를 한국 사회의 구성원들에게 대입하면, '나는 대한민국 국민인 게 다행이다'라는 답변을 가능하게 한다. 이 내용을 통해 다문화 이주자들의 국민의식과 국적에 대한 생각이 성장하면서 요인을 형성하고 있음을 알 수 있다.

5) 세계화 시대의 호혜협력

세계화 시대의 국가 간, 민족 간 혹은 한 사회를 구성하는 개인 간 호혜협력은 중요한 이슈다. 이 또한 정체성 문제와 결부된다. 국가 정체성 형성의 요인에서 언급했던 것처럼 Kahl(1999)은 국가 정체성을 사회적 정체성과 통합적 정체성으로 구분한다. 나아가 Kahl(1999: 94-144)은 "국가의 이름, 국제사회에서 형성되는 그 국가의 위치, 그리고 타 국가와의 관계 속에서 어떻게 소속되는가 하는 등의

---

7) 감동규, 상게서, 78.

81

요소가 여기에 속한다"고 한다. 이러한 요소들이 국가 간의 상호 작용을 통하여 형성되는 어떠한 집단적 인식이 바로 국가 정체성이 된다. 사회적 정체성은 관계 속에서 자신의 역할과 지위에 대해 갖는 주관적 인식이며, 통합적 정체성은 인간의 신체와 경험적 인식을 가리킨다. 개별 국가에서 다른 국가와의 차별을 포함하여 국제사회에서의 생존이나 안보, 그리고 자국의 발전을 위한 행위나 욕구를 형성하는 정체성이 바로 통합적 정체성이다.

앞서 언급한 것처럼 Kowert(1999: 4-5)의 경우 국가 정체성을 내적 정체성과 외적 정체성으로 설명한다. 국가에 대하여 보여 주는 국민의 충성도를 뜻하는 일체성이나 단일성이 내적 정체성이 되고, '한 국가가 다른 국가와 차별되는 한 국가만의 차별성', 즉 한 국가를 다른 국가와 비교할 때 형성되는 그 국가만의 특성이 바로 외적 정체성이다. 또한 분석적인 국제정치의 연구에서 내적 및 외적 정체성의 세분화가 반드시 필요하다고 그는 강조하였다.

Wend(1999: 224-229)는 국가 정체성을 네 가지, 즉 조직 정체성(corporate identity), 유형 정체성(type identity), 역할 정체성(role identity) 및 집합적 정체성(collective identity)이라 하였다. 이는 "국가 간의 행위에서 어떤 행위가 발생하기 전에 미리 주어지는 것이 조직 정체성이고, 국가 간에 발생하는 상호 행위에서 비롯되는 것을 사회적 정체성으로 구분하는데, 이러한 분류에 속하는 것이 역할 정체성과 집합적 정체성"이라고 한다.

어떤 한 집단이 지배문화의 일부가 되거나 두 문화를 구분 짓는 문화적 양상들이 사라지면서 두 문화 간 결합으로 인해 생기는 현상이 동화다. 그러나 지배집단의 가치와 행동을 채택한다 하더라도 주류사회에 완전히 동화되는 것은 그리 쉬운 일이 아니다. 바로 이것이 구조적 동화의 한계일 수 있으며, 따라서 구조적 동화는 쉽게 이루어지지 않는다.

오늘날 국제사회는 경제적 측면의 상호 교류, 즉 국제무역, 투자 등이 괄목할 만큼 성장하였을 뿐만 아니라 문화교류 · 이민 · 여행, 유행의 전파, 통신 등의 경제 외적 상호 교류도 급격하게 증가하였다. 오늘날 국제적 상호 교류 및 상호 의존이 심화된 것은, 정보화의 급속한 발달과 세계화의 흐름과 밀접하게 관련되어 있다. 세계화는 Giddens(1990)가 기술한 바대로 "자본 · 노동 · 상품 · 기술 · 정보 · 이미지 환경이 주권과 국경의 벽을 넘어 조직, 교환, 조정되는 현상을 의미하는 것"으로 "전 지구적 상호 의존의 심화 또는 국지적인 것들 상호 간의 사회적 관계가 확대 · 심화되어 어느 한 곳에서 일어나는 일이 다른 곳에 영향을 주고받는 현상"을 말한다(한국다문화교육연구학회, 2014: 53 재인용). 구체적으로 세계화는 세 가지 현상으로 정의될 수 있다. 첫째, 자원, 특히 국가 및 지역 간 자본과 노동 장벽의 붕괴이며, 둘째는 다수 상품의 글로벌 마켓이 출현한 것이며, 셋째는 문화적 상징 및 메시지의 무료 전송이 세계적으로 이루어지면서 커뮤니케이션이 세계적으로 되었다는 점이다.

세계화 시대에 어떤 특정한 나라의 국민은 그 나라의 국민이자 세계시민이라고 볼 수 있다. 이제는 어떤 국가의 정체성을 넘어 다문화에 대한 수용과 포용력을 지니고, 서로 협력하고 상생해 가는 국제사회를 지향해야 한다. 이런 요인이 바로 세계화 시대의 호혜협력 요인이다. 세계화 시대에는 한국의 자국인들 간 협력보다 국적과 인종을 넘어선 협력이 더 중요하다. 이는 사회 정체성 이론의 비교 평가 요인을 반영하는 요인이다. 이 요인에서 나 자신에 대한 평가나 나 자신의 인격에 있어 국적은 아무런 관련이 없다는 세계시민주의적 의견까지 포괄한다.

III

주요 국가의 다문화정책 현황

1.
다문화정책의 개념

'다문화정책(multicultural policy)'이란 특정의 소수자집단이 무시되거나 차별받는 것을 방지하고, 차이에 근거한 정치·사회·경제적 갈등을 해소하며, 인간으로서의 보편적 권리를 향유하도록 함을 목적으로 하는 정부의 제도적 개입이라고 할 수 있다(오경석 외, 2007). 이를 Kymlicka(1995)는 다양한 문화적 주체들이 가진 서로 다른 삶의 권리(politics of difference)에 대한 '제도적 보장'으로 정의했다. Troper(1999)와 윤인진(2008)은 다문화정책을 인종·민족·국적에 따른 차별과 배제 없이 모든 개인이 평등한 기회에 접근할 수 있도록 보장함으로써, 다양한 인종집단들이 공존하려는 이념을 실현하고자 하는 정부의 '정책과 프로그램'으로 보았다. 다문화정책은 원숙연(2008)의 주장과 같이 "포스트모더니즘적 탈-중심화 및 차이에 대한 인정을 기반으로 하여, 다문화사회의 사회적 문제를 해결하기 위한 '정책적 대안'을 의미한다"고 볼 수 있다.

한국에서의 다문화정책은 앞서 정의한 다문화정책의 의미와는 차이가 있다. 박진경(2010)은 정부 부처 간에 다문화정책을 다르게 이해하고 있음을 지적하였다. "법무부는 이민 및 국경 관리, 보건복지부는 다문화가족 지원, 문화체육관광부는 문화적 다양성 증진 등으로 이해하고 있다"는 것이다. 반면, "각 부처가 별도로 다문화정책을 추진하기 때문에 사업의 중복, 일관성의 결여, 단기간의 사업으로 끝나는 문제점이 발생하기도 하였다"고 보았다.

우리나라 다문화정책 수행의 법적 기반으로는, 2007년에 제정된 '재한외국인처우기본법'과 2008년에 제정된 '다문화가족지원법'이 있다. 이는 우리나라 다문화정책이 외국인(주민)정책과 다문화가족 지원정책으로 구분되고 있음을 의미한다(한승준, 2011). 이런 다문화정책은 대부분 국제결혼여성 이민자와 자녀들을 한국 사회에 적응시키기 위한 교육과 사회복지 서비스 지원에 초점을 맞추고, 일부 이주노동자 및 자녀 교육에 관한 대책이 포함되어 있다.

다문화정책은 국가별로 역사적 발생 기원에 따라 다양한 형태를 띠고 나타난다. 본 연구에서는 Kymlicka(1996)의 다문화 시민권에 대한 논의를 중심으로 다문화정책이 무엇을 목표로 해야 하는가에 대한 입장을 먼저 정리하고, 나라별로 다문화 발생 원인과 정책 가운데 일부 사례를 살펴보는 순으로 논의를 전개하고자 한다.

개인의 국가 간 이동이 보편화된 1980년 후반부터 국민 국가 단위 또는 영토 중심의 시민권 개념의 효용성에 근본적인 물음이 제기되었다. 여기에 대한 대안으로 Kymlicka(1996)는 주류사회가 인종·문화적 소수집단에 집단 차별적 권리를 부여해야 한다는 다문화 시민권을 주장한다. 이에 그는 자유주의적 입장에서 다문화주의를 주장하지만, 기존의 자유주의 이론을 답습하지는 않는다. 오히려 그는 개인의 평등과 자유를 공정하게 실현하기 위해, 공통적 시민권 개념에 의존한 기존의 자유주의 이론들이, 집단 사이의 차이를 적절히 수용하지 못함으로써 실패했다고 말한다.

나아가 그는 문화적 다양성과 관련하여 다민족국가와 다인종문화국가를 구분한다. 다민족국가는 한 국가 내에 여러 민족이 공존하는 국가이고, 다인종문화국가는 주로 이민을 통해 이루어지는, 다양한 인종·문화집단이 존재하는 국가를 의미한다. 다민족국가 안에서의 소수민족과 다인종문화국가 안에서의 인종·문화집단이 요구하는 집단 차별적 권리가 늘 일치하는 것은 아니다. 자치권, 다인종문화적 권리, 특별집단대표권의 세 가지 집단 차별적 권리 중에서 인종·문화적 소수집단들이 주로 요구하는 것은 자신들의 문화적 특성과 자긍심을 표현할 수 있게 하는 다인종문화적 권리다. Kymlicka(1996)는 소수집단들이 주로 요구하는 것을 내부적 제재와 외부적 보호로 구분한다. 두 가지 모두 민족적 및 인종 문화적 공동체들의 안정성을 보호하는 것이지만, 전자는 전통적 관행이나 관습을 준수하지 않으려는 개인들의 결정 같은 집단 내의 반대로 인한 불안정적인 영향으로부터의 보호와 관계되며, 후자는 보다 큰 전체 사회가 내리는 경제적 또는 정치적 결정 같은 외부적 결정의 영향으로부터의 보호와 관계된다. Kymlicka가 말하는 다문화 시민권이 제대로 실현되기 위해서는 소수집단의 요구를 세밀하게 구분해야 하며, 이와 동시에 해당 집단 구성원들의 기본적 자유와 권리를 제한하거나, 집단 간 평등한 관계를 저해하지 않아야 한다는 전제조건이 따른다(한국다문화교육연구학회, 2014: 119).

위의 논의들에서 다문화정책은 소수집단을 보호하고 그들의 권리를 '다문화 시민권'으로 일컬을 정도로 옹호해야 한다는 것으로 볼 수 있다. 다른 한편 다수의 주류사회 구성원들이 소수를 이해할 수 있는 다양성에 관한 제도적 장치도 함께 요구하는 것으로 이해할 수 있다.

2.
한국의 다문화정책

1) 한국 다문화정책의 현실

(1) 다문화정책의 기본 취지

　다문화정책의 기본 취지에서 주류문화에 대한 이주민들의 적응은 다문화사회의 전개 과정에서 제기되는 정책 중 가장 기본적인 사항이다. 이에 대한 대안을 찾는 과정에서 다양한 문화와 이를 둘러싼 소수자의 권위와 그들의 주류문화에 대하여 기본적인 관점이 형성될 수 있도록 해야 한다.

　다문화사회를 경험했던 다른 국가들은 이주민 대상 언어교육을 비롯하여 주류문화 적응에 비교적 적극적인 정책을 실시하였다. 정책 형성 과정에서 나타나는 이주민과 주류문화와의 관계에서 기본적 관점은 차이가 있다. 이는 다문화사회로 전개되는 과정에서 이주민의 문화적 위상과 배경의 차이에서 발생하는 문제들이 정책 운영 주체 간의 관계에 많은 영향을 주기 때문이다.

이주민의 주류문화 적응은 국가적 차원에서 상당한 정책적 지원을 통해 적극적으로 이루어진다. 그러나 주류사회에 적응하지 못하는 존재로서 이주민을 보는 정책적 접근은, 이들이 우리 사회의 완전한 구성원으로 자리매김하기를 어렵게 한다. 오히려 이주민을 주류사회로부터 구분 또는 차별하는 것을 심화할 우려도 있다. 안정적인 다문화사회의 적응 방향으로 주류사회의 역량을 제고하고 소통을 활성화하는 등 적절한 대응이 필요하다.

(2) 다문화 역량 강화정책 운영

다문화적 환경으로 살아가는 주체 간 소통은, 다문화사회의 초기 단계에서부터 체계적 접근이 필요하다. 이주민을 대상으로 하는 한국 문화교육이나, 학교·시민단체에서 시도하는 다문화교육은 한국 문화, 베트남 문화 등 서로 구분된 단위로 각 문화를 전제한 뒤, 문화별 특수성에 대하여 단편적 정보를 제공한다. 이는 다양한 문화에서 형성된 음식이나 의상의 차이와 예절·의례 등의 특수성과 관련해 특성 국가에 따라 고정적이고 정형화된 상징성을 인정하는 것이다. 학습이나 축제 참여자들은 다문화사회의 질서에 적합한 역동성을 보여줄 수 있는 사회적·문화적 주체로 성장할 수 있는 가능성에 제한을 가져오기도 한다. 이러한 것의 대안으로 출신 국가의 문화 정체성 등에서 다양한 주체들이 참여하는 프로그램을 확대하는 것이다. 이때 상호 간의 직접 경험을 통하여 차이와 공유의 요소를 발견하고 발전시키는 계기를 가질 수 있다. 이를 위해 문화 다양성을 증진시킬 수 있는 실천 방안을 찾는 노력을 해야 한다.

(3) 이주민의 문화권 보장

현재 혼인이나 혈연 등이 없는 외국인 가운데 합법적 정주자 또는 영주권자, 국적 취득자가 늘어나고 있다. 이 단계에서 다문화사회 문화의제는 공동체 문화권을 중심으로 재편해야 한다. 소수자와 다수자 간의 갈등과 논란은 단일문화의 틀에 익숙한 사회에서 문화적 차이를 둘러싸고 발생할 수 있다.

향후 제기될 수 있는 다문화사회의 문제로 소수자로서 이주민이 지니는 문화권에 관한 것을 상정했다. 이 문화권은 소수자의 언어와 문화 유지권, 독특한 관습과 생활양식 구현권, 교육적 평등권 등 이주민공동체를 전제로 하는 것을 의미한다(Castle & Davidson, 2000: 126). 이주민들의 요구는 다문화사회가 전개되는 과정에 따라 차이가 있을 수 있다. 이주민의 정책적 위상이 변화하고 주류사회와의 관계성도 변화한다. 여기서 발생하는 문화권을 둘러싼 관심은 핵심적 의제로 이동하는 결과도 가져온다. 한국은 민족적·문화적 단일성의 신념이 오랜 기간 유지되어 왔다. 그렇지만 이주민들의 증가에 따라 문화 다양성에 대한 관심이 형성되는 사회에서 문화에 대한 의제의 전개 양상은 이주 단계별로 많은 차이가 있다(장미혜, 2008에서 재인용).

2) 한국 다문화정책의 방향

(1) 한국 다문화정책의 개요

다문화정책을 실행하기 위해서는 다문화사회의 전개에 적합한 개념을 토대로 교육과 활동 프로그램의 목적과 방향을 구체화시켜야 한다. 기존의 대부분의 문화교육은 국가 단위로 고유문화를 설정하고, 대표적인 문화요소를 부각시켜 문화에 대한 고정적 이미지를 강화시키는 부작용을 낳고 있다. 이 같은 프로그램만으로는 다문화사회의 문화의제와 사회 변화에 적절한 태도나 행동을 구현하는데에는 한계가 있는 실정이다.

정부는 2009년부터 사회통합 프로그램[1]을 시범적으로 도입하여 이주민과 국민을 대상으로 한 다문화 이해 교육을 본격적으로 시행하고 있다. 그런데 기존의 문화교육이 지니는 한계를 비판적으로 점검하고 극복하기 위한 시도는 부족한 실정이다. 이러한 상황에서 문화교육의 기본적 관점을 정비하고 실효성 있는 교육 프로그램을 개발하기 위한 작업이 우선적으로 이루어져야 한다. 이를 위해 특수한 문화요소에 대한 지식과 기술을 익히는 데 초점을 둔 교육에서 탈피하여 일반적으로 문화교육의 방향을 정립해야 한다. 기본적인 문화감수성 훈련과 문화 경계 넘기 훈련이 필요하다. 이를 통해 문화적 차이를 경험하고 다른 문화의 의미를 이해할 수 있다. 풀뿌리 차원에서 학교나 지역사회 주체들이 서로 만나 경험을 나누면서 다문화사회의 주체로서 성장해 가는 프로그램 기획은 매우 중요하다.

보건복지가족부 산하 (재)무지개청소년센터를 중심으로 6개의 지역기반 기관·단체[2]가 함께 추진하는 무지개탐험단은 프로그램의 가능성과 방향을 제시하고 있다. 2007년에 이어 2008년, 사회복지공동모금회를 통해 민간기업 차원에서 추진한 프로그램은 '서로 다르지만 같은 우리 ― 소통, 만남, 성장'을 주제로 한국인가족과 이주민가족의 청소년들이 다양한 문화 체험 활동을 통해, 상호 이해를 도모하고, 함께하는 행복한 다문화사회의 주역으로 성장하는 것을 목표로 한다.

---

1) 사회통합 프로그램(KIIP: Korea Immigration and Integration Program)이란 한국 국적 취득을 원하는 외국인에게 법무부가 지정한 교육과정을 이수한 경우, 국적 취득 등에 편의를 주는 제도이다. 2009년 '사회통합교육 이수제'로서 처음 도입되어 일정 기간 시범운영을 거쳤으며, 현재는 '사회통합 프로그램' 홈페이지에서 이 프로그램과 관련된 모든 정보를 제공하고 있다.

2) 무지개청소년센터(서울), 양정청소년수련관(부산), 고리울청소년문화의집(부천), 천안시청소년지원센터(천안), 익산시청소년수련관(익산), 김천YMCA(김천)

지역별로 중국·일본·페루·타이·우즈베키스탄·미얀마 등의 배경을 지닌 다문화가정 청소년 10명과 한국인가정 청소년 10명이 짝을 이루어 7개월간 문화탐험을 중심으로, 학교를 통한 다문화 이해와 편견 교육을 하였다. 또 지역주민을 세계시민 교육 등으로도 연계해 활동을 하였다. 이 형태로 진행되는 프로그램은 참여자가 봉사자와 수혜자 또는 이주민과 일반 청소년이라는 구분된 범주가 아닌 수평적 관계로 만나 일상적 관계를 진전시켜 가는 데 주안점을 두고 있다.[3] 주관 기관은 학습에 참여하는 대상을 이주민과 한국인으로 구분하여 모집하는 것을 원칙으로 한다. 현재는 이주배경 청소년 통합캠프로 운영되고 있다. 이러한 운영에 참가하면서 자신 안의 편견을 자성하는 계기를 갖게 한다. 이 과정에서 소통을 가로막는 다양한 요인을 스스로 찾아내어 해소하는 결실을 맺기도 한다. 또한 서로에 대한 인간적 이해와 함께 문화콘텐츠를 창조해 내는 단계로 나아갈 것으로 기대된다.[4]

한국 사회에서는 일반 시민단체에 대한 공모 지원사업 이외에 다문화사회 주체가 참여하는 '실천 지향적 문화' 프로그램을 위한 별도의 지원체계는 갖추지 못한 상황이다.[5] 그러나 지역사회나 작업장, 학교 등 일상적인 공간 속에서, 다양성을 지닌 주체들 사이에서 일어날 수 있는 차이 같은 문제들을 총체적으로 다루는 프로그램이 개발될 수 있도록 지원해야 한다.

이주민 지원단체나 결혼이민자가족 지원센터 등의 관련 기관과, 일반 시민

---

3) 주관 기관에서는 참여자 모집 시에는 이주민과 원주민을 구분해 모집했지만, 실제 프로그램 추진 과정에서는 이러한 구분을 하지 않는 데 세심한 주의를 기울였다.

4) 이러한 프로그램은 출신 국가별 구분 없는 수평적 관계를 지향하는 점에서 흔히 추진되는 멘토링과 차이가 있으며, 일상적 관례를 토대로 한 편견의 자성과 소통을 통한 새로운 관계의 가능성 발견을 추가한다는 점에서는 축제와 같은 행사 차원을 뛰어넘고 있다.

5) 호주 정부가 다양한 주체 간 관계성을 향상하기 위한 목적으로 화합을 이루는 삶(Living in Harmony)이라는 별도의 지원 프로그램을 통해 지역 차원의 단체들로 하여금 민족적 편견 철폐나 다양한 주체 간 교류를 위한 프로그램의 개발, 추진을 지원하는 것은 주목할 만한 사례이다(김이선 외, 상게서, 264-266). 일본 가와사키 시가 설립하고 재일 한국·조선인으로 구성된 사회법인의 운영을 맡고 있는 후레아이관 역시 국가 내/외부의 구분을 기초로 국가 단위의 문화를 이해하는 데 초점을 둔 소위 '국제이해교육'의 틀에서 벗어나 일상에서 마주하는 지역의 다양한 주체들 간 관계 재구성 기회를 마련하기 위해 노력하고 있다는 점에서 관심을 기울일 만하다.

이나 단체가 주로 이용하는 여성회관, 사회복지관 등의 기관이 별도로 사업을 추진하는 상황에서는, 현실에서 제기되는 문제를 바탕으로 한 교류 프로그램이 활성화되기 어려운 면이 있다. 축제를 비롯하여 이주민 지원사업 등의 추진 과정에서도 여러 기관이 협력을 도모하지만 다문화사회 주체들을 위한 소통과 교류에 체계적으로 접근하는 경우는 매우 드물다. 따라서 다문화사회 주체를 위한 정책 등 구체적인 사업을 실현시키기 위하여 지역 차원의 실행체계가 갖추어져야 한다. 예산 지원 대상 사업의 선정에 있어서도 정부는 이주민공동체, 이주민 지원단체, 일반 시민단체 등이 함께 할 수 있는 프로그램을 우선적으로 지원해야 한다. 이주민과 일반 시민이 함께 참여하는 단체 육성 프로그램을 개발하는 방안도 적극적으로 고려되어야 한다. 이주여성들이 다문화 전문 강사로 양성되고 활동할 수 있도록 제도를 구축하는 것이 현실적으로 추진해야 할 매우 유용한 방안이다.

3) 한국 다문화사회의 정체성

20세기에 들어 세계는 개방화를 통하여 '이주의 시대'를 맞이하고 있다. 이민 · 노동 · 결혼 · 유학 등의 목적으로 국제 이주자들은 모국을 떠나 다른 나라에 살며 양 국가의 경제 · 사회 · 문화와 정치에도 중대한 영향을 미치고 있다. 한국도 예외일 수 없다. 이러한 변화들은 단일혈통과 단일문화를 정체성의 근간으로 삼아 온 대한민국 사회에 대한 중대한 도전이다. 한국도 외국인 문제를 단지 인력 수급의 문제로 치부하는 차원에서 벗어나야 한다. 또한 결혼 · 귀화 · 교육 · 의료 · 복지 · 공동체와 정체성 등의 문제에서도 새로운 인식의 정립이 필요한 실정이다. 이를 준비하지 못하면 궁극적으로 사회통합 과정에서 복합적인 문제가 발생할 수 있다.

이미 이주사회를 경험한 독일·프랑스·영국 등은 다문화주의 실패를 선언하였다. 세계적 경제위기로 유럽 국가들에 재정위기가 발생하면서 복지정책에 차질이 생겼다. 주류집단은 이민자들이 일자리를 빼앗아 실업이 늘었다고 생각한다. 또 자신들과 똑같이 외국인들에게 제공하는 복지정책을 재정위기의 원인 중 하나로 보았다. 이에 따라 이민자들에 대한 배타적 의식은 고취되었고, 유럽 각국은 다문화정책을 포기하는 방향으로 이민정책을 선회하고 있다.[6]

한국에서는 이민자의 주류를 노동자·결혼이주자·유학생의 세 집단으로 분류한다. 한국인들은 저출산 고령화로 인한 노동력의 부족으로 외국인노동자의 유입은 필수적이라는 사실을 잘 알고 있다. 또한 성비 불균형으로 인한 외국인 신부와 대학의 유지를 위한 외국 유학생의 유입 역시 필요하다는 것도 인지하고 있다. 이러한 상황에서 나타나는 다문화사회화 과정의 정체성 형성에 대해 활발하게 논의할 필요가 있다고 본다.

(1) 외국인노동자의 정체성 문제

외국인노동자와 관련한 문제는 우리사회 전반에서 다양한 형태로 존재하고 있다. 한국은 필요에 의해 외국인노동자를 확보하고 있으나 대기업은 외국인노동자들을 들여와 쓰기보다 자동화나 생산시설의 해외 이전 등을 통해 인력 문제를 해결하고 있다. 따라서 외국인노동자를 필요로 하는 곳은 거의 중소기업이나 농어촌이다. 〈중앙일보〉(2011)는 2011년 법무부가 아닌 고용노동부 통계를 들어 총 71만 2,400여 명의 외국인노동자가 한국에 취업하고 있다고 보도했다. 이들 중

---

6) 프랑스는 2010년에 집시 수천 명을 추방하고 이민자 수용 쿼터를 연 20만 명에서 18만 명으로 감축하기로 했다. 2011년 들어 이슬람 여인들이 부르카를 착용하지 못하도록 하는 '부르카 금지법'을 시행하고 있으며, 벨기에도 이와 유사한 법안을 도입하고자 추진하고 있고, 스페인은 외국인 무적자들에게 '자진출국 유인제도'를 도입하고자 시도하고 있다(〈매일경제〉, 2011. 7. 27).

90% 이상이 30인 이하의 기업에 취업했으며 나머지는 농어촌에서 일을 한다.[7) 대부분의 사업주들이 외국인노동자들을 고용하는 이유는 싼 임금 때문이기도 하지만 한국인 노동자를 구할 수가 없기 때문이다. 이처럼 외국인노동자들은 한국 노동시장의 수급 문제를 해결해 주고 있다.

그러나 재외동포 취업 허용 이후 실질적으로 35만 명에 가까운 중국 교포들이 건설 현장 · 식당 · 숙박업 등의 분야에 진출하여 한국인 중장년층이 맡을 수 있는 일자리를 잠식하고 있다.[8) 나아가 외국인 근로자 문제는 크게 인권문제와 범죄문제로 구분된다. 인권침해의 가장 대표적 문제는 임금체불이다. 수많은 외국인노동자들이 임금체불을 경험하거나 지급받지 못한 경우가 문제되고 있다. 특히 임금체불 때문에 범죄의 길로 빠지는 산업연수생이 많음을 지적하고 있다.[9) 더욱이 이들은 산업재해에 대한 보장도 거의 없는 환경에서 일하고 있다. 이를 해결하기 위해 노조운동이 일어나고 이에 맞서던 노동자들은 실직하는 경우가 많다. 거액을 들여 한국에 온 외국노동자들은 귀국하기보다 불법으로 한국에 남아 날품을 팔거나 더 낮은 저임으로 고용되어 악순환이 이루어진다. 이로 인하여 외국인노동자들이 자국 폭력조직에 흡수되거나 그로 인해 피해를 당할 가능성은 더욱 커진다.

한국에는 2009년 10월 기준 14개국 65개 파의 외국인 조직폭력단이 있다. 이들은 대략 4,600여 명의 조직원과 함께 자국민 밀집지역에서 활동하고 있다. 또 그들 국가의 폭력조직과도 관계를 맺고 있어 통제하는 것만으로는 해결하기 어렵다. 한국 폭력조직과도 손잡고 도박 · 매춘 · 마약 등으로 사회문제의 심각성에 노출된 범죄는 지속적으로 늘어나고 있다. 꿈을 안고 한국에 왔다 범죄의 길로 빠지는 그들의 불행은 우리 사회에도 다 같이 큰 문제로 다가오고 있다.

대검찰청이 내놓은 2013년 외국인 범죄 처리현황 자료에 따르면 지난해 고

---

7) "국내체류 외국인 근로자 71만명 넘어서", 〈중앙일보〉, 2011. 8. 30.

8) 박기덕, "한국 다문화사회화의 현황과 문제점 및 대응방안", 세종연구소, 2012, 25.

9) "돈 벌러 왔다가 범죄의 길로… 외국인 범죄 급증, 폭력 · 광역화", 〈국민일보〉, 2009. 9. 20.

III. 주요 국가의 다문화정책 현황

소·인지 등으로 외국인 피의자 3만 4,460명을 접수했으며, 이전에 접수했으나 처리하지 못했던 것까지 합해 총 3만 4,561명을 처리했다. 그리고 국내 거주 외국인의 5대 강력범죄(살인·강간·강도·절도·폭력) 비율이 점차 증가하고 있다. 국회 안전행정위원회 소속 김민기 민주당 의원이 경찰청으로부터 받은 국정감사 자료에 따르면 국내 체류 외국인의 강력범죄 건수는 2008년 396건에서 2012년 630건으로 59.1% 증가한 것으로 조사됐다.[10]

외국인들이 일으키는 범죄는 해마다 증가하고 그 수준도 갈수록 흉악해지고 있다. 그러나 이를 예방할 사회적인 안전체제의 구축은 미비한 실정으로 준비와 작동은 매우 미흡하다. 따라서 외국인 범죄를 사전에 방지하기 위한 제도가 체계적이지 못하고 범죄에 대한 처벌 기준도 정확하지 않아 새로운 문제로 상당한 지적을 받고 있다. 특히 가장 문제가 되는 불법체류자의 경우 범죄행위 후 제3국으로 빠져나가면 검거 자체가 어려운 형편이다. 정부는 2009년 10월 27일부터 외국인 조직범죄 합동수사본부를 설치하고 외국인이 많은 곳에 9개의 지역본부를 설치하여 활동하고 있다.[11]

그러나 불법체류자는 2007년 말 22만 3,464명에서 2011년 16만 7,780명까지 줄었으나 2012년 다시 증가세로 전환되어 2014년 3월 기준 18만 4,146명으로 집계되고 있다.

(2) 결혼이주여성 가정의 정체성

외국인 신부는 학력도 상대적으로 높고 나이가 어린 경우가 많다. 결혼 조건

---

10) "2013년 외국인 범죄 처리현황 자료"(대검찰청)를 참고하여 작성.

11) 서울 중앙, 인천, 수원, 부산, 대구, 광주 지검과 외국인 밀집지역인 서울 남부 및 의정부 지검, 안산지청 등 아홉 곳에 지역본부를 설치하였다. 또한 모국 범죄조직이나 국내 폭력조직과의 연계를 차단하기 위해 국정원 국제범죄정보센터 등을 통한 정보수집도 할 예정이다. 이 합수부는 외국인 강력범죄에 대해 구속수사를 원칙으로 하여 형이 확정되면 국제수형자 이송제도를 통하여 본국으로 송환시키고, 조직범죄나 강력범죄에 연루된 외국인 불법체류자는 즉시 강제출국을 시키도록 할 방침이다(〈서울신문〉, 2009. 10. 28).

이 열악한 한국인 남성과 꿈을 가진 젊고 진취적인 외국인 여성이 부부로 만나, 좋은 일만 기대하기는 어렵다. 성격·학력·문화·나이·종교적인 차이 등이 부부 간에 갈등을 야기하고 있다. 결혼이주민이 거주하는 특정 장소에서는 사회적 연결망이 취약하여 문제는 더욱 커진다.[12] 사회적 연결망을 강화하려면 한국어 능력과 함께 지역주민으로서 정체성을 형성하고 국내의 한국인 친구를 늘리는 등의 적극적인 접근이 필요하다.

결혼이주여성들은 다문화가정 내에서도 심각한 인권유린을 당하고 있다. 한국 사회는 이주여성을 하나의 인격체로 보고 개선 방향을 모색하지 않고 한국에 동화시키는 방향으로 견지해 왔다. 한국인 만들기나 한국에 적응시키기에 역점을 두고 있어 인권문제에는 관심이 없다.[13] 한국인 특유의 배타적인 혈통의식에 따라 소외시키거나 노동력과 성을 갈취하는 경우도 많다. 여성가족부에 의하면 2010년 기준 국제결혼 이주여성의 부부폭력 발생률은 69.1%(부부폭력 피해율 58.6%)이고, 신체적 폭력(경한 + 중한 폭력) 발생률은 17.3%(신체적 폭력 피해율 13.4%)라고 한다. 결혼이주여성에 대한 가정폭력으로 인한 상담 건수는 2009년 5,895건, 2010년 6,985건, 2011년 9,617건으로 가파른 증가세를 보이고 있다. 학교와 시민교육, 각종 매체를 통해 내국인들에게 개방적인 마음가짐과 다른 문화를 존중하는 소양을 길러 주고, 일상생활에서도 그들과 자주 교류·협조하는 기회를 부여하는 것이 필요하다.

결혼이주민들이 부당하게 각종 학대와 착취에 시달리지 않도록 법제를 정비하고 각종 지원 프로그램을 구비해야 한다. 결혼 과정에서 허위정보 제공이나 강압적 방법을 막는 법률 제정이 필요하다. 결혼했다고 해서 바로 국적을 취득할 수

---

12) 최병두 등에 의하면, 사회적 연결망을 잘 구축하는 능력은 곧 '국지적 시민성'이 높은 것이고, 이주와 정착이 그들이 살고 있는 특정 장소의 사회경제적 관계와 과정에 영향을 받는다고 본다. 이 연구에 의하면 결혼이주여성들 중 약 40%가 이웃과 의사소통이 잘 되는 편이지만, 급전을 빌릴 수 있는 이웃이 없는 경우도 34.9%에 달했다. 이주노동자의 경우도 대부분 합숙소(44%)나 직장에서 주선해 준 주택에 살면서(16%) 생필품을 주변 슈퍼에서 해결하고(50%), 여가도 집 주변에서 보내는 경우(27%)가 많다는 것이다(〈경향신문〉, 2011. 4. 5).

13) "이주여성 '한국 며느리 만들기'보다 인권 주체로 봐야죠", 〈경향신문〉, 2011. 11. 28일자.

없다는 점을 이용하여 각종 인권유린이 자행되는 경우가 많다. 국제결혼을 하더라도 입국 후 2년이 경과하여야 국적을 취득할 수 있고, 이때 남편의 신원보증도 요구한다. 또 2년 이내에 이혼하게 되면 본국으로 귀국하게 되는 것을 악용하는 사례가 있다. 이를 방지하기 위해여 이혼을 하더라도 이주민에게 귀책사유가 없는 한, 결혼 2년이 경과하지 않아도 국적 취득과, 사안에 따라 자녀의 양육권 부여에 대한 법 정비가 필요하다.

모든 결혼이주여성들이 잘 적응할 수 있도록 언어와 생활교육을 실시해야 한다. 국적을 취득한 이주민들이 이혼한 경우에도 무관하게 직업을 가지고 한국에 거주할 수 있도록 직업훈련도 제공해야 한다. 그리고 취직할 때까지의 생활과 건강을 보장하는 복지제도 역시 도입해야 한다.

(3) 외국인 유학생의 정체성

한국은 대학이 과잉 설비되고, 출산율 저하로 전통 있는 몇몇 학교를 제외한 지방에서는 우리 학생만으로 정원을 채울 수가 없게 됐다. 때문에 정원에 미달한 지방대학들은 외국인 유학생을 유치하고 있다. 유학생 통계에 따르면 2013년 기준 국내의 외국 유학생은 8만 5,923명이다. 이들 중 대부분은 중국인(58.6%)이다. 2004년 1만 6,832명에 불과하던 유학생은 2006년 3만 2,557명, 2008년 6만 3,952명, 2010년 8만 3,842명으로 조사되었다. 이들이 한국에 오는 이유는 대부분 직업 때문이다. 한국의 대학 사정으로 유학생 비자가 취업이주보다 쉽기 때문이다.

정부는 2020년까지 20만 명의 유학생을 유치하겠다는 계획을 세워 놓고 있다. 우리 대학들도 적극적으로 국제화 시대를 준비해야 할 시기가 온 것이다. 그렇지만 국제화를 준비하는 대학들이 해결해야 할 과제도 많다.

외국인 유학생들은 학업 및 학과 정보의 부족으로 대학생활 적응에 많은 어려움을 겪고 있다. 따라서 이해하지 못한 채 전공이나 학과를 선택하는 경우도 많다. 선택한 전공이 너무 어려워 학업을 포기하고 불법체류자로 전락하는 유학생도 발생하고 있다.

유학생들은 대부분 강의를 따라가는 데 언어적으로 어려움이 있다는 의견을 내놓는다. 한국어 강의에 충실하지 못하고 함께 제공되는 영어 강의도 따라갈 수가 없기 때문이다. 미국ㆍ일본 및 대만 정도를 제외하면 기타의 유학생들은 장학금 혜택도 없고 물가가 높은 한국에서의 유학생활이 경제적으로 힘든 상황이다.

법무부는 2009년 6월 외국인 유학생들의 안정적인 생활을 위해 사전에 신고한 유학생에 한해 학기 중 주 20시간씩 아르바이트를 할 수 있도록 허용했다. 현재는 유학(D-2), 어학연수(D-4-1) 자격을 가진 유학생들이 대학 유학생 담당자의 확인을 받은 경우 주당 25시간, 공휴일 및 토요일 일요일 및 방학 중에는 무제한 허용되고 있다. 유학생 125명 중 70명(56%)이 학업과 아르바이트를 병행하고 있는 것이 보도된 적도 있다.[14] 그러나 주당 25시간의 임금으로는 학비는 물론 생활비도 충당할 수 없어 25시간을 초과하여 일하게 된다. 이런 불법취업의 약점을 이용하는 업주들도 많아 시간급을 규정보다 적게 주거나 임금을 체불하는 경우도 있다. 이들에게는 성매매 등의 유혹도 많고, 생활고 탓에 학업을 중단하여 비자 연장이 안 되면 결국 불법체류를 하게 되어 사회적 문제가 발생한다.[15]

(4) 다문화에 대한 한국인의 정체성

한국인들은 외국인 이민의 불가피성을 인지하고 다문화사회화에 대한 필요성과 유용성을 수용하고 있다. 한국에서는 외국인에 대한 노골적인 적대감은 표

---

14) "외국인 유학생 10만 시대… 추악한 제노포비아", 〈동아일보〉, 2011. 11. 22일자.
15) 법무부가 2011년 11월 집계하고 있는 외국인 유학생 불법체류자 수가 4,000여 명에 달한다. 〈동아일보〉, 2011. 11. 22일자.

출하지 않아 테러 행위가 자행되지는 않는다. 그러나 사이버 공간에서는 이미 외국인들에게 적대감이나 반감을 드러내는 카페와 블로그가 적지 않게 개설되어 있다. 한 반(反) 다문화 카페는 6,000명이 넘는 회원을 가지고 있는 경우도 있다.[16] 이 블로그나 카페 이용자들이 사용하는 언사를 두고, 국가인권위원회가 법무부 장관과 한국인터넷자율정책기구 이사회의 의장에게 인터넷상의 인종차별적 표현을 개선하기 위한 의견을 제시하기도 하였다.[17]

여성가족부와 국가브랜드위원회, 〈동아일보〉가 2010년 공동으로 진행한 '다문화에 대한 대국민 인식조사'를 보면 다문화가족 증가에 대한 긍정적 평가가 79.5%로 부정적 평가(17.2%)의 4배가 넘었다. 그러나 이성적으로는 다문화에 대해 수용적 사고를 보이나 현실에서는 여전히 다문화에 대한 차별이 존재했다. 한국사회가 다문화가족에 차별적이라는 데는 76.3%가 동의했다. '차별적이지 않다'는 응답은 21.1%뿐이었다. 또한 다문화가족을 대할 때 출신 국가나 인종에 따라 다른 태도를 보인다는 응답도 78.6%나 됐다. 우리 사회에는 인종적 · 문화적 편견이 뿌리가 깊다는 것을 보여 주는 결과다.

부산 지역 이주민 인권운동단체인 (사)이주민과 부설 다문화인권교육센터가 2007년 개정한 교육과정의 초등학교 사회 · 도덕 · 국어 교과서를 분석한 결과 '배달민족'이나 '단일민족' 같은 용어는 빠지고 다문화가정 자녀에 대한 비중은 크게 높아진 반면, 이주여성과 그 자녀에 대한 편견을 드러내는 묘사나 기술이 적지 않은 것으로 나타났다.

교과서에 묘사된 이주여성 학부모들은 소극적이거나 무능력한 사람으로 그려지고 있다. 가령 4학년 2학기 국어 교과서에 실린 "걱정 마"라는 시에는 "알림장을 못 읽는 나영이 엄마는 베트남에서 왔고, 김치를 못 먹어 쩔쩔매는 영호 아저씨 각시는 몽골에서 시집와 길에서 만나도 말이 안 통해 그냥 웃고만 지나간다"

---

16) "한국도 反다문화… 인권위 상담 5년 새 2배", 〈매일경제〉, 2011. 7. 27일자.
17) "어떤 형태로든 인종차별적 표현은 안 된다", 〈경향신문〉, 2011. 5. 10일자.

는 표현이 나온다. 이들 모두는 우리가 함께 살아갈 이웃이라는 점을 강조하지만, 다른 관점에서는 결혼 이주여성들이 한국 사회에 적응하지 못하는 집단이라는 선입관을 심어 주는 결과를 가져온다.

이주여성 자녀들에 대한 편견도 담겨 있다. 다문화가정 자녀들은 긍정적이고 밝은 이미지보다 외모부터 다르고, 한국어도 서툴러 소통이 어려운 존재로 자주 그려진다. '도덕' 3학년 2학기에는 부당하게 놀림을 당해도 스스로 문제를 제기하지 않고 항상 주눅 들어 있는 다문화가정 자녀의 모습을 보여 주면서, '한국인 학생'들이 어떻게 대처하는 것이 올바른 자세인지를 묻고 있다. 다문화가정 자녀들을 주체적인 존재가 아닌 동정의 대상으로 객체화하고 있는 셈이다. 2013년부터 개정 교육과정이 시행 중이며 통합교과군, 국어·도덕·사회·과학 등 대부분의 교육과정에서 다문화교육의 요소를 다양성에 대한 내용으로 포함하고 있다.

인종차별적이고 피부색에 따른 고정관념을 그대로 반영한 사례도 적지 않았다. 사회 교과서의 사진과 삽화에서 외국인 관광객이나 유학생은 절대 다수가 백인인 반면, 동남아시아인은 한국에 돈 벌러 온 가난한 나라 사람으로 그려지고 있다. 그러나 2013년 대한민국을 찾아온 해외관광객 통계를 보면 총 1,068만 명으로 중국이 392만 명, 일본이 272만 명, 미국이 74만 명, 대만이 56만 명, 홍콩이 39만 명 순이다. 주로 아시아인들이 한국을 많이 찾아오는 것을 알 수 있다.

출신 지역이나 동족 간의 지역주의적 차별은 대한민국 정치사회의 고질적인 문제 중의 하나다. 따라서 외국인의 외모나 국적에 따라 차별하는 것은 예상되는 행태다. 외국인의 피부색이나 외모에 따라 다르게 대우하는 한국인의 태도를 고발하는 매체의 프로그램에 나타난 우리의 모습은 반성해야 한다. 대중교통수단에서도 피부가 검은 외국인과는 동석을 거부하고 식당에서조차 외국인을 차별하는 우리들의 모습은 국익을 위해서라도 바람직하지 않다. 한국인들의 외국인에 대한 차별은 인권위원회에 제기되는 것보다 많을 것으로 추산된다.

"국가인권위원회에서 외국인으로서 차별받았다고 공식적으로 제기해 온 진정 건수 중, 2001년 11월부터 2014년 4월까지 출신 국가를 이유로 한 것은 287건, 출신 민족에 관련해서는 12건, 피부색을 이유로 제기해 온 것은 10건, 그리고 인종을 이유로는 77건이다."[18] 인종을 이유로 한 차별 신고가 과거에는 거의 없어 한 자릿수다. 2009년부터 두 자릿수로 증가해 2010년에는 12건으로 늘었다. 이런 차별이 결혼이민자와 유학생에게도 일어나고 있다. 몸을 맞대고 살아가는 노동 현장에서 가장 많이 발생하고 있다. 이와 같은 사이버 공격이나 다문화 이민자의 차별은 청년실업이 증가하고 한국이 정보통신 분야 선도국가임을 고려하면 더욱 증가할 가능성이 있다.

(5) 다문화사회와 정체성의 방향

한국 사회는 다문화사회로 이행해 가는 과정에서 몇 가지 문제를 해결해야 한다. 그중 대표적인 것이 단일민족에 대한 희구다. 그동안 5,000년 유구한 역사를 지켜온 순수 단일혈통, 단군 자손의 가부장적 단일문화주의를 어떻게 변화시켜야 할 것인가 하는 물음이다. 이렇게 단일민족을 유지해 온 한국 사회는 문화적 다양성에서 기인하는 문화적 충격을 어떤 시각에서 어떤 방식으로 대응할 것인가? 이와 같은 질문들에 대해 우리 사회 구성원 모두 관심을 기울여야 할 시점에 있다. 우리 민족만이 아니라 다양한 국가와 문화권에서 온 사람이나 그들의 가족 구성원들과 어울려 산다는 것 자체가 한국 사회 구성원들이 지금까지 경험하지 못했던 새로운 문화적 과제라고 볼 수 있다.

국내에 거주하는 외국인이 증가하고 내용적으로도 다양화된 만큼 우리 사회의 문제 또한 증가할 것으로 예상된다. 이에 대한 문제들을 해결하기 위해 국가의 제도와 정책뿐 아니라 한국 국민의 다문화사회를 위한 '재사회화'와 외국 이

---

18) "어떤 형태로든 인종차별적 표현은 안 된다", 〈경향신문〉, 2011. 5. 10일자.

주자들의 동화를 위한 포괄적이고도 정교한 사회적·문화적 접근(social and cultural approach)이 필요하다. 국제결혼 부부의 갈등이나 전통적 가치관과 세계 각국의 문화충돌 등은 사회의 새로운 규범을 필요로 한다.

인류가 수렵생활을 할 때만 해도 집단의 다양성과 조화라는 과제는 없었다. 그러나 농경생활을 시작하면서 정착을 하였고 그에 따른 재산이 생기고 경찰국가적 개념이 초기 국가 개념으로 등장하면서 사회 내에서도 갈등이 생기게 되었다. 이때 정립된 사회의 기본 단위인 가족의 의미와 기능도 농경사회를 지나 중세를 거쳐 산업사회로 이행하면서 점차 변화되었다. 현재 동일 국가나 민족을 넘어 국제결혼의 상황까지 오는 과정에서 가족의 구성 내용도 변화하여 심각한 상황에 직면해 있다. 국제결혼 가족들의 부부문제, 출산, 자녀문제, 중도입국자녀문제, 고부간의 언어불통으로 인한 갈등 등 가정생활에서 생겨날 수 있는 문제와 해결방안 또한 생각해 볼 필요가 있다. 국제사회에서 결혼에 대한 규범이나 제도는 시대나 민족, 문화에 따라 조금씩 다르다. 최근 급증하고 있는 국제결혼 현상과 생활 실태를 정확히 파악하고, 국제결혼가정에서 생기는 문제와 아동 복지에 대한 문제점을 파악하여 그 대책과 대안을 검토하여야 할 단계다.

정부도 필요성의 심각함을 인지하고 여성결혼이민자를 대상으로 한국어와 생활 적응 지원사업을 실시하고, 내국인 국제결혼 예상자들을 대상으로 하는 교육을 실시하고 있다. 그러나 다문화정책은 여러 부처가 관련되어 있고, 조정하는 체계가 미비하여 유사 사업이 중복적으로 실시되고 예산이 낭비되는 등 비효율적이라는 지적이 제기되고 있다. 현재 다문화정책은 법무부·여성가족부·고용노동부·문화체육관광부·보건복지부·교육과학기술부·행정안전부와 각 지자체 등이 민간기구 및 단체와 협력하면서 시행되고 있다. 그러나 한국은 행정체제가 개편될 때마다 업무 이관이 원활하지 못해 혼선이 일어나고 있다. 이를 조정하는 기구는 외국인정책위원회·다문화가족정책위원회·외국인력정책위원회로 다원화되어 있어 총괄하는 체제가 부재한 실정이다.

한국의 다문화가정정책은 일부 부처에서 '일정한 이주자 및 가족에 대한 지원정책'이라는 협의의 의미로 사용되고 있다. 정부 문서에는 다문화가정정책을 '사회통합정책'으로 사용하기도 한다. 사회통합정책이란 우리 사회의 구성원이 된 외국인(이민자)이 부당한 차별을 받지 않도록 하기 위한 조치 등을 다루는 정책(개인적 관점) 또는 이들의 사회 부적응으로 인한 사회 갈등을 최소화하기 위한 정책(사회적 관점)으로 정의되고 있다. 이러한 의미에서의 사회통합은 전통적 통합 이념인 동화주의(assimilation)의 성격을 가지고 있다. 동화주의란 주류문화를 통한 사회통합을 목표로 하는 통합 모델을 의미한다. 각 문화 간의 우월관계를 부정하지 않고 강한 문화가 약한 문화를 흡수하는 것을 목표로 설정한다(한원수, 2011). 따라서 동화주의에 의한 문화상대주의의 한계를 극복하기 위해 등장한 것이 다문화주의(multiculturalism)다.

다문화주의는 이질적인 문화들의 공존을 의미하며, 열등 문화나 소수문화를 보호하고 육성하는 측면이 강하다. 다문화주의란 좁게는 이주민과 원주민 사이의 갈등에 대한 적절한 해법을 모색하기 위한 시도이지만 넓게는 국가체제나 사회구성이 탈근대성으로 전환된다는 측면을 아우르고 있기 때문에 명료하게 규정하거나 쉽게 합의할 수 있는 개념이 아니다(조현상, 2010). 그러나 소수문화를 인정하고 보호하여야 한다는 측면에서 다문화주의는 국내에서도 어느 정도 지지를 받고 있다.

이러한 관점에서 장미혜(2008)는 사회통합정책을 "한 사회 내 다양한 인종집단들의 문화를 단일한 문화로 동화시키지 않고 서로 인정하고 존중하면서 공존하게끔 하는 데 목적이 있는 이념체계와 그것을 실현하고자 하는 정부정책 프로그램"이라고 정의하였다. 여기서는 "중앙 및 지방정부, 민간이 주도하는 다문화정책의 새로운 거버넌스를 제시하여 시민의 자발적인 참여를 유도하는 다문화정책이 필요함"을 주장하고 있다.

한편으로는 무조건적으로 외국인노동자에 대해 다문화주의를 적용하면 국가경제에 큰 혼란을 야기할 수 있다는 우려도 제기되고 있다. 이를 해결하기 위해서는 한국의 상황과 현실을 고려해 이민자들이 원래 지녔던 고유의 문화를 그대로 인정하는 것이 중요하다. 따라서 이들에게 동화만을 고집하지 않고, 문화적 다양성을 유지하도록 적극 지원하는 차별적 배제, 동화주의, 다문화주의 모델을 사안별로 신중히 고려해야 한다는 의견도 나오고 있다.[19]

---

19) "유럽 다문화주의 · 동화주의 대충돌 직면", 〈연합뉴스〉, 2011. 7. 25일자.

3.
외국의 다문화정책 현황

　　다문화국가에서 해외 이주민의 안정적 정착을 위해 만든 정책 유형으로는 차별적 포섭과 배제 모델, 동화 모델, 다문화주의 모델 등이 있다. 선진국들은 이주민을 통합하기 위하여 대부분 다문화주의 또는 동화주의 둘 중 하나를 선택하여 수행하고 있다. 다문화주의는 캐나다 · 호주 · 미국 · 스웨덴 등 이민자 비중이 높은 나라에서 채택하고 있다. 사회통합의 관점에서는 이민자 출신국의 언어와 문화를 유지하게 하는 지원방법을 활용하고 이민자 자체적으로 구성한 조직을 지원하기도 한다. 특히 공식적으로 다문화주의를 채택한 캐나다는 다양성과 다문화주의를 기본 이념으로 삼아 동화 대신 다양성을 바탕으로 한 통합을 지향하고 있다. 상대적으로 이주민 비중이 낮은 영국 · 프랑스 · 독일은 최근까지도 동화주의 사회통합정책을 채택하였다. 나라마다 다문화주의가 생겨난 역사적 배경과 그 대응 방안 또한 다르다. 다음은 각 나라의 다문화정책과 특성을 살펴본다.

1) 미국의 다문화정책

미국은 역사적 배경 자체가 이민자들이 건립한 국가로 대표적인 다민족국가다. 미국 인구조사국(US Census Bureau)이 10년을 주기로 실시하는 전국인구조사의 2010년 통계에 따르면 미국 전체 인구는 3억 874만 5,538명이다. 특히 최근 들어 히스패닉계가 급증해 2000년 연구와 비교하여 약 43%가 늘어나 전체 인구의 약 16%를 차지한다. 아시아계 인구도 빠른 속도로 증가하여 미국 전체 인구의 4.8%에 이른다.

2010년 8월부터 2011년 7월 사이에 태어난 비(非)백인 출생아 수는 201만 9,176명으로 백인 출생아 198만 8,824명보다 많았다. 미국 역사상 처음으로 비백인 출생아 비율이 백인 출생아 비율보다 높아진 것이다. 이런 역전 현상은 지난 30년간 이민자들이 크게 늘어나면서 발생한 것으로 분석되었다. 미국은 건국 초기부터 다양한 이민자들의 유입으로 국가가 형성된 만큼 일찍부터 혼혈인(소수민족)과 외국인의 기본권 보장과 그들의 사회활동을 위해 다각적인 법률적·정책적 대안을 마련하고 시행해 왔다. 미국에서 다문화주의의 경향은 종족적·종교적·문화적 공동체를 서구 민주주의의 토대인 개인의 자유와 책임의 차원만큼이나 중요한 권리로 인정받을 수 있게 하였다. 미국은 1980년대 후반부터 다문화주의를 도입하였다.

영국의 종교적 박해를 피해 1620년 이주해 온 것을 시작으로 수많은 청교도들이 이주하였다. 유럽 출신 이민자들이 대거 미국으로 이주해 온 것과는 다르게 동양계 이민에 대해서는 1900년대 초반까지 '중국인 배척법(Chinese Exclusion Act)' 등을 제정하여 선별적 이민자 정책을 통해 제한적으로 허용했다. 그러는 사이 유럽 출신 이민자는 지속적으로 늘어났다. 1820년부터 1977년까지 대략 5,000만 명 이상의 이민자가 미국으로 이주해 왔다. 1900년대 중반 이후부터 아시아계와 히스패닉계 이민자가 증가하면서 다원성을 인정하는 '미국 시민의 형성'을 위한 다문화 관련 교육의 필요성이 제기되기 시작했다. 히스패닉계는 21세기 초기에 들어 가장 높은 증가율을 기록했다. 미국의 다문화주의는 1960년 이전의 동화주의 정책과 용광로 개념, 1960년 이후의 문화다원주의 정책으로 구분할 수 있다.

동화주의는 미국 국민으로 허용하는 대가로 이주민이 가진 문화적 정체성을 포기하고 사회가 요구하는 주류적 가치관과 정체성을 받아들일 것을 강조하는 것이다. 용광로(melting pot) 개념은 미국이 당면한 인종 간의 갈등 등 이질적인 요소들을 융해시켜 하나의 공통 국가 내에서 단일 언어 · 정치체제 · 애국주의 · 사회 발전의 이상을 추구하면 해소된다는 개념이다(김종석, 1984: 39 재인용). 커다란 용광로에 섞여 출신 국가별 고유성을 잃고 모든 것을 녹여 단일한 성격의 국민으로 융해하는 것을 목적으로 한다. 그러나 용광로적 동화 개념은 문화적 다양성을 반영하지 못하였고 주류문화에 소수문화를 녹게 하는 형태를 취했기 때문에 내부적으로는 오히려 사회적인 갈등과 문제가 고조되었다.

1960년대 이후 미국은 문화다원주의(cultural pluralism)로 돌아섰다. 문화다원주의란 주류사회의 문화가 공존함을 인정하면서도 동시에 다양한 집단의 문화 정체성을 존중하는 입장이다. 다시 말해 모든 문화는 독특하고 고유하며 다양한 특성이 있기 때문에 이를 존중해야 한다는 문화태도다. 1차 세계대전 이후 유럽에서 시작한 포스트모더니즘이 미국으로 유입되면서 각 대학은 소수인종과 여성, 노동계층 등 소외된 계층의 권리와 자유에 대한 연구가 활발히 진행되었다. 1980년대에 문화운동에 이르게 되는데, 이것이 지금의 다문화주의다. 이는 용광로 개념의 자성을 바탕으로 채소 샐러드처럼 각각의 소수민족들이 미국이라는 그릇 속에 각자의 문화와 정체성을 갖고 상호 존중과 협조를 통해 국가 목표를 달성해야 한다는 개념이다.

유럽, 아시아 및 남미로부터 수백만의 '자발적'인 이민자들이 미국에 정착했다. 그들은 다양한 이유로 이주해 왔고 또한 계속해서 이주해 오고 있다. 이민의 형태로는 가족보증이민, 취업기반이민, 인도주의적 이민(난민 · 망명 등), 특별이민

등으로 구분하고 비시민으로 미국에 체류하는 경우는 합법적인 영주권자(Lawful Permanent Residents, LPRs), 비이민자(non-immigrants), 무적 이주자(undocumented migrants) 등 세 가지로 구분된다. 미국의 이민과 국적법(INA: The Immigration and Nationality Act)은 1952년 제정되었다. 이 법은 수년 동안 여러 차례 개정되었지만, 여전히 이민법의 근간이 되고 있다.

미국은 다문화적 배경 속에서 시행착오를 거듭하며 다문화주의의 발전을 위해 현재까지 다양한 시도를 해 오고 있다. 1964년 버클리 대학의 자유대학 자유 언론운동에서 시작한 대학사회 변화에 대한 요구는 흑인 학생들 중심의 민권운동단체인 학생비폭력위원회가 여름방학 동안 주도한 '미시시피 자유 여름', 스탠포드 대학의 평화주의와 공동체, 그리고 브루스 프랭클린 등과 같은 사람들에 의한 대항문화운동 등이 대학가에서 사회 변화의 흐름을 낳은 씨앗이 되었다. 이러한 자유운동의 결과로 1977년 교사교육인증위원회(NCATA, 1977)에서 다문화교육 기준안을 마련하고 교사양성과정(일반 및 전문 과정)에 다문화를 수용하게 하는 교과가 포함되어야 함을 강조하였다. 1990년 초반에는 예비교사들의 다문화교육 지식 기본 습득을 권장하였고, ESL(English Second Language)과 같은 대치수업과 함께 영어와 모국어를 같이 사용하는 이중언어 프로그램을 지원하였다(황범주, 2008: 57). 다문화 관련 교육은 순응주의와 동화주의적 이데올로기와 용광로 이론을 비난하면서 1970년대부터 시작하여 2000년 이후에는 유치원과 대학교육에서 다문화교육을 강화하였다. 현재는 다문화적 출신배경을 가진 실질적으로 다문화를 이해하는 다문화교육 담당 교사 양성에 힘쓰고 있다. 다문화주의 교육은 이러한 문화다원주의라는 새로운 개념에 대한 교육계의 반응이었다.[20]

미국 다문화교육정책의 특징을 장인실은 다음과 같이 기술했다. "평등을 추구하는 철학적 개념을 바탕으로 모든 학생을 위한 교육과정을 열어야 하며, 사회

---

20) 다문화주의 교육의 정의는 다양하게 내려질 수 있다. 본고에서는 Banks(1996)의 연구를 수용하여, 다문화주의 교육을 젠더뿐 아니라 인종, 소수민족 그리고 문화적 그룹의 범주에 중점을 두는 광범위한 학제간 교육으로 정의한다.

적 공평과 평등의 발달을 추진하는 사회정의 교육의 일환으로, 세계사회에서 효율적으로 상호 작용할 수 있는 필수적 지식과 정보를 제공함으로써 미국 다문화교육의 개념을 반영한 교육과정이 실현되고 있으며, 모든 학생들에게 비판적 사고와 주체적 활동 및 의사를 고취하는 역량을 개발하는 것에 초점을 맞추고 있다 (장인실, 2006: 30)."

2) 캐나다의 다문화정책

다문화주의와 출생지주의를 병행하면서 소수종족들과 공생을 모색하는 국가로는 캐나다·미국·호주 등이 있다. 특히 캐나다는 원주민이나 이주민, 소수민족 등이 함께 공존하기 때문에 다문화주의정책에서 가장 모범적인 나라에 해당한다. 캐나다 통계청에 따르면 2013년 7월 기준 전체 인구는 지난해 같은 기간 대비 40만 4,000명 늘어난 3,515만 8,300명으로 집계되었다. G8 국가 가운데 가장 빠른 증가세다. 이 같은 인구 증가의 3분의 2가 이민에 의한 것이며, 이 증가세는 캐나다 전 지역에 걸쳐 일어나고 있다. 향후 50년간 캐나다의 인구 증가는 전적으로 이민에 의존하게 될 것이라는 것이 캐나다 통계청의 예측이다.

1600년대 중반 캐나다는 55개 부락으로 소수의 인디언들이 살고 있었으나, 영국과 프랑스 두 나라의 캐나다 영유권 쟁탈로 거의 1세기 동안 긴 전쟁을 치렀다. 영국군이 퀘벡·몬트리올을 점령하며 결국 캐나다는 영국의 식민지가 되었다. 이러한 배경은 오래 전부터 노바스코샤 지역을 중심으로 식민지를 개발하기 시작한 영국계가 캐나다의 지배층을 형성하는 계기가 되었다(서범석, 2010: 60).

제2차 대전 종전까지 캐나다의 이민정책은 미국의 예처럼 영어를 사용하는 영국계 개신교도들과 프랑스어를 사용하는 프랑스계 가톨릭교도 등 유럽인들에게는 자유롭고 관대한 정책이, 유색인종에게는 차별과 배제의 정책이 행해졌다. 1896년 연방을 형성한 이후 서부로의 팽창과 발전을 추진하며, 철도 건설 등으로 많은 노동력이 필요했다. 이로 인해 1차로 원주민과 영국계 · 프랑스계 이주자들 사이에서 시작한 식민지 갈등과 더불어, 캐나다 서부 개척의 역사가 다원주의적 갈등의 두 번째 원인을 제공하게 된다. 원주민의 생활은 박해와 동화의 대상이 되었고, 차별과 배제의 대상으로 중국인은 철도 건설의 필요에 따라 유입되어 노예형 노동자로 생활하였다. 중국인으로부터는 인두세를 받으며 제한을 두었고, 투표권이 없는 것은 물론 거주 이전의 제한도 있었다.

1967년에는 이민점수제를 도입하며 민족이나 인종이 이민 수용의 기준이었던 것을 연령 · 학력 · 능력으로 바꾸었다. 그 결과 유색인종의 이민이 더 증가되었다. 캐나다는 1972년 1월 다문화주의 담당 장관을 임명하고, 1973년 국무부 내 다문화주의국을 설치하였다. 따라서 다문화와 관련된 연구 · 방송 · 전시가 적극적으로 개시되었다. 다문화주의를 내세워 다양성을 캐나다의 기본으로 인정하고 다양한 문화적 유산의 유지를 강화하는 것과 병행하여, 정치적 · 경제적 · 문화적 생활과 모든 캐나다인의 평등 달성을 목적으로 하는 다문화주의정책을 선언하는 '캐나다 다문화주의법(canadian multiculturalism act)'이 제정되었다. 단순한 선언으로 시작한 다문화주의는 캐나다의 국가경영 원칙으로 법제화되었다. 이후 다문화는 소수민족의 문화적 정체성과 자신감을 배양하는 것을 목표로 하고 200여 개 소수민족 · 집단 간 교류를 강조한다. 캐나다는 현재 200여 개의 민족들이 거주하는 그야말로 다인종 · 다민족국가로 미국의 다문화주의 동화론과는 달리 모자이크 문화(cultural mosaic)라는 말로 캐나다 다문화주의를 정의할 수 있다. 다문화에 대한 학교 지원과 교육을 위한 프로그램을 강화하여 다문화 환경이 조성되도록 노력하고 있다. 구체적으로 캐나다의 다문화주의정책들은 원주민정책, 이중언어정책, 신규 이민자 정착 지원정책 등으로 구분된다.

캐나다의 원주민(Aboriginal Peoples)은 인디언(First Nation)과 이누이트(Innuit)족, 유

럽인과 원주민의 혼혈인인 메티스(Metis)족으로 나눌 수 있다. 그러나 유럽인들이 캐나다에 도착했을 때에는 55개의 부족이 거주하고 있었으나, 수적 우세와 발전된 무기를 앞세운 백인 이주민들에 의해 이들은 자신의 땅에서 소외되고 밀려나게 되었다.

원주민정책은 다음과 같다. 1876년 제정된 인디언법(The Indian Act)에서는 원주민은 연방정부의 관할 대상이 되었고 특별보호지역에 거주하게 되었다. 또한 협정자격을 취한 부족과 무자격 인디언(non-status indian)과 혼혈인 메티스(Metis)로 분류되었다. 유자격 인디언은 아버지가 인디언일 경우에만 최근까지 인정되었다. 이러한 인디언법의 개정은 1985년에 이르러 인권헌장에 의해 성차별 제거를 위한 법안 C-31이 통과된 후였다. 1996년 등록된 인디언의 5분의 1인 약 10만 4,000명이 법적 지위를 되찾았다.

1982년 개정된 현재의 헌법은 주요 내용으로 인권조항인 권리 · 자유헌장 · 언어조항 · 헌법 개정 방식 등을 신설하였다. 여기에는 불어와 영어를 캐나다의 공용어로 사용할 권리와 소수민족의 언어와 교육권 등이 있다. 이는 소수민족의 언어 및 교육권이 헌법으로 보장되어 있음을 의미한다. 단, 퀘벡 주의 경우 불어를 공식 언어로 제정하였다.

캐나다에서의 다언어교육은 원주민들의 언어를 보존하는 토착어–영어 이중언어교육, 이민자들의 모어와 영어를 위한 이중언어교육, 불어 사용 지역의 불어–영어 이중언어교육, 이주민을 위한 첨가적 이중언어교육으로 이루어진다(박영순, 2007: 81).

1969년 트뤼도 총리의 공식 언어법 제정 이후 이중언어주의와 이중문화주의에 머물던 캐나다는 1977년 소수언어 배경 어린이들의 학교 교육 참여를 증진하였다. 한편, 자신들의 문화를 바르게 평가하고 서로 다른 문화의 존중과 다양한 문화적 전통 안에서의 협조와, 공존하는 시민사회 구성원을 양성하기 위한 목적에서, 소수언어 그룹의 전통어(heritage language) 교육과 문화촉진 프로그램을 개발하였다. 더불어 공립학교의 정규과정 차원에서 소수언어교육과 소수언어 공동체의 전통어 교육 프로그램도 지원하였다. 이러한 교육으로 98%의 캐나다인이 불어나 영어를 할 줄 알게 되었다.

3) 호주의 다문화정책

호주 통계청에서는 5년 주기로 전 국민 인구조사를 한다. 2011년 인구조사 결과를 보면 전체 인구는 2,150만 7,717명이다. 이 가운데 24.6%가 호주가 아닌 다른 나라에서 태어났다. 호주 사람 4명 중 1명은 외국에서 출생한 것이다. 호주 외 타국 출생 비율이 2006년에는 22.2%였는데, 5년 동안 2.4%가 증가하였다. 이 것은 호주 사회의 구성이 더 다양해지고 있음을 나타낸다. 출생지는 호주에 이어 영국 · 뉴질랜드 · 중국 · 인도 순으로 많았다. 이를 토대로 호주 통계청은 2013년 6월 기준 인구는 약 2,310만 명으로 추산되며 이민자는 640만 명으로 전체 인구 중 28%를 차지할 것으로 예상했다.

호주는 500여 부족과 30만 명의 원주민이 거주하는 대륙이었다. 영국의 제 임스 쿡(James Cook) 선장이 1770년 호주에 도착한 후 영국의 영토로 선언하며 식민 지가 되었다. 미국으로 보내졌던 영국의 죄수들이 호주로 유배되면서 또 다른 유 형의 식민지로 이용하였다. 호주 정부는 1901년에서 1973년까지 비유럽인의 이 민을 막기 위하여 백호주의 정책을 채택했다. 이것은 인종차별에 대한 백인의 우 월주의가 내용의 주를 이루는데, 1901년 이민제한법안 1901(Immigration Restriction Bill 1901)을 만들어 유색인종이 호주로 유입되는 것을 막기 위해 채택하였다. 백호 주의 정책은 호주의 민족 정체성이 백인의 문화를 바탕으로 형성되었고, 타 인종 에 대해 배타적이라는 것을 보여 준다. 영국으로부터의 독립을 원하지 않았던 호주는 독립국보다는 영연방 국가로서 영국계 출신의 국민들에 근거해 민족 정체성을 찾으려 했다.

2차 세계대전 이후의 호주 인구는 약 1,100만 명 정도였으므로, 또 다른 외부의 침입이 있을 경우, 국가를 지키기 어렵다는 상황에 대비하여 유럽 이민자를 받아들이기로 하였다. 외국인들의 투자 등 급속한 경제 성장과 함께 노동력, 특히 하층노동력의 수요가 급증하게 된다. 호주 정부는 산업노동력 부재로 대규모 이민계획을 1947년 입안하게 된다. 이 이민정책은 호주의 자본주의 발전에 크게 기여한다.

1970년대 초반까지 백인의 순결성 보존을 위해 지속적으로 노력하고, 이를 유지하기 위해 백인의 이민은 장려하고 유색인종들의 이민은 배제하였다. 그러나 같은 인종인 백인 사이에서 앵글로켈틱계를 중심으로 동화정책에 대한 반발이 생기자, 다급해진 호주 정부는 인종적인 동질성이 문화적 동질성과는 의미가 다르다는 것을 배우게 된다. 이에 호주 정부는 백인이라도 이민자 간의 문화적 이질성이 갈등으로 표출된다는 것을 배우면서 다문화주의에 관심을 가지게 되었다.

최근 호주의 다문화정책은 크게 정착 지원 서비스, 언어 지원 서비스, 호주 시민성 정책, 문화적 다양성 증진정책의 네 가지 차원으로 진행되고 있다. 이 중 다문화교육에 관한 정책은 성인 영어교육 프로그램(AMEP)이나 무료 통번역을 위한 언어 지원 서비스, 그리고 학교 차원에서의 다문화교육 등이 있다. 성인 이민자 영어교육 프로그램은 영어 사용능력 향상을 통해 호주 사회의 빠른 적응을 돕는 교육 프로그램으로 비영어권 국가에서 온, 그러나 호주 사회에 꼭 필요한 노동력을 제공하는 이민자들에게 무료로 영어 수업을 제공하는 것이다. 또한 이민자들의 언어 및 문화 장벽의 극복을 위해 온라인 및 전화 서비스를 통해 다국어 통역 및 번역 서비스를 제공했다. 호주 다문화주의정책의 원칙은 책임성(모든 국민은 자유와 정의를 구현하기 위한 사회 기조를 유지해야 할 책임이 있음), 자유성(존중에 의해 모든 국민은 표현과 믿음의 자유가 있고 상대방의 이러한 자유를 존중해 줄 의무가 있음), 공정성(모든 국민은 인종·문화 · 종교 · 언어 · 교육성 · 출생지와 상관없이 동등하게 취급되고 공평한 기회를 가질 권리가 있음), 수혜성(모든 국민은 인구 구성의 다양성에서 오는 사회적 · 문화적 · 경제적 생산성의 혜택을 고루 누릴 수 있음)을 기본으로 이루어진다(빈부격차 차별시정위원회, 2006: 98-99).

4) 프랑스의 다문화정책

프랑스 국립통계청에 따르면 2012년 말 기준 전체 인구는 6,580만 명이다. 프랑스 다문화사회는 19세기 초반부터 이루어진 대혁명의 영향하에 들어온 정치적 이민과, 산업혁명의 영향에 따른 경제이민으로 형성된다. 따라서 이민 1세는 530만 명, 이민 2세는 677만 명으로 이민 2세가 전체 인구의 11%를 차지한다.

프랑스는 19세기 중반부터 자유 · 평등 · 박애의 이념을 실현한 대혁명에 따른 자유를 찾아 들어온 이민자를 받아들인 오랜 이민의 역사를 지니고 있다. 영국 및 네덜란드와 함께 과거 식민지 국가 국민들의 대규모 이주를 경험한 국가로 분류된다. 제2차 세계대전 이후 출산율이 저하되면서 인구부족으로 인한 전후 복구의 어려움을 해결하기 위해 외국인노동자들을 이탈리아와 스페인으로부터 충원했다.

1960년대 들어서 본격적으로 북아프리카 출신 노동자들과 사하라 이남 아프리카 국가들로부터 노동력을 수용하면서 유색 이주민이 프랑스로의 이주에서 중요한 비중을 차지하게 된다. 전쟁으로 인한 인구 감소를 프랑스는 적극적인 국제 이주정책을 통해 해결하려고 했다.

프랑스 정부는 1945년 이주정책과 관련된 법률을 통과시키고 국가이주사무소를 설립했다. 대표적으로 동화주의 정책을 시행해 온 프랑스는 이주노동자들을 한시적인 존재로 보고 심각하게 받아들이지 않았다. 오직 귀화한 이주민들에게만 프랑스 시민과 같은 동등한 사회적 권리를 제공함으로써 이주민들이 프랑스의 시민이 될 것을 강요하는 정책을 전개하고 외국노동자들에게는 귀국 보조금을 지원했다. 이주민만이 국적 취득을 통해 정부가 제공하는 정상적인 서비스와 제도들에 접근할 수 있다는 원칙을 강조하면서 궁극적으로 귀화를 통해 동화된 이주민을 위해 프랑스 시민으로서의 변화를 추진했다.

1981년까지 프랑스는 외국인의 집단행동 및 조직화를 엄격히 통제함으로써 사실상 이주민 조직이 형성되고 발전되지 못하도록 하는 조치를 취했다. 학교 교육도 통일성을 강조하면서 이주민들의 인종과 종교를 고려하지 않았고 평등성만을 강조하는 등 동화주의를 위한 정책을 구현하고 있다.

현재 프랑스는 이민자에 대한 업무가 부서별로 분산되어 있으며 이를 조정하고 통합하는 '통합에 관한 각부 공동위원회'가 있다. 부처들은 사증·체류증·거주증·국적(시민권) 취득, 이민자와 자녀 교육 등과 같이 각각의 업무를 맡아 처리하고 있다. 이민자 대상 프랑스어 교육 프로그램은 정부의 예산 지원을 받아 지방의 교육기관이나 시민단체가 진행하고 있다.

5) 독일의 다문화정책

독일 연방통계청은 2013년 말 독일 인구를 8,080만 명으로 추산했다. 이는 이민 등 외국에서 들어온 이주민들로 인하여 3년 연속 증가한 수치다. 2003년부터 2010년까지 8년 연속 인구가 감소하다 2011년 이후 증가세로 반전했다. 독일의 인구 증가는 2011년 동유럽 근로자에 대한 일자리 장벽을 없앤 것이 결정적인 원인이 된 것으로 분석된다. 2011년 이민자 수는 27만 9,000명으로 2010년의 12만 8,000명의 두 배를 넘어섰고 2012년에는 이보다 더 늘어난 34만 명으로 추정되었다.

제2차 세계대전 이후 구독일 영토에서 거주하던 1,200만 명이 서독으로 이주하면서 이민유입국이 되었다. 1950년대와 1960년대까지는 경제 성장이 가속화하면서 산업노동력 부족을 채우기 위해 가까운 터키·이탈리아·유고슬라비아 등 지중해 연안의 국가에서 산업노동자를 모집하였다. 또 1970년대 오일 쇼크로 외국 인력의 모집을 중단하게 될 때까지 외국인노동자의 유입을 적극 추진했다. 이들 외국인노동자 가족의 결합이 증가하며 이민 인구도 늘어났다. 그리고 1988년에서 1993년까지는 약 160만 명의 재외동포가 동유럽과 구소련에서 귀국하여 이주민이 급증하게 되었다. 그러나 이들은 독일어를 구사하지 못한다는 점에서 독일인이지만 외국인 이주민으로 구분하였다. 또한 1900년대까지는 동화정책이나 사회통합정책을 실행하지 않았다. 하지만 로테이션이 원칙인 Gastarbeiter 제도와 2005년 독일 이민정책의 전환점을 이룬 이주법으로 구별하여 정리하였다.

산업노동력 부족으로 유입된 외국인노동자에게 적용했던 Gastarbeiter[21] 제도는 외국인노동자들이 독일에 정착하지 않고 본국으로 귀환하도록 고안된 장치였다. 이 장치는 제도 내에 로테이션 원칙이라는 요소를 두고 외국인노동자는 일시적 거주자이며 때가 오면 언젠가는 본국으로 돌아갈 수 있는 임시거주자라는 명제를 함축하고 있다. 1900년대까지 독일의 이주민정책은 통합정책이 아닌 외국인정책이었다. 외국인노동자를 로테이션 하겠다는 원칙은 이미 숙련된 노동자를 단기고용으로 귀국조치하고 비숙련노동자와 교체해야 한다는 부담감과 기업의 추가 비용 부담을 가져왔다. 기업들은 정부에 노동허가 연장을 요구하게 되었고, 로테이션 원칙은 정부가 의도한 대로 엄격하게 실행되지는 않았다. 1990년 정부는 새로운 '외국인법'을 통과시켰다. 장기체류자와 가족 재결합에 대한 규정, 이민 2세대와 장기거주자의 귀화를 완화하는 규정 등은 외국인에게 처음으로 일종의 이민 신분을 인정했다.

---

21) 가스트아르바이터(Gastarbeiter): 국가에 의한 모집, 이주민에 대한 지속적 통제, 내국인 우선, 동일 임금, 로테이션 원칙의 다섯 가지 요소로 구성되었다.

2000년 2월 슈뢰더 총리가 고도의 전문기술을 보유한 외국의 IT 전문가에게는 일시적 노동허가로 그린카드를 교부하겠다는 획기적인 제안을 발표하였다. 2001년 8월 이 같은 내용이 담긴 이주법 초안을 의회에 제출하여 2005년 초 효력을 발하게 된다. 이러한 이주법은 독일 이민정책의 전환점을 이루는 계기로 평가되고 있다. 독일은 단일민족국가를 추구하며 다문화국가에 대해서는 인정하지 않았다. 최근에는 다문화가정을 담당할 행정부서를 구분하고 이주민가정을 지원하기 위한 박차를 가하고 있다.

초기에 독일은 이민국가가 아니라는 동화주의적 원칙을 철저히 강조했으나 1998년 국적법 개정 이후 비로소 다원주의적 태도로 전환하여 이민자들이 독일 사회에 적응하여 정착할 수 있도록 지원하고 나섰다. 따라서 독일 국적 취득을 용이하게 하였을 뿐 아니라 독일어 교육과 직업훈련 등 사회 적응 프로그램을 제공하고 이민자가족들이 사회복지의 혜택을 받을 수 있도록 지원하였다. 이로 인해 독일의 사회단체들은 이를 적극적으로 반대하기도 하였다. 그럼에도 독일 정부는 우호적인 시민단체들로 하여금 이민자 2세들에게도 사회복지사업, 현장중심 평생교육, 서비스 등을 제공함으로써 사회적 편견의 해소를 위해 노력했다. 나아가 오랜 논쟁 끝에 2005년 새로운 이민법을 발효하여 독일 사회의 다원적 통합을 시도하였다.

6) 일본의 다문화정책

일본 총무성에 따르면 2013년 10월 기준 총인구는 전년보다 0.17% 하락한 1억 2,729만 8,000명이다. 일본 인구는 3년 연속 감소하고 있는 반면 외국인 수는 159만 명으로 3만 7,000명이 증가하여 2008년 이래 처음으로 전년 대비 상승세를 나타냈다. 또한 65세 이상의 국민이 전체의 4분의 1 수준으로 노동력 인구의 감소 현상이 뚜렷하다. 이에 따라 아베 신조(安倍晋三) 정권이 2014년 4월, 외국인 노동자의 수용을 늘리겠다는 방침을 결정하는 등 이민정책을 본격적으로 추진하는 방안을 검토하고 있다고 한다.

일본의 경우 다른 국가들에 비해 이주민에 대한 수용이 매우 늦다고 볼 수 있다. 전통적으로 단일민족을 강조하는 순혈주의가 지배적이며 외국인에 대해서는 배타적이고 폐쇄적이다. 전후 일본은 전통적인 쇄국정책 · 비타협정책과 동일한 선상에서 구식민지 출신자들의 일본 국적을 박탈하고 '외국인등록법'을 통해 그들을 차별함으로써 은연중에 본국으로 귀환하거나 또는 일본인으로 귀화할 것을 강요했다. 그러나 1980년대 들어 새로운 종류의 외국인, 뉴커머(new comer)가 대거 유입되자 새로운 정책을 마련해야 할 필요를 느끼게 된다. 최근 100여 개 국가 출신의 200만 명 이상의 외국인이 일본에 거주하고 있지만 정부 수준의 체계적인 사회통합에 대한 논의는 없다. 총무성이 공식적으로 '다문화공생'을 외국인 주민에 대한 정책의 기조로 설정하고 그 추진계획을 2006년에 각 지자체에 통지하였다.

공생은 생태학에서 유래했다. 다문화공생은 1993년 한 일간지가 처음 사용하였다. 1995년 한신 대지진이 일어났을 때 외국인을 지원했던 단체가 전신이 되어 만들어진 다문화공생센터가 계기가 되어 다른 시민단체들 사이에서도 다문화공생의 사용이 확산되었다. 1981년 난민법 비준을 계기로 2000년대를 넘어오면서 다문화공생은 외국인 거주 비율이 높은 지자체로 급속히 확대되었다.

2000년대에 들어오면서 다문화공생은 일본판 다문화주의로 집약되어 정착하게 된다. 일본에서 다문화주의가 하나의 정책 의제로 대두된 배경은 지역사회의 현장에서 활동하는 시민단체와 지방정부가 주도적인 역할을 했다. 급속히 전개되는 다문화 · 다민족화 추세 속에서도 적극적 대응책 마련을 회피해 오던 중앙정부가 안으로부터의 국제화 운동, 다문화공생사회 건설을 위한 시책 마련을 주요 정책 과제로 채택한 것은 2005년부터다.

2005년 6월 총무성은 다문화공생 추진을 위한 연구회를 설치하였고 이 연구회의 정책보고서를 바탕으로 2006년 3월에는 지역에서의 다문화공생 추진 플랜을 마련하였다. 지역사회의 다문화공생은 '국적과 민족' 등을 달리하는 사람들이 상호 간의 문화적 차이를 인정하고 대등한 관계를 구축하면서 지역사회의 구성원으로서 함께 살아가는 것으로 정의하고 있다. 이러한 정책은 뚜렷한 이념을 제시하거나 제도적 변화를 꾀하기보다는 지역사회에서 외국인 또는 일본인 주민들이 실제 겪는 생활상의 문제를 해결하면서 자발적으로 공존의 질서를 형성해 가도록 하는 데 초점을 맞추고 있으며, 정부 주도에서 시작하여 민간 주도로 발전해 가는 양상이다.

다문화공생 추진 플랜의 정책 핵심은 고령화 사회로 이행하는 일본의 노동력부족이라는 과제를 해결해 주는 외국인노동자들이 지역사회에서 일상적인 생활을 영위하는 데 불편함이 없게 하는 데 비중이 맞추어져 있다. 또한 민간 차원에서 교육이나 통역 서비스 분야의 자원봉사를 활성화하여 일반인들의 관심과 참여를 높이고 있다.

일본은 결혼이민자들의 경우, 사회복지 수혜 대상을 한정시키고 대상에 따라 우선순위를 두어 조건이나 자격을 부여하고 있다. 귀화 등의 과정을 통해 일본 국적을 취득한 사람과 영주자 및 정주자, 입관법(출입국관리법)에 근거한 정규입국자 순이다. 입관법에 위반되는 비정규입국자 또는 불법체류자는 수혜 대상에서 제외하고 있다. 일본 국적을 취득한 사람이나 영주자 및 정주자, 정규입국자가 받을 수 있는 복지 내용은 사회보험, 생활보장, 사회복지 서비스가 있다.

4.
주요 국가 다문화정책의 시사점

1960년대 이후 소수민족과 소외된 계층에 대한 배려와 자유화 운동이 시작되었으며 다원사회에 대해 관용적이면서 다문화를 수용하는 세계적인 흐름에 한국 역시 필연적으로 가담하게 되었다. 이미 2014년 3월을 기준으로 외국인이 전체 인구의 3.2%가량에 다다랐다.

'산업연수생제도' 및 '농촌총각 장가 보내기 운동'과 같은 국제결혼정책에 따라 형성되는 100만 명 이상 규모의 다문화사회 형성과, 정책적·사회적 움직임으로 갈수록 더 많은 외국인이 국내에 체류할 것으로 예상된다. 최근까지도 '단일민족국가'라는 개념은 한국의 국가적 정체성을 의미하는 근본요소였다. 그러나 이제는 폐쇄적 민족성에 대한 강조보다는 다문화의 '공존'과 사회적·국가적 '통합'을 향한 목소리가 더욱 높아지고 있는 추세다.

한국은 이미 참여정부 이래로 공식적으로 산업형 노동력을 제공하는 집단은 물론 농촌형 국제결혼이주자들을 통합하기 위해 '다문화사회'를 선언하고 각종 법령과 제도 정비를 실시하였다. 짧은 시간 안에 다문화정책이 급속하게 도입되었으나, 한국의 관 주도 다문화정책은 그 성격과 방향이 모호하다는 지적을 받아

왔다. 앞서 다문화정책을 실시한 다른 국가의 사례로부터 얻을 수 있는 시사점은 한국의 사회문화적 특성을 고려하여 다문화정책의 모델을 구축하여야 한다는 것이다.

예를 들어, 캐나다는 민족국가 가운데 다문화주의와 출생지주의 공존으로 소수종족들과의 공생을 모색하는 국가다. 특히 캐나다는 원주민, 이주민, 소수민족 등이 모두 함께 공존하기 때문에 다문화주의정책에서 현재 가장 모범적인 나라에 해당한다. 또한 미국은 다문화적 배경 속에서 시행착오를 거듭하며 동화의 용광로에서 다원주의의 발전을 위해 현재까지 다양한 시도를 해 오고 있다. 1960년대 이전은 동화주의(assimilation)의 용광로에서 평등을 추구하는 철학적 개념을 토대로, 1960년대 이후는 소수인종과 민족 · 여성 · 노동계층 문화다원주의(cultural pluralism)로 진행되었다. 이러한 개방성이 1980년대의 문화운동에 이르게 되는데, 이것이 지금의 다문화주의라고 할 수 있다.

또한 호주의 사례에서 보듯이, 타 인종에 대한 배타성으로 형성된 국가 정체성은 이민자가 증가하면서 갈등을 촉발할 수 있음을 알 수 있다. 1770년 제임스 쿡(James Cook) 선장이 호주에 도착한 후 초기에는 백호주의 정책을 통해 민족 정체성이 형성되었는데, 이는 백인의 문화를 기반으로 하고 타 인종에 대해서는 배타적인 태도를 보였다. 영국으로부터 독립을 원하지 않았던 호주는 독립국보다는 영연방 국가로서 영국계 출신 국민들로부터 민족 정체성을 찾으려 했다. 하지만 1970년대 이후 같은 인종인 백인 앵글로켈틱계 중심의 동화정책에 대한 반발이 생기자 인종적인 동질성이 문화적 동질성에 의미가 없다는 것을 배우게 된다. 이에 백인 이민자 간의 문화적 이질성이 표출되면서 정부는 다문화주의에 관심을 기울이게 되었다.

근세 이후 건국 초기부터 다양한 이민자들의 유입이 꾸준히 있어 왔던 이들 국가들은 1970년대에서 80년대 이후 다양한 민족과 인종을 아우르며 국민적 통합을 이루어 낼 수 있는 방법으로 다문화주의로 전환하는 과정에 있다. 또한 국가

별로 이민자집단의 역사적 형성 과정이 다르지만 전반적으로 세계적인 다원 · 다민족 사회로의 이행 필요성의 대두와 이민자 교류 증가를 토대로, 그와 관련한 법률을 제정하였다. 사회 각 분야에서 다양한 다문화 관련 정책 프로그램을 시행함으로써 2000년대 이후에는 대체로 훌륭한 성과를 내고 있다. 이는 나라별로 긴 시간 동안 수많은 시행착오를 겪으며 각국의 현실과 해당 국가의 국민적 정서에 적합한 다문화주의를 공고히 한 결과다. 우리나라 역시 산업형 노동력 유입의 필요성과 농촌형 국제결혼이라는 사회적 필요 등 우리 현실에 맞는 다문화주의를 확립해야 할 시점이다.

IV

국가 정체성 조사를 위한 연구 설계

1.
연구모형 및 연구가설 설정

1) 연구모형

본 연구는 국민 정체성 요건, 다문화태도, 다문화 행동의사가 국가 정체성에 미치는 영향을 규명하고 이 세 가지 요인과 국가 정체성의 관계를 구조적으로 분석하였다. 이를 위하여 우선적으로 문헌 고찰과 선행연구를 통하여 연구의 개념적 틀을 구축하였다. 먼저 국민 정체성 요건은 한국인과 다문화 이주민이 가진 국민 정체성의 요건 유형을 의미하며, 하위 요소로는 종족적 요건과 시민적 요건을 포함하였다. 다문화태도는 다문화주의에 대한 태도로 정의하고 하위 요소로는 공존, 흡수, 타 인종에 대한 태도를 제시하였다. 다문화 행동의사는 다문화 구성원들끼리 소통하고 다문화사회의 상생과 공존을 위해 행동적으로 참여하고 실천하는 역량 및 그러한 행동에 대한 지향성을 의미한다. 한편, 국가 정체성은 한 국가의 구성원들이 국민임을 생각하고 이야기하는 방식 또는 스스로를 규정하는 자기인식이다. 국가 정체성의 하위 요소로는 국민의 국가에 대한 자부심, 국가에 대한 개인의 기여의식, 국가에 대한 존중감, 개인 정체성과 자긍심의 기반으로서의

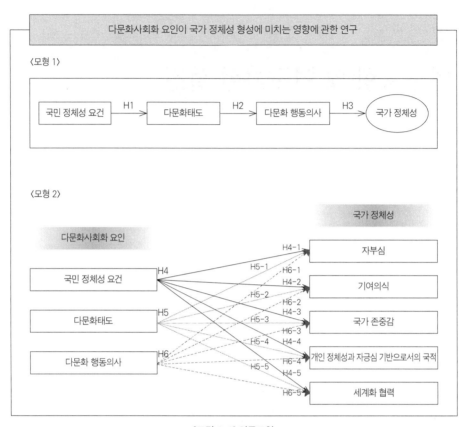

[그림 4-1] 연구모형

국적, 세계화 시대의 호혜협력을 설정하였다.

　본 연구는 국가 정체성과 관련된 선행연구 고찰을 통해 도출된 가정들을 종합적으로 정리하여 구조방정식 모형으로 상호 작용을 분석하였다. 이에 따라 모형을 구성하는 국가 정체성 영향 요인들을 국민 정체성 요건, 다문화태도, 다문화 행동의사로 설정하고 이들 영향 요인들의 복합적 상호 작용을 고려하였다.

　연구의 개념적 틀과 설정한 요인들을 이용하여 구성한 가설적 모형은 [그림 4-1]과 같다.

2) 연구가설 설정

가설적 모형의 구조 경로에 따라 다음과 같은 연구가설을 설정하였다.

연구가설 1. 국민 정체성 요건이 다문화에 대한 태도에 영향을 미칠 것이다.
　가설 1-1. 종족적 요건이 다문화에 대한 태도에 영향을 미칠 것이다.
　가설 1-2. 시민적 요건이 다문화에 대한 태도에 영향을 미칠 것이다.

연구가설 2. 다문화태도가 다문화 행동의사에 영향을 미칠 것이다.
　가설 2-1. 다문화태도 중 공존이 다문화 행동의사에 영향을 미칠 것이다.
　가설 2-2. 다문화태도 중 흡수가 다문화 행동의사에 영향을 미칠 것이다.
　가설 2-3. 다문화태도 중 타 인종에 대한 태도가 다문화 행동의사에 영향을
　　　　　미칠 것이다.

연구가설 3. 다문화 행동의사가 국가 정체성에 영향을 미칠 것이다.

연구가설 4. 국민 정체성 요건이 국가 정체성에 영향을 미칠 것이다.
　가설 4-1. 종족적 요건이 국가 정체성 하위 변인인 국민의 국가에 대한 자부
　　　　　심에 영향을 미칠 것이다.
　가설 4-2. 종족적 요건이 국가 정체성 하위 변인인 국가에 대한 개인의 기여
　　　　　의식에 영향을 미칠 것이다.
　가설 4-3. 종족적 요건이 국가 정체성 하위 변인인 국가에 대한 존중감에 영
　　　　　향을 미칠 것이다.
　가설 4-4. 종족적 요건이 국가 정체성 하위 변인인 개인 정체성과 자긍심의
　　　　　기반으로서의 국적에 영향을 미칠 것이다.

가설 4-5. 종족적 요건이 국가 정체성 하위 변인인 세계화 시대의 호혜협력에 영향을 미칠 것이다.

가설 4-6. 시민적 요건이 국가 정체성 하위 변인인 국민의 국가에 대한 자부심에 영향을 미칠 것이다.

가설 4-7. 시민적 요건이 국가 정체성 하위 변인인 국가에 대한 개인의 기여의식에 영향을 미칠 것이다.

가설 4-8. 시민적 요건이 국가 정체성 하위 변인인 국가에 대한 존중감에 영향을 미칠 것이다.

가설 4-9. 시민적 요건이 국가 정체성 하위 변인인 개인 정체성과 자긍심의 기반으로서의 국적에 영향을 미칠 것이다.

가설 4-10. 시민적 요건이 국가 정체성 하위 변인인 세계화 시대의 호혜협력에 영향을 미칠 것이다.

연구가설 5. 다문화태도가 국가 정체성에 영향을 미칠 것이다.

가설 5-1. 다문화태도 중 공존이 국가 정체성 하위 변인인 국민의 국가에 대한 자부심에 영향을 미칠 것이다.

가설 5-2. 다문화태도 중 공존이 국가 정체성 하위 변인인 국가에 대한 개인의 기여의식에 영향을 미칠 것이다.

가설 5-3. 다문화태도 중 공존이 국가 정체성 하위 변인인 국가에 대한 존중감에 영향을 미칠 것이다.

가설 5-4. 다문화태도 중 공존이 국가 정체성 하위 변인인 개인 정체성과 자긍심의 기반으로서의 국적에 영향을 미칠 것이다.

가설 5-5. 다문화태도 중 공존이 국가 정체성 하위 변인인 세계화 시대의 호혜협력에 영향을 미칠 것이다.

가설 5-6. 다문화태도 중 흡수가 국가 정체성 하위 변인인 국민의 국가에 대한 자부심에 영향을 미칠 것이다.

가설 5-7. 다문화태도 중 흡수가 국가 정체성 하위 변인인 국가에 대한 개인의 기여의식에 영향을 미칠 것이다.

가설 5-8. 다문화태도 중 흡수가 국가 정체성 하위 변인인 국가에 대한 존중감에 영향을 미칠 것이다.

가설 5-9. 다문화태도 중 흡수가 국가 정체성 하위 변인인 개인 정체성과 자긍심의 기반으로서의 국적에 영향을 미칠 것이다.

가설 5-10. 다문화태도 중 흡수가 국가 정체성 하위 변인인 세계화 시대의 호혜협력에 영향을 미칠 것이다.

가설 5-11. 다문화태도 중 타 인종에 대한 태도가 국가 정체성 하위 변인인 국민의 국가에 대한 자부심에 영향을 미칠 것이다.

가설 5-12. 다문화태도 중 타 인종에 대한 태도가 국가 정체성 하위 변인인 국가에 대한 개인의 기여의식에 영향을 미칠 것이다.

가설 5-13. 다문화태도 중 타 인종에 대한 태도가 국가 정체성 하위 변인인 국가에 대한 존중감에 영향을 미칠 것이다.

가설 5-14. 다문화태도 중 타 인종에 대한 태도가 국가 정체성 하위 변인인 개인 정체성과 자긍심의 기반으로서의 국적에 영향을 미칠 것이다.

가설 5-15. 다문화태도 중 타 인종에 대한 태도가 국가 정체성 하위 변인인 세계화 시대의 호혜협력에 영향을 미칠 것이다.

연구가설 6. 다문화 행동의사가 국가 정체성에 영향을 미칠 것이다.

가설 6-1. 다문화 행동의사가 국가 정체성 하위 변인인 국민의 국가에 대한 자부심에 영향을 미칠 것이다.

가설 6-2. 다문화 행동의사가 국가 정체성 하위 변인인 국가에 대한 개인의 기여의식에 영향을 미칠 것이다.

가설 6-3. 다문화 행동의사가 국가 정체성 하위 변인인 국가에 대한 존중감에 영향을 미칠 것이다.

가설 6-4. 다문화 행동의사가 국가 정체성 하위 변인인 개인 정체성과 자긍심의 기반으로서의 국적에 영향을 미칠 것이다.

가설 6-5. 다문화 행동의사가 국가 정체성 하위 변인인 세계화 시대의 호혜협력에 영향을 미칠 것이다.

2.
연구도구

　본 연구는 양적 연구로서 설문지를 활용하였다. 설문지의 내용은 국민 정체성 요건, 다문화에 대한 태도, 다문화 행동의사, 국가 정체성을 묻는 문항으로 모두 7점 리커트(Likert) 척도로 구성하였다. 또한 사회인구학적 특성 문항(성별, 연령, 최종학력, 직업, 가구 구성원 전체의 월평균 소득, 결혼 여부, 한국 국적 취득 전 국적)을 구성하여 총 77문항을 채택하였다. 설문지 구성 내용은 [표 4-1]과 같다.

　국민 정체성 요건을 측정하기 위한 하위 변인은 Hjerm(1998), Kymlicka(2007), Berry · Kalin(1995), 윤여진 · 송여호(2011) 등의 연구에 기초하여 종족적 요건, 시민적 요건으로 구성하였다. 국민 정체성 요건의 척도는 국제사회조사프로그램(ISSP)의 국민 정체성 국제지표(예: 언어 · 제도 · 소속감 · 거주 · 출생 · 전통 · 국적 등)(Cronbach's α = 0.84)를 토대로 11문항을 구성하였다.

　다문화에 대한 태도는 Dunn 외(2010), Bennett(1993), Paradies 외(1997), 배재정(2012) 등의 논의에 기초하여 다문화에 대한 공존, 다문화에 대한 흡수, 타 인종에 대한 태도라는 세 가지 하위 변인으로 구성하였다. 이러한 요인은 Berry와 Kalin(1995)이 개발한 다문화 이데올로기 척도(Multicultural Ideology Scale, 이하 'MIS')

[표 4-1] 설문 문항 구성표

영역	하위 변인	문항 수
국민 정체성 요건	종족적 요건	4문항
	시민적 요건	7문항
다문화에 대한 태도	다문화에 대한 태도(공존)	12문항
	다문화에 대한 태도(흡수)	8문항
	타 인종에 대한 태도	7문항
다문화 행동의사		8문항
국가 정체성	국민의 국가에 대한 자부심	6문항
	국가에 대한 개인의 기여의식	7문항
	국가에 대한 존중감	3문항
	개인 정체성과 자긍심의 기반으로서의 국적	5문항
	세계화 시대의 호혜협력	3문항
사회인구학적 특성	성별, 연령, 최종학력, 직업, 가구 구성원 전체의 월평균 소득, 결혼 여부, 한국 국적 취득 전 국적	7문항
총 계		77문항

(Cronbach's α = 0.80)를 토대로 20문항을 구성하였다. MIS는 민족적 문화를 지닌 다수 집단이 문화적으로 다양한 사회가 되는 것에 대한 지지도를 평가한다. 또한 타 인종에 대한 태도와 관련해서는 Dunn 외(2010)(Cronbach's α = 0.69)의 인종주의, 문화적 다양성, 인종주의 인식에 대한 태도를 토대로 7문항을 구성하였다.

다문화 행동의사 척도는 본 연구를 위해 본 연구자가 개발하여 8문항을 구성하였다. 설문 문항 중 2문항은 여성가족부(2012)의 '국민 다문화수용성 조사 연구'에서 사용한 6점 척도 문항을 7점 척도 문항으로 변형하여 사용하였다. 다문화 행동의사 구성 항목들의 KMO(Kaiser-Mayer-Olkin) 값을 분석한 결과 .849로, 문항들의 요인 구성을 위한 적합도가 높게 나타났음을 확인하였다.

국가 정체성 요건의 하위 변인은 국민의 국가에 대한 자부심, 국가에 대한 개인의 기여의식, 국가에 대한 존중감, 개인 정체성과 자긍심의 기반으로서의 국적, 세계화 시대의 호혜협력으로 총 다섯 가지다. 이는 Lilli와 Diehl(1999)이 국가 정체성 척도(National Identity Scale)[1]로 제안한 바 있는 멤버십(membership)·사적 평가(private)·공적 평가(public)·동질감(identity)·비교평가(comparison)의 5개 하위 영역(각 4문항)을 토대로 문항화하였다. Lilli와 Diehl(1999)이 제시한 국가 정체성의 하위 요인으로 멤버십은 집단에 대한 개인의 기여(공헌) 또는 가치다. 사적 평가는 자신이 소속된 집단이 가진 가치에 대한 개인적 관점이다. 공적 평가는 집단에 대한 다른 사람들의 관점이며, 여기서 동질감은 소속집단 회원의 공헌에 대하여 느끼는 생각이다. 마지막으로 비교평가는 Lilli와 Diehl이 추가한 것으로, 관련되어 있으나 소속되지 않은 집단에 대한 견해다. Lilli와 Diehl(1999)의 연구에서 각 요인에 대한 신뢰도(Cronbach's Alpha)는 멤버십 0.79, 사적 평가 0.85, 공적 평가 0.69, 동질감 0.84, 비교평가 0.84로 나타났다.[2]

첫째, 국민의 국가에 대한 자부심 변인은 Lilli와 Diehl(1999)이 제시하였던 멤버십·공적 평가·사적 평가와 관련한 문항들 중에서 국가에 대한 자부심을 표현하는 긍정적 문항을 추출하여 총 6문항(문항번호 1, 3, 9, 10, 11, 22)을 구성하였다. 이러한 문항의 예로는 '나는 국가에 협조적이다', '나는 국가에 필요하다' 등과 같이 집단에 대한 개인의 기여 또는 가치를 표현하는 문항 혹은 '외국인들이 한국을 좋게 볼 것이다'와 같은 공적 평가에 관한 문항, '나는 대한민국이 마음에 든다'는 사적 평가에 관한 문항 등이 속한다. 사회 정체성 이론에 따라 요인의 의미를 해석해 보면 이러한 내용들은 결국 특정 집단이나 사회적 상황이 개인의 태도나 성향

---

1) 이 측정도구는 Tajfel과 Turner(1986)의 Social Identity Theory에 근거하여 국가 정체성의 요인을 멤버십, 사적 평가, 공적 평가, 동질감의 4개 영역으로 구성된 Luhtanen과 Crocker(1992)의 Collective Self-Esteem Scale의 문항들을 변용하고 추가하여 비교 평가가 포함된 새로운 측정도구를 구성하였다.

2) 국가 정체성 척도(National Identity Scale: NIS)는 Lilli와 Diehl(1999)이 제안한 20개의 문항으로 구성되어 있다. NIS는 Tajfel과 Turner(1986)의 사회 정체성 이론(Social Identity Theory)에 근거를 두고 Luhtanen과 Crocker(1992)가 개발한 16개 문항의 집합적 자아존중감 척도(Collective Self-Esteem Scale)를 변용하고 추가하여 20개 문항의 새로운 측정도구로 개발하였다. 원척도는 16개에 Lilli와 Diehl(1999)이 4문항을 추가하여 20문항으로 구성하였다. 이처럼 사회과학척도는 연구자들이 문화적·역사적 맥락에 따라 추가 변용하여 연구목적에 도달하고자 척도를 타당도와 신뢰도 분석을 통해 추가하는 것이 일반적 연구방법이다.

에서 자부심을 느끼게 하는 긍정적 요소가 되어 국가 정체성의 뿌리가 된다.

둘째, 국가에 대한 개인의 기여의식 변인은 Lilli와 Diehl(1999)의 멤버십 · 비교평가와 관련된 문항을 바탕으로 요인분석을 거쳐 4문항(문항번호 2, 4, 5, 23)으로 구성하였다. 기여의식 요인을 측정하기 위한 문항은 긍정적 표현과 부정적 표현을 대칭적으로 배치하였다. 이는 타 국가 소속 국민이었던 사람들이 대한민국으로 이주해 오면서 자신감을 결여한 우리나라만의 특수상황을 반영하는 요인을 나타내고자 한 것이다. 한국 사회로의 이주민들의 경우 대체로 사회적 계층상 하위 계층 쪽으로 편입되는 현상을 발견할 수 있기 때문이다. 예를 들어, 멤버십 관련 문항으로는 '대한민국을 위해 내가 할 일이 별로 없다', '나는 대한민국이 필요로 하는 가치 있는 국민의 한 사람이다', '여러 민족을 국민으로 받아들인다면 국가의 결속력을 해치게 될 것이다' 등이 있으며, 비교평가 관련 문항은 '대한민국은 다른 나라와 경쟁에서 지고 있다', '대한민국은 많은 면에서 다른 나라보다 우월하다' 등이 있다.

Erikson(1956)은 개인의 정체성이 개인과 사회적 조화를 통해 구성되며 정체성 구성의 주요 기제인 동일시를 통해 자기와 타인, 사회와의 간격을 연결시켜 준다고 주장하였다. 또한 개인이 어떤 사회 범주 또는 집단에 속해 있다고 아는 것이 사회 정체성(social identity)의 개념이라고 정의한 바 있는 Hogg와 Abrams(1988)의 주장을 상기할 때, 국민의 국가에 대한 자부심 요인과 국가에 대한 개인의 기여의식 요인은 국가와 개인의 상호 관계 속에서 느끼는 집단의식의 양 측면을 반영하고 있다.

셋째, 국가에 대한 존중감 변인은 공적 평가를 토대로 3문항(문항번호 12, 13, 14)으로 구성하였다. 개인의 자아 개념을 개인적 정체감(personal identity)과 사회적 정체감(social identity)의 두 측면으로 구분한 Tajfel(1982)의 주장에 따르면, 사회적 정체감은 자신이 속한 사회집단에 대해 어떻게 느끼고 생각하는가를 반영한다. Tajfel(1982)이 제시한 사회적 정체감은 공적 평가를 통해 나타나는 긍정적 혹은 부정적 정체성을 포함한다고 볼 수 있다.

우리나라의 다문화 이주자들이 대한민국에 대해 양면적인 사회적 정체성이 나타나는 현상을 고려할 때 국가에 대한 존중감 요인으로 부정적인 사회적 정체성과 긍정적인 사회적 정체성을 포함하는 문항을 구성하였다. '외국인들은 대체로 대한민국을 존중한다'는 긍정적인 평가에 관한 문항과 '대한민국은 다른 나라보다 무능하다'는 부정적인 평가에 관한 문항을 동시에 배치하였다.

넷째, 개인 정체성과 자긍심의 기반으로서의 국적 변인은 총 4문항(문항번호 7, 16, 19, 21)으로 구성하였다. '나의 국적은 나의 정체성을 알리는 데 중요한 기준이다', '나는 대한민국 국민인 것을 다행으로 생각한다' 등의 문항이 포함된다. 이러한 문항을 통해 다문화 이주자들의 국민의식과 국적에 대한 생각이 성장하면서 형성되어 가는 요인을 파악하고자 하였다.

다섯째, 세계화 시대의 호혜협력 변인은 총 3개의 문항(문항번호 15, 17, 24)으로 구성하였다. 이는 세계화 시대에는 한국인들 간의 협력보다 국적 · 인종 · 민족을 넘어선 협력이 더 중요하다는 사회 정체성 이론의 비교평가 요인을 반영하는 요인이다. '나 자신에 대한 평가나 나 자신의 인격에 국적은 아무런 관련이 없다' 등의 세계시민주의적 의견을 내포한 문항이 포함된다.

본 연구는 '대한민국이 오랫동안 단일민족 혈통을 유지해 온 것은 매우 자랑스러운 일이다', '여러 민족을 국민으로 받아들인다면 국가의 결속력을 해치게 될 것이다', '대한민국이 단일민족국가라는 사실은 국가 경쟁력을 높이는 데 도움이 된다', '세계화 시대에는 한국인들 간의 협력보다 국적 · 인종 · 민족을 넘어선 협력이 더 중요하다' 등의 문항을 기존의 선행연구로부터 추출한 문항에 추가하여 우리나라 사정에 맞는 설문 문항을 개발하였다.

또한 요인분석을 통해 타당도를 검토하고 크론바흐 알파분석을 통해 신뢰도를 확인하는 절차를 거쳐 국가 정체성 척도를 보완하였다. 아울러 조사 대상자들을 한국인과 이주민으로 하였다. 이주민의 경우 대한민국 국적 취득자로 한정하고, 국적 취득 이전에 중국이나 동남아, 일본 등의 국적을 가진 다문화 체험자들을 대상으로 설문조사를 진행하였다. 이를 통해 국가 정체성의 5개 요인의 분류가 한국적 상황에서 어떻게 적용되는지를 개념타당도 요인분석을 통해 실증적으로 검토하였다.

3.
자료 수집 및 분석 방법

1) 자료 수집

본 연구의 분석 대상은 한국인과 해외 이주민 중 대한민국 국적을 취득한 사람들이며 설문조사는 2013년 12월 15일부터 2014년 1월 30일까지 진행하였다. 설문조사는 총 600부를 배부하고 560부를 회수하여 부실한 응답을 제외한 546부를 분석에 이용하였다.

본 조사를 위해 한국인들은 임의할당표본 추출을 하였다. 국회에 근무하는 전문직 70명과 서울 소재 A대학교 대학원생 30명, B대학교 학부생 30명, 서울 옥수동 주민 30명과 한남동 주민 30명, 약수동 ○교회 교인 60명, 오산시 의원 5명, 충북 청주 주민 5명, 강원도 속초 주민 5명, 충남 천안 주민 5명을 선정하였다.

안전행정부의 '2010 지방자치단체 외국계 주민 현황'(2010. 06. 15)[3]에 의하면 다문화 이주민은 100만 명을 넘어서지만 실제 국적 취득자는 규모가 매우 작다. 본 연구에서는 모집단을 다문화 이주민 중 한국 국적을 소지한 사람을 대상으로

---

3) http://www.mospa.go.kr/html/site/frt/a01/search/search.jsp

하였으나 모집단의 규모가 작고 전국 각지에 소규모로 거주하고 있어 무작위 표본 추출은 한계가 있었다. 따라서 서울 성동구 지역과 경기도·충청도 등 전국 일부 지역의 다문화 이주민 집중지역에서 임의할당표집 방법을 통해 국가별로 표본의 정규분포를 가정할 수 있는 규모인 30표본 이상씩 추출하여 설문조사를 진행하였다.

이주민은 국가별로 50명에서 60명으로 표본을 추출하여 설문조사를 진행하였다. 이주민들은 한국 국적을 취득한 후에는 다문화센터에 출입을 하지 않으며, 또한 인권문제로 인하여 주소 등 개인정보를 다문화센터로부터 수집하는 것에는 어려움과 제한이 있었다. 서울 성동구 지역에 다문화 구성원들의 밀집지역이 있다는 소문을 입수하고 성동구 도선동 C마트 주변을 1개월 넘게 배회하며 설문지를 받았다. 이곳은 전국에 퍼져 있는 이주민들의 만남의 장소로 활용되는 특징이 있다. 그리고 남양주시 다문화센터(50부)와 서울 성동구 다문화센터(50부)에서도 설문지를 받았다.

자료를 수집하면서 특히 일본인들의 설문조사가 어려웠다. 이들은 신중하게 설문지를 읽으면서 모르는 것은 질문하는 등의 조용하고 침착한 모습을 보였다. 일본인들은 학원 강사와 종교로 인하여 귀화한 이주민들이 많았다.

또 하나의 조사가 어려웠던 집단은 탈북자들이었다. 이들의 삶 자체가 베일에 가려져 있기 때문이다. 서울 약수동에 있는 ○ 교회에서 20명 정도를 소개받았고, 50명 정도는 성동구의 보호관찰구역에서 소개받을 수 있었다. 이들은 자신들이 다문화인이 아니라 한국인임을 강하게 주장하였다. 북한은 유엔이 인정한 또 하나의 국가임을 인식시키기 위해 많은 시간이 필요할 것 같다.

설문조사를 진행하면서 느끼는 것은 한국 국적을 취득한 이주민들을 만나 설문지를 받는 것이 큰 과제였다는 것이다. 다문화센터나 학교 등 교육기관에서 진행하는 조사가 아니라 개인 연구인 만큼 이들에게 접근하는 데 한계가 있었다. 앞으로 공신력 있는 국가기관이나 다문화 관련 시민단체는 폭넓은 다문화 연구를 위해서 협조를 받을 수 있는 체계의 구축이 필요할 것으로 보인다.

2) 분석 방법

본 논문의 통계분석은 SPSS Windows 18.0을 사용하여 통계처리를 진행하였다. 표본의 인구통계학적 분포 분석은 빈도분석을 이용하였으며, 국민 정체성 요건, 태도, 행동의사, 국가 정체성 개념들의 개념 타당성 분석을 위해서는 주성분 분석과 직각회전방식의 요인분석을 실시하였다. 개념의 신뢰도를 검증하기 위해서는 크론바흐 알파테스트(Cronbach alpha test)를 통해 분석하였다. 국민 정체성 요건, 태도, 행동의사, 국가 정체성 개념들 사이의 상관관계 및 영향관계 등의 가설 검증을 위해서는 상관관계 분석(Correlation analysis)을 하였다. 국민 정체성 요건, 태도, 행동의사, 국가 정체성 개념들의 문항별 평균 응답 수준을 분석하기 위하여 기술통계분석(Descriptive Analysis)을 실시하였다. 마지막으로 다문화 관련 연구개념들의 상호 관련성과 인과구조를 확인하기 위하여 구조방정식 분석(Structural Equation Model Analysis)을 진행하고, 연구가설별 한국인과 이주민 간 차이를 분석하기 위해 다중집단 분석을 실시하였다. 연구가설의 채택과 기각을 판별하기 위한 통계적 검증의 유의수준은 $\alpha = 0.05$로 하여 검증을 실시하였다.

4.
타당도와 신뢰도 분석

1) 연구개념의 타당도 분석

본 연구에서 다문화사회화 요인으로 설정한 국민 정체성 요건, 다문화태도, 다문화 행동의사 관련 변수들에 대한 개념타당도를 분석하기 위해 탐색적 요인분석을 실시하였다. 요인의 구분 기준은 고유값(eigen value) 1 이상을 요인으로 추출되도록 하였고, 요인분석 방법은 요인추출 단계에서 널리 사용되는 주성분 분석과 직교회전방식(Varimax)을 이용하였다. 각 요인들을 구성하는 항목들 간에는 [표 4-2]와 같이 판별 타당성이 있음을 보여 주었다.

요인분석을 위해 설정된 항목들이 요인분석하기에 적합한가를 분석하는 KMO(Kaiser-Mayer-Olkin) 값도 .806으로 나타났기 때문에 요인분석에 사용된 변수들의 선정이 양호한 것으로 진단되었다.

다문화태도의 연구에 사용된 변수들에 대한 개념타당도를 분석하기 위해 탐색적 요인분석을 실시하였다. 각 요인의 항목에 대해서는 척도 간 상관관계인 요인적재치가 0.4 이하 항목인 다문화태도 3번, 6번 문항을 제외하고 연구를 진행하

[표 4-2] 국민 정체성 요건 개념타당도 분석

번호	설문 내용	성분	
		1	2
8	한국의 정치제도와 법을 존중하는 것	.862	
9	한국인임을 느끼는 것	.779	
11	한국의 정치 · 경제 · 사회 · 문화 발전에 기여하는 것	.775	
7	한국어를 할 수 있는 것	.759	
6	한국의 문화적 전통을 이어가는 것	.625	
10	한국 국적을 갖는 것	.621	
5	생애의 대부분을 한국에서 사는 것	.505	
3	아버지가 한국인인 것		.921
4	어머니가 한국인인 것		.910
2	한국인 조상을 가지는 것		.848
1	한국에서 태어나는 것		.768
고유값		4.234	2.679
설명량		32.719	30.126
누적 설명량		32.719	62.845
표준형성 적절성의 Kaiser-Meyer-Olkin=.806, Bartlett의 구형성 검증=3443.908, df=55, sig=.000***			

*** p<0.001

였다. 요인의 구분 기준은 고유값 1 이상을 요인으로 추출되도록 하였다. 요인분석 결과 2개 요인이 추출되어 각 요인들을 구성하는 항목들 간에는 [표 4-3]과 같이 판별 타당성이 있음을 보여 주었다.

요인분석을 위해 설정된 항목들이 요인분석을 하기에 적합한가를 분석하는 KMO 값은 .851로 나타나 요인분석에 사용된 변수들의 선정이 양호하다고 진단되었다.

타 인종에 대한 태도 연구에 사용된 변수들에 대한 개념타당도를 분석하기 위해 탐색적 요인분석을 실시하였다. 각 요인의 항목에 대해서는 척도 간 상관관계

[표 4-3] 다문화태도 중 공존과 흡수 개념타당도 분석

번호	설문 내용	성분	
		1	2
19	외국인 이주자들이 늘어나면 대한민국 문화는 더욱 풍부해진다.	.848	
18	대한민국의 인종 · 종교 · 문화적 다양성이 확대되면 국가 경쟁력에 도움이 된다.	.847	
17	어느 국가든 다양한 인종 · 종교 · 문화가 공존하는 것이 더 좋다.	.811	
2	이주민들이 자신들의 문화를 유지할 수 있도록 국가 안에서 지지해 주어야 한다.	.773	
4	다양한 문화집단으로 구성된 사회는 새로운 문제들에 더 잘 대처할 수 있다.	.745	
9	이주민 중 부모들은 자신의 아이들이 모국의 관습과 전통을 존중하도록 가르쳐야 한다.	.727	
20	대한민국과 다른 인종 · 종교 · 문화를 가진 사람들을 받아들이는 데에는 한계가 있다.	.581	
5	단일국가 공동체에 대한 이념은 자신들의 관습과 전통을 고수하는 이주민들에 의해 약해지고 있다.	-.493	
7	여러 문화적 그룹으로 구성된 사회는 단일화된 사회보다 국가 정체성에 더 많은 문제들을 가지고 있다.	-.489	
11	이주민들은 부단히 노력하여 자신들의 문화를 지켜 내야 한다.	.460	
12	국가는 원래 가지고 있던 고유의 문화를 지키기 위해 최선을 다해야 한다.		.716
1	국가는 각자의 문화적 배경을 가진 다양한 그룹이 사회를 구성하고 있음을 알아야 한다.		.676
10	이주해 온 국민들은 그 국가에 맞추어 행동해야 한다.		.648
13	이주민들은 국가에 흡수되기 위해 최선을 다해야 한다.		.632
15	이주민들은 토착민들과 가능한 한 많은 교류를 해야 한다.		.628
14	토착민들은 다른 사람들의 문화와 규범에 순응하기 위해 더 노력해야 한다.		.599
16	토착민들은 이주민들과 더 많은 접촉을 가져야 한다.		.590
8	토착민들은 이주민들의 전통과 관습을 이해하기 위해 더 많은 노력을 기울여야 한다.		.557
고유값		6.107	3.628
설명량		29.734	18.941
누적 설명량		29.734	48.676
표준형성 적절성의 Kaiser-Meyer-Olkin=.851, Bartlett의 구형성 검증=5545.591, df=190, sig=.000***			

*** p<0.001

[표 4-4] 타 인종에 대한 태도 개념타당도 분석

번호	설문 내용	성분
		1
3	문화가 다양할수록 그 사회에는 더 이득이 된다고 생각한다.	.861
6	여러 국가에서 온 이주민들이 모국의 고유한 전통과 풍습을 유지하는 것이 한국 사람들에게도 더 좋을 것이다.	.848
5	나는 같은 민족에 속해 있을 때 안전하다고 느낀다.	.736
4	한국 사회는 단일민족을 강조하는 민족주의자들 때문에 더 약해졌다고 생각한다.	.534
1	서로 다른 인종끼리 결혼하는 것은 좋지 않다고 생각한다.	-.484
	고유값	2.584
	설명량	36.914
	누적 설명량	36.914
표준형성 적절성의 Kaiser-Meyer-Olkin=.728, Bartlett의 구형성 검증=820.992, df=21, sig=.000***		

*** p<0.001

인 요인적재치가 0.4 이하인 항목은 연구에서 제외하였으며(타 인종에 대한 태도 2번, 7번 문항 제외), 요인의 구분기준은 고유값 1 이상을 요인으로 추출되도록 하였고, 요인 분석방법은 요인추출 단계에서 널리 사용되는 주성분 분석과 직교회전방식을 이 용하였다. 요인분석 결과 1개 요인이 추출되었다. 각 요인을 구성하는 항목들 간 에는 [표 4-4]와 같이 판별 타당성이 있음을 보여 주었다.

요인분석을 위해 설정된 항목들이 요인분석을 하기에 적합한가를 분석하는 KMO 값도 .728로 나타나 요인분석에 사용된 변수들의 선정이 양호하다고 진단 되었다.

다문화 행동의사 연구에 사용된 변수들에 대한 개념타당도를 분석하기 위해 탐색적 요인분석을 실시하였다. 요인의 구분기준은 고유값 1 이상을 요인으로 추 출되도록 하였고, 요인분석 방법은 요인추출 단계에서 널리 사용되는 주성분 분 석과 직교회전방식을 이용하였다. 요인분석 결과 1개 요인이 추출되었다. 각 요인

[표 4-5] 다문화 행동의사 개념타당도 분석

번호	설문 내용	성분 1
5	학교나 직장에서 한국인은 물론 다른 나라 이주민을 동료로 만나면 내가 먼저 친구가 되고자 노력하겠다.	.891
4	나는 기회가 있다면 항상 한국인은 물론 다른 나라 이주민과 같은 친목모임이나 클럽에 가입하겠다.	.883
3	나는 지인들이 외국인이나 다문화사회에 대해 가지고 있는 한국인 또는 이주민들의 오해나 편견을 해소하기 위해 노력할 의사가 있다.	.822
7	내가 만약에 미혼이라면 상대방의 인종·국적·문화권에 상관없이 기꺼이 데이트를 하겠다.	.746
6	나는 외국인근로자가 모여 사는 지역에 있는 식당에 기꺼이 들어가 밥을 먹겠다.	.728
8	이웃의 자녀가 한국인은 물론 다른 나라 이주민 사이에 태어난 아이들이라도 대한민국 국적 아이들이라면 내 자녀와 얼마든지 결혼이 가능하다.	.651
2	나는 다양한 문화가 무분별하게 유입되면 이 사회에 혼란이 야기될 것이라고 생각한다.	-.427
1	나는 이주민들이 아무런 차별 없이 일반 국민과 동등한 권리를 보장하는 국가정책을 적극 지지한다.	.413
고유값		4.112
설명량		51.403
누적 설명량		51.403
표준형성 적절성의 Kaiser-Meyer-Olkin=.849, Bartlett의 구형성 검증=2142.790, df=28, sig=.000***		

*** p<0.001

들을 구성하는 항목들 간에는 [표 4-5]와 같이 판별 타당성이 있음을 보여 주었다.

요인분석을 위해 설정된 항목들이 요인분석을 하기에 적합한가를 분석하는 KMO 값도 .849로 나타나 요인분석에 사용된 변수들의 선정이 양호하다고 진단되었다.

국가 정체성 연구에 사용된 변수들에 대한 개념타당도를 분석하기 위해 탐색적 요인분석을 수행하였다. 각 요인의 항목에 대해서는 척도 간 상관관계인 요

인적재치가 0.4 이하인 항목은 연구에서 제외하였으며(국가 정체성 6번, 8번, 18번, 20번
문항 제외), 요인의 구분기준은 고유값 1 이상을 요인으로 추출되도록 하였다. 요인
분석 방법은 요인추출 단계에서 널리 사용되는 주성분 분석과 직교회전방식을
이용하였다. 요인분석 결과 5개 요인이 추출되었다. 각 요인을 구성하는 항목들
간에는 [표 4-6]과 같이 판별 타당성이 있음을 보여 주었다.

요인분석을 위해 설정된 항목들이 요인분석을 하기에 적합한가를 분석하는
KMO 값도 .683으로 나타나 요인분석에 사용된 변수들의 KMO 값이 양호 수준
인 0.7에 근접하여 구성 문항의 타당도가 있다고 진단되었다.

[표 4-6] 국가 정체성 개념타당도 분석

번호	설문 내용	성분				
		1	2	3	4	5
9	나는 대한민국이 마음에 든다.	.806				
3	나는 대한민국에 협조적인 국민이다.	.801				
22	대한민국은 대체로 다른 나라들보다 중요한 역할을 수행하는 편이다.	.737				
11	외국인들은 대체로 대한민국을 좋게 생각하는 편이다.	.718				
10	대한민국이 오랫동안 단일민족 혈통을 유지해 온 것은 매우 자랑스러운 일이다.	.670				
1	나는 대한민국이 필요로 하는 가치 있는 국민의 한 사람이다.	.468				
2	나는 대한민국을 위해 내가 할 일이 별로 없다는 생각이 든다.		.807			
4	나는 종종 내가 대한민국에 쓸모없는 국민이라는 생각이 든다.		.772			
23	대한민국은 다른 나라들과의 경쟁에서 지고 있는 편이다.		.674			
5	여러 민족을 국민으로 받아들인다면 국가의 결속력을 해치게 될 것이다.		.516			
12	대부분의 사람들은 대한민국이 다른 나라보다 무능하다고 생각한다.			.793		

번호	설문 내용	성분				
		1	2	3	4	5
14	외국인들은 대체로 대한민국이 별 볼 일 없는 나라라고 생각한다.			.752		
13	외국인들은 대체로 대한민국을 존중한다.			.581		
21	대한민국은 전 세계적으로는 그렇게 중요한 나라는 아니다.				.627	
16	내 국적은 나의 정체성을 알리는 데 중요한 기준이 된다.				.580	
19	대한민국이 단일민족국가라는 사실은 국가 경쟁력을 높이는 데 도움이 된다.				.570	
7	나는 대체로 대한민국의 국민인 것이 다행이라고 생각하는 편이다.				.535	
15	나 자신에 대한 평가에서 국적은 아무런 관련이 없다.					.868
17	나 자신의 인격을 스스로 판단할 때 국적은 별로 중요하지 않다.					.782
24	세계화 시대에는 한국인들 간의 협력보다 국적·인종·민족을 넘어선 협력이 더 중요하다.					.533
고유값		5.234	2.442	2.070	1.631	1.311
설명량		18.365	13.087	11.707	10.285	10.000
누적설명량		18.365	31.452	43.158	53.444	63.444
표준형성 적절성의 Kaiser-Meyer-Olkin=.683, Bartlett의 구형성 검증=1790.545, df.=190, sig=.000***						

*** $p < 0.001$

2) 연구개념의 신뢰도 분석

연구에 사용된 변수들이 특정 개념을 동일하게 설명하는가를 검토하기 위해 신뢰도 검증을 실시하였다. 신뢰성 검증은 크게 세 가지 목적으로 수행된다. 즉 동일한 대상에 대해 같거나 비교 가능한 측정항목을 사용하여 반복측정할 경우 동일하거나 비슷한 결과를 얻을 수 있는가, 측정항목이 측정하려고 하는 속성을 얼마나 잘 측정했는가, 측정에서 측정오차가 얼마나 존재하는가 등이다. 신뢰성을 검증하기 위해 본 연구에서 이용한 측정도구는 Cronbach's α를 이용하였다. 일반적으로 사회과학에서는 신뢰도 계수가 0.6 이상이면 신뢰성이 있다고 판단한다. 신뢰도를 분석한 결과 Cronbach's α값이 .542~.881로 나타나 본 연구에 사용된 변수들은 항목 간 내적 일관성이 있음을 [표 4-7]에서 알 수 있다.

[표 4-7] 연구개념의 개념신뢰도

영역		문항번호	Cronbach's α	항목 수
국민 정체성 요건(전체)		1 ~ 11	.827	11
	종족적 요건	1 ~ 5	.881	5
	시민적 요건	1 ~ 6	.813	6
다문화태도		1~21	.810	21
	타 인종에 대한 태도	1 ~ 4	.599	4
	다문화에 대한 태도(공존)	1 ~ 12	.880	12
	다문화에 대한 태도(흡수)	1 ~ 5	.552	5
다문화 행동의사		1 ~ 7	.863	7
국가 정체성		1 ~ 4	.635	4
	국민의 국가에 대한 자부심	1 ~ 6	.842	6
	국가에 대한 개인의 기여의식	1 ~ 4	.720	4
	국가에 대한 존중감	1 ~ 3	.630	3
	개인 정체성과 자긍심의 기반으로서의 국적	1 ~ 4	.542	4
	세계화 시대의 호혜협력	1 ~ 3	.638	3

V

다문화사회의 국가 정체성 양상

1.
분석 결과

1) 표본의 일반적 특성과 연구의 기술통계

(1) 표본의 일반적 특성

표본의 인구사회학적 특성을 살펴보면 성별의 경우 남자가 20.9%, 여자가 79.1%로 나타나 이주민들의 경우도 여자가 더 많이 한국에 살고 있는 것을 알 수 있다. 연령은 29세 이하가 25.8%, 30~39세 43.6%, 40~49세 20.3%, 50세 이상이 10.3%로 나타나 30세에서 50세 미만으로 근로가 가장 활발한 사람들이 이주하는 것을 알 수 있다. 최종학력의 경우 중졸 이하가 19.8%, 고졸 이하가 37.4%, 대학 재학 및 졸업이 30.2%, 대학원 재학 및 졸업 이상이 12.6%로 나타나 중졸 이하가 20%로 한국인보다 낮은 수준임을 알 수 있다.

직업은 무직 7.9%, 사무직 11.7%, 전문직 15.6%, 임시직·일용직 6.4%, 노동·생산직 36.6%, 전업주부 21.8%로 나타났다. 생산직과 전업주부가 많은 것

[표 5-1] 표본의 일반적 특성

구분	특성	빈도	백분비(%)
성별	남자	114	20.9%
	여자	432	79.1%
연령	29세 이하	141	25.8%
	30~39세	238	43.6%
	40~49세	111	20.3%
	50세 이상	56	10.3%
최종학력	중졸 이하	108	19.8%
	고졸 이하	204	37.4%
	대학 재학 및 졸업	165	30.2%
	대학원 재학 및 졸업 이상	69	12.6%
직업	무직	43	7.9%
	사무직	64	11.7%
	전문직	85	15.6%
	임시직·일용직	35	6.4%
	노동·생산직	200	36.6%
	전업주부	119	21.8%
월평균 소득	200만 원 미만	109	20.0%
	200만~300만 원	152	27.8%
	300만~400만 원	185	33.9%
	400만~500만 원	40	7.3%
	500만 원 이상	60	11.0%
결혼 여부	미혼	80	14.7%
	기혼	466	85.3%
한국 국적 취득 전 국적	한국	100	18.3%
	중국	38	7.0%
	일본	34	6.2%
	동남아	50	9.2%
	몽골	71	13.0%

구분	특성	빈도	백분비(%)
한국 국적 취득 전 국적	북한	60	11.0%
	미얀마	51	9.3%
	필리핀	50	9.2%
	베트남	80	14.7%
	기타 국가	12	2.2%
합계		546	100.0%

은 한국의 현실에 맞는 것을 보여 준다. 월평균 소득은 200만 원 미만 20.0%, 200만~300만 원 27.8%, 300만~400만 원 33.9%, 400만~500만 원 7.3%, 500만 원 이상이 11.0%로 나타났다. 300만 원 이하가 약 50%에 달하는 것으로 보아 이주민들은 대체로 저임금을 받고 있음을 알 수 있다. 결혼 여부는 미혼 14.7%, 기혼 85.3%로 나타났으며, 한국 국적 취득 전 국적은 한국 18.3%, 중국 7.0%, 일본 6.2%, 동남아 9.2%, 몽골 13.0%, 북한 11.0%, 미얀마 9.3%, 필리핀 9.2%, 베트남 14.7%, 기타 국가 2.2%로 동남아 지역 출신이 10% 이상 설문에 응한 것으로 나타났다. 표본의 일반적 특성은 [표 5-1]과 같다.

(2) 연구개념 기술통계

연구가설의 검증에 앞서 다문화 연구개념의 평균분포는 기술통계를 통해 살펴보면 시민적 요건이 5.36±.94점, 종족적 요건이 4.87±1.29점, 다문화태도(공존)가 3.76±1.13점, 다문화태도(흡수)가 5.27±.81점으로 나타났다. 또한 타 인종에 대한 태도가 4.23±.93점, 다문화 행동의사 4.43±.97점, 국민의 국가에 대한 자부심 4.98±.80점, 국가에 대한 개인의 기여의식 2.97±1.00점으로 나타났으며,

[표 5-2] 다문화 연구개념 기술통계

요인	하위 요인	N	최솟값	최댓값	평균	표준편차
국민 정체성 요건	시민적 요건	546	2.00	7.00	5.36	.94
	종족적 요건	546	1.00	7.00	4.87	1.29
다문화태도	다문화태도(공존)	546	1.60	6.70	3.76	1.13
	다문화태도(흡수)	546	3.00	7.00	5.27	.81
	타 인종에 대한 태도	546	1.83	7.00	4.23	.93
다문화 행동의사	다문화 행동의사	546	2.00	7.00	4.43	.97
국가 정체성	국민의 국가에 대한 자부심	546	1.50	7.00	4.98	.80
	국가에 대한 개인의 기여의식	546	1.00	6.25	2.97	1.00
	국가에 대한 존중감	546	1.00	7.00	5.28	1.05
	개인 정체성과 자긍심의 기반으로서의 국적	546	1.50	6.50	4.06	.70
	세계화 시대의 호혜협력	546	1.00	7.00	3.95	1.10

국가에 대한 존중감 5.28±1.05점, 개인 정체성과 자긍심의 기반으로서의 국적이 4.06±.70점, 세계화 시대의 호혜협력이 3.95±1.10점으로 나타났다. 연구개념 기술통계분석 결과는 [표 5-2]와 같다.

조사 대상자들의 연구개념 관련 평균수준을 살펴보면, 시민적 요건이 가장 높고, 국가에 대한 존중감이 두 번째로 높으며, 국가에 대한 개인의 기여의식이 가장 낮은 것으로 나타났다.

2) 연구개념들 사이의 상관관계 분석

독립변수와 종속변수에 대한 영향관계 분석에 앞서 변수들의 상관구조를 먼저 살펴보면 [표 5-3]과 같다.

[표 5-3] 연구개념들 사이의 상관관계 상관분석

구분	시민적 요건 1	종족적 요건 2	다문화 태도 (공존) 3	다문화 태도 (흡수) 4	타 인종에 대한 태도 5	다문화 행동의사 6	국민의 국가에 대한 자부심 7	국가에 대한 개인의 기여의식 8	국가에 대한 존중감 9	개인 정체성과 자긍심의 기반으로서의 국적 10	세계화 시대의 호혜 협력 11
1	1										
2	.246 (**)	1									
3	−.197 (**)	.115 (**)	1								
4	.405 (**)	.320 (**)	.176 (**)	1							
5	−.028	.152 (**)	.794 (**)	.273 (**)	1						
6	−.031	.123 (**)	.687 (**)	.314 (**)	.663 (**)	1					
7	.392 (**)	.120 (**)	.074	.422 (**)	.206 (**)	.340 (**)	1				
8	−.321 (**)	.084 (*)	.528 (**)	−.165 (**)	.478 (**)	.303 (**)	−.280 (**)	1			
9	.323 (**)	.046	−.368 (**)	.294 (**)	−.285 (**)	−.127 (**)	.377 (**)	−.469 (**)	1		
10	.201 (**)	.191 (**)	.173 (**)	.130 (**)	.285 (**)	.130 (**)	.336 (**)	.097 (*)	−.044	1	
11	−.029	.151 (**)	.396 (**)	.184 (**)	.297 (**)	.437 (**)	.125 (**)	.233 (**)	−.171 (**)	.007	1

** p<0.01, * p<0.05

시민적 요건과 종족적 요건 사이에는 (r=0.246)으로 상관 크기가 나타나, 99% 신뢰수준에서 통계적으로 유의한 약한 상관관계가 있으며, 시민적 요건과 다문화태도(공존) 사이에는 (r=-0.197)로 상관 크기가 나타나, 99% 신뢰수준에서 통계적으로 유의한 약한 음의 상관관계가 있으며, 시민적 요건과 다문화태도(흡수) 사이에는 (r=0.405)로 상관 크기가 나타나, 99% 신뢰수준에서 통계적으로 유의한 중간 정도의 상관관계가 있다. 또한 시민적 요건과 타 인종에 대한 태도 사이에는 (r=-0.028)로 상관 크기가 나타나, 95% 신뢰수준에서 통계적으로 유의한 상관관계가 없다고 해석할 수 있으며, 시민적 요건과 다문화 행동의사 사이에는 (r=-0.031)로 상관 크기가 나타나, 95% 신뢰수준에서 통계적으로 유의한 상관관계가 없다고 해석할 수 있다.

시민적 요건과 국민의 국가에 대한 자부심 사이에는 (r=0.392)로 상관 크기가 나타나, 99% 신뢰수준에서 통계적으로 유의한 중간 정도의 상관관계가 있으며, 시민적 요건과 국가에 대한 개인의 기여의식 사이에는 (r=-0.321)로 상관 크기가 나타나, 99% 신뢰수준에서 통계적으로 유의한 중간 정도의 음의 상관관계가 나타난다. 또한 시민적 요건과 국가에 대한 존중감 사이에는 (r=0.323)으로 상관 크기가 나타나, 99% 신뢰수준에서 통계적으로 유의한 중간 정도의 상관관계가 있으며, 시민적 요건과 개인 정체성과 자긍심의 기반으로서의 국적 사이에는 (r=0.201)로 상관 크기가 나타나, 99% 신뢰수준에서 통계적으로 유의한 약한 상관관계가 있으며, 시민적 요건과 세계화 시대의 호혜협력 사이에는 (r=-0.029)로 상관 크기가 나타나, 95% 신뢰수준에서 통계적으로 유의한 상관관계가 없다고 해석할 수 있다.

종족적 요건과 다문화태도(공존) 사이에는 (r=0.115)로 상관 크기가 나타나, 99% 신뢰수준에서 통계적으로 유의한 약한 상관관계가 있으며, 종족적 요건과 다문화태도(흡수) 사이에는 (r=0.320)으로 상관 크기가 나타나, 99% 신뢰수준에서 통계적으로 유의한 중간 정도의 상관관계가 있는 것으로 보인다. 종족적 요건과 타 인종에 대한 태도 사이에는 (r=0.152)로 상관 크기가 나타나, 99% 신뢰수준에서 통계적으로 유의한 약한 상관관계가 있으며, 종족적 요건과 다문화 행동의사 사이에는 (r=0.123)으로 상관 크기가 나타나, 99% 신뢰수준에서 통계적으로 유의한 약한 상관관계가 있다. 또한 종족적 요건과 국민의 국가에 대한 자부심 사이에는 (r=0.120)으로 상관 크기가 나타나, 99% 신뢰수준에서 통계적으로 유의한 약한 상관관계가 있으며, 종족적 요건과 국가에 대한 개인의 기여의식 사이에는 (r=0.084)로 상관 크기가 나타나, 95% 신뢰수준에서 통계적으로 유의한 약한 상관관계가 있으며, 종족적 요건과 국가에 대한 존중감 사이에는 (r=0.046)으로 상관 크기가 나타나, 95% 신뢰수준에서 통계적으로 유의한 상관관계가 없다고 해석할 수 있다. 그리고 종족적 요건과 개인 정체성과 자긍심의 기반으로서의 국적 사이에는 (r=0.191)로 상관 크기가 나타나, 99% 신뢰수준에서 통계적으로 유의한 약한 상관관계가 있으며, 종족적 요건과 세계화 시대의 호혜 협력 사이에는 (r=0.151)로 상관 크기가 나타나, 99% 신뢰수준에서 통계적으로 유의한 약한 상관관계가 있다고 해석할 수 있다.

다문화태도(공존)와 다문화태도(흡수) 사이에는 (r=0.176)으로 상관 크기가 나타나, 99% 신뢰수준에서 통계적으로 유의한 약한 상관관계가 있으며, 다문화태도(공존)와 타 인종에 대한 태도 사이에는 (r=0.794)로 상관 크기가 나타나, 99% 신뢰수준에서 통계적으로 유의한 강한 상관관계가 있다. 다문화태도(공존)와 다문화 행동의사 사이에는 (r=0.687)로 상관 크기가 나타나, 99% 신뢰수준에서 통계적으로 유의한 강한 상관관계가 있으며, 다문화태도(공존)와 국민의 국가에 대한 자부심 사이에는 (r=0.074)로 상관 크기가 나타나, 95% 신뢰수준에서 통계적으로 유의한 상관관계가 없다고 해석할 수 있다.

다문화태도(공존)와 국가에 대한 개인의 기여의식 사이에는 (r=0.528)로 상관 크기가 나타나, 99% 신뢰수준에서 통계적으로 유의한 강한 상관관계가 있으며, 다문화태도(공존)와 국가에 대한 존중감 사이에는 (r=-0.368)로 상관 크기가 나타나, 99% 신뢰수준에서 통계적으로 유의한 중간 정도의 음의 상관관계가 있다고 본다. 다문화태도(공존)와 개인 정체성과 자긍심의 기반으로서의 국적 사이에는 (r=0.173)으로 상관 크기가 나타나, 99% 신뢰수준에서 통계적으로 유의한 약한 상관관계가 있으며, 다문화태도(공존)와 세계화 시대의 호혜협력 사이에는 (r=0.396)으로 상관 크기가 나타나, 99% 신뢰수준에서 통계적으로 유의한 중간 정도의 상관관계가 있다고 해석할 수 있다.

다문화태도(흡수)와 타 인종에 대한 태도 사이에는 (r=0.273)으로 상관 크기가 나타나, 99% 신뢰수준에서 통계적으로 유의한 약한 상관관계가 있으며, 다문화태도(흡수)와 다문화 행동의사 사이에는 (r=0.314)로 상관 크기가 나타나, 99% 신뢰수준에서 통계적으로 유의한 중간 정도의 상관관계가 있다고 볼 수 있다. 다문화태도(흡수)와 국민의 국가에 대한 자부심 사이에는 (r=0.422)로 상관 크기가 나타나, 99% 신뢰수준에서 통계적으로 유의한 중간 정도의 상관관계가 있으며, 다문화태도(흡수)와 국가에 대한 개인의 기여의식 사이에는 (r=-0.165)로 상관 크기가 나타나, 99% 신뢰수준에서 통계적으로 유의한 약한 음의 상관관계가 있다. 다문화태도(흡수)와 국가에 대한 존중감 사이에는 (r=0.294)로 상관 크기가 나타나, 99% 신뢰수준에서 통계적으로 유의한 약한 상관관계가 있으며, 다문화태도(흡수)와 개인 정체성과 자긍심의 기반으로서의 국적 사이에는 (r=0.130)으로 상관 크기가 나타나, 99% 신뢰수준에서 통계적으로 유의한 약한 상관관계가 있으며, 다문화태도(흡수)와 세계화 시대의 호혜협력 사이에는 (r=0.184)로 상관 크기가 나타나, 99% 신뢰수준에서 통계적으로 유의한 약한 상관관계가 있다고 해석할 수 있다.

타 인종에 대한 태도와 다문화 행동의사 사이에는 (r=0.663)으로 상관 크기가 나타나, 99% 신뢰수준에서 통계적으로 유의한 강한 상관관계가 있으며, 타 인종에 대한 태도와 국민의 국가에 대한 자부심 사이에는 (r=0.206)으로 상관 크기가 나타나, 99% 신뢰수준에서 통계적으로 유의한 약한 상관관계가 있는 것으로 판단할 수 있다. 타 인종에 대한 태도와 국가에 대한 개인의 기여의식 사이에는 (r=0.478)로 상관 크기가 나타나, 99% 신뢰수준에서 통계적으로 유의한 중간 정도의 상관관계가 있으며, 타 인종에 대한 태도와 국가에 대한 존중감 사이에는 (r=-0.285)로 상관 크기가 나타나, 99% 신뢰수준에서 통계적으로 유의한 약한 음의 상관관계가 있다고 본다. 타 인종에 대한 태도와 개인 정체성과 자긍심의 기반으로서의 국적 사이에는 (r=0.285)로 상관 크기가 나타나, 99% 신뢰수준에서 통계적으로 유의한 약한 상관관계가 있으며, 타 인종에 대한 태도와 세계화 시대의 호혜협력 사이에는 (r=0.297)로 상관 크기가 나타나, 99% 신뢰수준에서 통계적으로 유의한 약한 상관관계가 있다고 해석할 수 있다.

다문화 행동의사와 국민의 국가에 대한 자부심 사이에는 (r=0.340)으로 상관 크기가 나타나, 99% 신뢰수준에서 통계적으로 유의한 중간 정도의 상관관계가 있으며, 다문화 행동의사와 국가에 대한 개인의 기여의식 사이에는 (r=0.303)으로 상관 크기가 나타나, 99% 신뢰수준에서 통계적으로 유의한 중간 정도의 상관관계가 나타난다. 또한 다문화 행동의사와 국가에 대한 존중감 사이에는 (r=-0.127)로 상관 크기가 나타나, 99% 신뢰수준에서 통계적으로 유의한 약한 음의 상관관계가 있으며, 다문화 행동의사와 개인 정체성과 자긍심의 기반으로서의 국적 사이에는 (r=0.130)으로 상관 크기가 나타나, 99% 신뢰수준에서 통계적으로 유의한 약한 상관관계가 있으며, 다문화 행동의사와 세계화 시대의 호혜협력 사이에는 (r=0.437)로 상관 크기가 나타나, 99% 신뢰수준에서 통계적으로 유의한 중간 정도의 상관관계가 있다고 해석할 수 있다.

국민의 국가에 대한 자부심과 국가에 대한 개인의 기여의식 사이에는 (r=-0.280)으로 상관 크기가 나타나, 99% 신뢰수준에서 통계적으로 유의한 약한 음의 상관관계가 있으며, 국민의 국가에 대한 자부심과 국가에 대한 존중감 사이에는 (r=0.377)로 상관 크기가 나타나, 99% 신뢰수준에서 통계적으로 유의한 중간 정도의 상관관계가 있는 것으로 판단할 수 있다. 또한 국민의 국가에 대한 자부심과 개인 정체성과 자긍심의 기반으로서의 국적 사이에는 (r=0.336)으로 상관 크기가 나타나, 99% 신뢰수준에서 통계적으로 유의한 중간 정도의 상관관계가 있으며, 국민의 국가에 대한 자부심과 세계화 시대의 호혜협력 사이에는 (r=0.125)로 상관 크기가 나타나, 99% 신뢰수준에서 통계적으로 유의한 약한 상관관계가 있다고 해석할 수 있다.

국가에 대한 개인의 기여의식과 국가에 대한 존중감 사이에는 (r=-0.469)로 상관 크기가 나타나, 99% 신뢰수준에서 통계적으로 유의한 중간 정도의 음의 상관관계가 있으며, 국가에 대한 개인의 기여의식과 개인 정체성과 자긍심의 기반으로서의 국적 사이에는 (r=0.097)로 상관 크기가 나타나, 95% 신뢰수준에서 통계적으로 유의한 약한 상관관계가 있다. 또한 국가에 대한 개인의 기여의식과 세계화 시대의 호혜협력 사이에는 (r=0.233)으로 상관 크기가 나타나, 99% 신뢰수준에서 통계적으로 유의한 약한 상관관계가 있다고 해석할 수 있다.

국가에 대한 존중감과 개인 정체성과 자긍심의 기반으로서의 국적 사이에는 (r=-0.044)로 상관 크기가 나타나, 95% 신뢰수준에서 통계적으로 유의한 상관관계가 없다고 해석할 수 있으며, 국가에 대한 존중감과 세계화 시대의 호혜협력 사이에는 (r=-0.171)로 상관 크기가 나타나, 99% 신뢰수준에서 통계적으로 유의한 약한 음의 상관관계가 있다고 해석할 수 있다.

개인 정체성과 자긍심의 기반으로서의 국적과 세계화 시대의 호혜협력 사이에는 (r=0.007)로 상관 크기가 나타나, 95% 신뢰수준에서 통계적으로 유의한 상관관계가 없다고 해석할 수 있다. 변수들 간의 관계도 0.8을 넘지 않아 다중공선성이 없어 연구변인으로 사용 가능하다고 할 수 있다.

3) 연구가설 검증

(1) 연구가설 1 분석 결과

① 국민 정체성 요건이 다문화태도에 미치는 영향 검증

국민 정체성 요건이 다문화태도에 영향을 미치고, 다문화태도가 행동의사에 영향을 미치며, 다문화 행동의사가 국가 정체성에 영향을 미칠 것이라는 연구가설을 검증하고자 아래의 연구를 진행하였다. 국민 정체성 요건이 다문화태도에 미치는 영향에 대한 분석 모형은 [그림 5-1]과 같다.

이 모형에 의한 국민 정체성 요건이 다문화태도에 미치는 영향에 대한 분석 결과는 [표 5-4-1]과 [표 5-4-2]로 나타냈다.

모형 적합도 분석을 실시한 결과 적합도 지수 중 x^2(카이자승통계량)=(37.4), df.(자유도)=(2), p값=(0.000), Q(CMIN/DF)=(18.7), GFI(기초적합지수)=(0.974), CFI(증

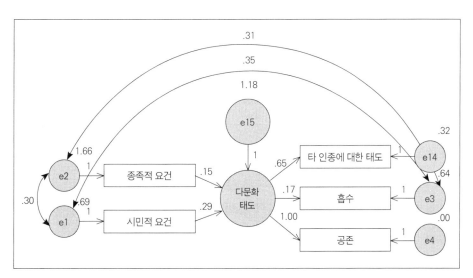

[그림 5-1] 연구가설1에 대한 연구모형 경로도

[표 5-4-1] 연구가설 1에 대한 모형 적합도

Model	x^2	df	p	CMIN/DF	GFI	CFI	TLI	RMR
기본모형	37.4	2	0.000	18.7	0.974	0.956	0.782	0.043

[표 5-4-2] 연구가설 1에 대한 검증 결과

잠재변수 및 측정변수			비표준화 계수	표준화 계수	S.E.	C.R.	P	채택/기각 여부
다문화태도	←	종족적 요건	.152	.174	.037	4.08	***	채택
다문화태도	←	시민적 요건	-.286	-.24	.051	-5.61	***	기각

*** p<0.001

분적합지수)=(0.956), TLI(증분적합지수)=(0.782), RMR=(0.043)로 적합도 지수는 RMR이 0.05 이하로 적합도가 높은 수준이다(Steiger, 1990).

가설 1-1의 경우 종족적 요건이 다문화태도에 미치는 영향을 분석하기 위해 구조방정식 분석을 실시한 결과 종족적 요건이 다문화태도에 미치는 영향 경로의 t값이 1.965 이상으로 나타나, 유의수준 5%에서 연구가설 1-1이 채택되었다(t=4.08, p=***).

가설 1-2의 경우 시민적 요건이 다문화태도에 미치는 영향을 분석하기 위해 구조방정식 분석을 실시한 결과 시민적 요건이 다문화태도에 미치는 영향 경로의 t값이 1.965 이하로 나타나, 유의수준 5%에서 연구가설 1-2가 기각되었다(t=-5.61, p=***).

따라서 연구가설 1은 부분적으로 채택되었다. 이는 한국인과 이주민의 차이 분석 결과와 같이 이주민의 태도가 음의 영향을 주는 것으로 나타났음을 알 수 있다.

② 한국인과 이주민의 국민 정체성 요건이 다문화태도에 미치는 영향 검증

한국인과 이주민으로 구분하여 국민 정체성 요건이 다문화태도에 미치는 영향에 대한 차이 분석 모형은 [그림 5-2]와 같다.

한국인의 국민 정체성 요건이 다문화태도에 미치는 영향에 대한 분석 결과는 [표 5-5]와 같다.

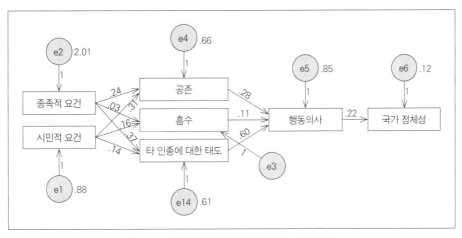

[그림 5-2] 한국인과 이주민의 차이 분석 모형 경로도

[표 5-5] 한국인의 국민 정체성 요건이 다문화태도에 미치는 영향에 대한 검증

변수			비표준화 경로계수	표준화 경로계수	S.E.	C.R.	P	채택/기각 여부
공존	←	종족적 요건	0.237	0.382	0.057	4.128	0.000***	채택
타 인종에 대한 태도	←	종족적 요건	0.162	0.279	0.055	2.943	0.003**	채택
공존	←	시민적 요건	0.032	0.034	0.087	0.367	0.713	기각
흡수	←	시민적 요건	0.365	0.373	0.078	4.705	0.000***	채택
타 인종에 대한 태도	←	시민적 요건	0.141	0.162	0.083	1.704	0.088	기각
흡수	←	종족적 요건	0.313	0.483	0.051	6.091	0.000***	채택

* p<0.5, ** p<0.01, *** p<0.001

이 경우 종족적 요건이 공존에 미치는 영향 경로의 t값이 1.965 이상으로 나타나, 유의수준 5%에서 연구가설이 채택되었다(t=4.128, p<.001).

또한 종족적 요건이 타 인종에 대한 태도에 미치는 영향 경로의 t값이 1.965 이상으로 나타나, 유의수준 5%에서 연구가설이 채택되었다(t=2.943, p=0.003).

그러나 시민적 요건이 공존에 미치는 영향 경로의 t값은 1.965 이하로 나타나, 유의수준 5%에서 연구가설이 기각되었다(t=0.367, p=0.713). 한국인의 경우 시민적 요건보다 종족적 요건이 더 크게 영향을 미친다. 단일민족의 전통적이고 역사적인 태도가 깊이 남아 있다고 볼 수 있다.

또한 시민적 요건이 흡수에 미치는 영향 경로의 t값이 1.965 이상으로 나타나, 유의수준 5%에서 연구가설이 채택되었다(t=4.705, p<.001).

그러나 시민적 요건이 타 인종에 대한 태도에 미치는 영향 경로의 t값은 1.965 이하로 나타나, 유의수준 5%에서 연구가설이 기각되었다(t=1.704, p=0.088). 한국인의 경우 시민적 요건은 앞의 경우와 마찬가지로 다문화사회의 도래와 더불어 성장해 가는 단계이며, 그 결과 뚜렷한 영향력을 갖지는 않는 것으로 보인다.

종족적 요건이 흡수에 미치는 영향 경로의 t값이 1.965 이상으로 나타나, 유의수준 5%에서 연구가설이 채택되었다(t=6.091, p<.001).

이주민의 국민 정체성 요건이 다문화태도에 미치는 영향에 대한 분석 결과는 [표 5-6]과 같다.

[표 5-6]에서와 같이 종족적 요건이 공존에 미치는 영향 경로의 t값이 1.965 이하로 나타나, 유의수준 5%에서 연구가설이 기각되었다(t=1.382, p=0.167). 이주민들이 이주사회에 적응하기보다 자신들의 문화적 전통을 유지하는 종족적 요인은 다문화태도와 상반되므로 기각되었다.

또한 종족적 요건이 타 인종에 대한 태도에 미치는 영향 경로의 t값이 1.965 이하로 나타나, 유의수준 5%에서 연구가설이 기각되었다(t=1.226, p=0.22). 위와 마찬가지로 이주사회에 어울려 살기보다 배타적으로 자신들의 언어나 관습을 유지

[표 5-6] 이주민의 국민 정체성 요건이 다문화태도에 미치는 영향에 대한 검증

변수			비표준화 경로계수	표준화 경로계수	S.E.	C.R.	P	채택/기각 여부
공존	←	종족적 요건	0.057	0.064	0.042	1.382	0.167	기각
타 인종에 대한 태도	←	종족적 요건	0.042	0.058	0.034	1.226	0.22	기각
공존	←	시민적 요건	-0.273	-0.231	0.054	-5.013	0.000***	채택
흡수	←	시민적 요건	0.317	0.386	0.036	8.901	0.000***	채택
타 인종에 대한 태도	←	시민적 요건	-0.037	-0.039	0.044	-0.826	0.409	기각
흡수	←	종족적 요건	0.082	0.131	0.027	3.022	0.003**	채택

*** $p < 0.001$, ** $p < 0.01$

하는 종족적 요인은 타 인종에 대한 다문화태도와 상반되므로 기각되었다.

그러나 시민적 요건이 공존에 미치는 영향 경로의 t값이 1.965 이상으로 나타나, 유의수준 5%에서 연구가설이 채택되었다(t=-5.013, p<.001).

시민적 요건이 흡수에 미치는 영향 경로의 t값이 1.965 이상으로 나타나, 유의수준 5%에서 연구가설이 채택되었다(t=8.901, p<.001).

시민적 요건이 타 인종에 대한 태도에 미치는 영향 경로의 t값이 1.965 이하로 나타나, 유의수준 5%에서 연구가설이 기각되었다(t=-0.826, p=0.409). 시민적 요건과 타 인종에 대한 태도에서 이주민의 경우 상반된 태도가 있다. 이는 이주국가 내에서 한국인 이외의 다른 이주민들에 대한 수용적 태도가 부족한 것이 원인이 되는 것으로 보인다.

그리고 종족적 요건이 흡수에 미치는 영향 경로의 t값이 1.965 이상으로 나타나, 유의수준 5%에서 연구가설이 채택되었다(t=3.022, p=0.003).

(2) 연구가설 2 분석 결과

① 다문화태도가 다문화 행동의사에 미치는 영향 검증

다문화에 대한 태도가 다문화 행동의사에 미치는 영향에 대한 분석 모형은 [그림 5-3]과 같다.

다문화에 대한 태도가 다문화 행동의사에 미치는 영향을 분석하기 위해 구조방정식 분석을 실시한 결과는 [표 5-7-1], [표 5-7-2]와 같다.

모형 적합도 분석을 실시한 결과 적합도 지수 중 x^2(카이자승통계량)=(0), df.(자유도)=(0), p값=(0), Q(CMIN/DF)=(0), GFI(기초적합지수)=(1), CFI(증분적합지수)=(1), TLI(증분적합지수)=(0), RMR=(0)으로 나타나, 적합도 지수는 RMR이 0.05 이하로 적합도가 매우 높은 수준이다(Steiger, 1990).

다문화에 대한 태도가 다문화 행동의사에 미치는 영향을 분석하기 위해 구조방정식 분석을 실시한 결과 공존이 다문화 행동의사에 미치는 영향 경로의 t값이 1.965 이상으로 나타났다. 이런 이유로 유의수준 5%에서 연구가설 2-1이 채택되었다(t=9.384, p=***). 공존(β=.452), 타 인종에 대한 태도(β=.26), 흡수 (β=.164) 순으로 다문화 행동의사에 대한 영향력이 크다고 해석할 수 있다.

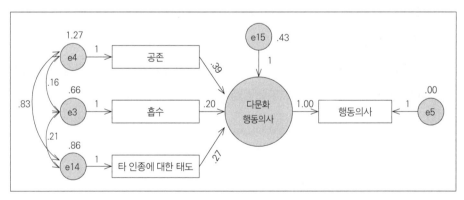

[그림 5-3] 연구가설 2에 대한 연구모형 경로도

[표 5-7-1] 연구가설 2에 대한 모형 적합도

Model	x^2	df	p	CMIN/DF	GFI	CFI	TLI	RMR
기본모형	0	0	0	0	1	1	0	0

[표 5-7-2] 연구가설 2에 대한 검증 결과

잠재변수 및 측정변수			비표준화 계수	표준화 계수	S.E.	C.R.	P	채택/기각 여부
다문화 행동의사	←	공존	.387	.452	.041	9.384	***	채택
다문화 행동의사	←	흡수	.195	.164	.036	5.393	***	채택
다문화 행동의사	←	타 인종에 대한 태도	.271	.26	.051	5.273	***	채택

*** p<0.001

또한 다문화에 대한 태도가 다문화 행동의사에 미치는 영향을 분석하기 위해 구조방정식 분석을 실시한 결과 타 인종에 대한 태도가 다문화 행동의사에 미치는 영향 경로의 t값이 1.965 이상으로 나타났다. 그 때문에 유의수준 5%에서 연구가설 2-2가 채택되었다(t=5.273, p=***).

다문화에 대한 태도가 다문화 행동의사에 미치는 영향을 분석하기 위해 구조방정식 분석을 실시한 결과, 흡수가 다문화 행동의사에 미치는 영향 경로의 t값이 1.965 이상으로 나타났다. 그래서 유의수준 5%에서 연구가설 2-3이 채택되었다(t=5.393, p=***).

② 한국인과 이주민의 다문화태도가 다문화 행동의사에 미치는 영향

한국인과 이주민으로 구분하여 다문화에 대한 태도가 다문화 행동의사에 미치는 영향에 대한 차이 분석 모형은 앞의 [그림 5-2]와 같다.

한국인의 다문화에 대한 태도가 행동의사에 미치는 영향에 대한 분석 결과

는 [표 5-8]과 같다.

[표 5-8]에서와 같이 흡수가 행동의사에 미치는 영향 경로의 t값이 1.965 이하로 나타나, 유의수준 5%에서 연구가설이 기각되었다(t=1.226, p=0.305). 흡수의 경우는 보편적으로 다문화 행동의사보다 동화주의적 태도를 보이므로 기각된 것으로 해석할 수 있다.

또한 타 인종에 대한 태도가 행동의사에 미치는 영향 경로의 t값이 1.965 이상으로 나타나, 유의수준 5%에서 연구가설이 채택되었다(t=5.217, p<.001).

공존이 행동의사에 미치는 영향 경로의 t값이 1.965 이상으로 나타나, 유의수준 5%에서 연구가설이 채택되었다(t=2.592, p<.001).

이주민의 다문화태도가 행동의사에 미치는 영향에 대한 분석 결과는 [표 5-9]와 같다.

[표 5-8] 한국인의 다문화태도가 다문화 행동의사에 미치는 영향에 대한 검증

변수			비표준화 경로계수	표준화 경로계수	S.E.	C.R.	P	채택/기각 여부
행동의사	←	흡수	0.106	0.089	0.104	1.025	0.305	기각
행동의사	←	타 인종에 대한 태도	0.599	0.446	0.115	5.217	0.000***	채택
행동의사	←	공존	0.278	0.222	0.107	2.592	0.01*	채택

*** p<0.001, * p<0.05

[표 5-9] 이주민의 다문화태도가 다문화 행동의사에 미치는 영향에 대한 검증

변수			비표준화 경로계수	표준화 경로계수	S.E.	C.R.	P	채택/기각 여부
행동의사	←	흡수	0.186	0.183	0.035	5.232	0.000***	채택
행동의사	←	타 인종에 대한 태도	0.239	0.269	0.031	7.714	0.000***	채택
행동의사	←	공존	0.427	0.606	0.025	17.29	0.000***	채택

*** p<0.001

[표 5-9]에서와 같이 흡수는 행동의사에 미치는 영향 경로의 t값이 1.965 이상으로 나타나, 유의수준 5%에서 연구가설이 채택되었다(t=5.232, p<.001).

공존이 행동의사에 미치는 영향 경로의 t값이 1.965 이상으로 나타나, 유의수준 5%에서 연구가설이 채택되었다(t=17.29, p<.001).

또한 타 인종에 대한 태도가 행동의사에 미치는 영향 경로의 t값이 1.965 이상으로 나타나, 유의수준 5%에서 연구가설이 채택되었다(t=7.714, p<.001).

(3) 연구가설 3 분석 결과

① 다문화 행동의사가 국가 정체성에 미치는 영향 검증

다문화 행동의사가 국가 정체성에 미치는 영향에 대한 분석 모형은 [그림 5-4]와 같다.

다문화 행동의사가 국가 정체성에 미치는 영향을 분석하기 위해 구조방정식 분석을 실시한 결과는 [표 5-10-1], [표 5-10-2]와 같다.

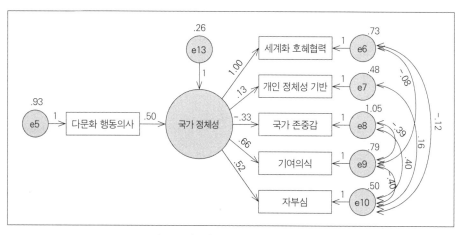

[그림 5-4] 연구가설 3에 대한 연구모형 경로도

[표 5-10-1] 연구가설 3에 대한 모형 적합도

Model	x^2	df	p	CMIN/DF	GFI	CFI	TLI	RMR
기본모형	9.364	3	.025	3.121	.994	.99	.951	.02

[표 5-10-2] 연구가설 3에 대한 검증 결과

잠재변수 및 측정변수			비표준화 계수	표준화 계수	S.E.	C.R.	P	채택/기각 여부
국가 정체성	←	다문화 행동의사	.497	.437	.044	11.291	***	채택

*** p<0.001

위에 제시한 [표 5-10-1]과 같이 모형 적합도 분석을 실시한 결과 적합도 지수 중 x^2(카이자승통계량)=(9.364), df.(자유도)=(3), p값=(0.025), Q(CMIN/DF)=(3.121), GFI(기초적합지수)=(0.994), CFI(증분적합지수)=(0.99), TLI(증분적합지수)=(0.951), RMR=(0.02)로 적합도 지수는 RMR이 0.05 이하로 적합도가 높은 수준이다(Steiger, 1990).

[표 5-10-2]에서와 같이 다문화 행동의사가 국가 정체성에 미치는 영향을 분석하기 위해 구조방정식 분석을 실시한 결과 다문화 행동의사가 국가 정체성에 미치는 영향 경로의 t값이 1.965 이상으로 나타나, 유의수준 5%에서 연구가설이 채택되었다(t=11.291, p=***).

② 한국인과 이주민의 다문화 행동의사가 국가 정체성에 미치는 영향 검증

한국인과 이주민으로 구분하여 다문화 행동의사가 국가 정체성에 미치는 영향에 대한 차이 분석 모형은 앞의 [그림 5-2]와 같다.

한국인의 다문화 행동의사가 국가 정체성에 미치는 영향에 대한 분석 결과는 [표 5-11]과 같다.

[표 5-11] 한국인의 다문화 행동의사가 국가 정체성에 미치는 영향에 대한 검증

변수			비표준화 경로계수	표준화 경로계수	S.E.	C.R.	P	채택/기각 여부
국가 정체성	←	행동의사	0.22	0.569	0.032	6.899	0.000***	채택

*** p<0.001

[표 5-12] 이주민의 다문화 행동의사가 국가 정체성에 미치는 영향에 대한 검증

변수			비표준화 경로계수	표준화 경로계수	S.E.	C.R.	P	채택/기각 여부
국가 정체성	←	행동의사	0.21	0.402	0.023	9.244	0.000***	채택

*** p<0.001

행동의사가 국가 정체성에 미치는 영향 경로의 t값이 1.965 이상으로 나타나, 유의수준 5%에서 연구가설이 채택되었다(t=6.899, p<.001).

이주민의 다문화 행동의사가 국가 정체성에 미치는 영향에 대한 분석 결과는 [표 5-12]와 같다.

행동의사가 국가 정체성에 미치는 영향 경로의 t값이 1.965 이상으로 나타나, 유의수준 5%에서 연구가설이 채택되었다(t=9.244, p<.001).

한국인의 경우 태도 중 시민적 의식이 성장 단계에 있으나 종족적 요건이 크면서도 공존이나 타 인종에 대한 다문화태도, 다문화 행동의사가 전반적으로 성숙하여 국가 정체성에 영향을 주고 있음을 알 수 있다.

이주민의 경우 다문화에 대한 태도 중 이주 전 국가나 민족에 대한 종족적 태도를 버려야 하며, 이주국가 내에서 타 인종에 대한 다문화태도나 다문화 행동의사가 전반적으로 성숙될 필요가 있다. 다문화에 대한 태도는 부분적으로 차이는 있으나 전체적으로는 연구모형이 채택되는 것으로 나타나 이주민도 다문화 공존을 지향하며, 다문화태도나 행동의사가 국가 정체성에 영향을 주고 있음을 시사하고 있다.

(4) 연구가설 4 분석 결과

국민 정체성 요건, 태도, 행동의사 하위 요인과 국가 정체성의 다섯 가지 하위 요인 간의 영향관계를 분석한 구조방정식 모형은 [그림 5-5]와 같다.

모형 적합도 분석을 실시한 결과는 [표 5-13-1]과 같으며, 적합도 지수 중 x^2(카이자승통계량)=(12.04), df.(자유도)=(4), p값=(0.017), Q(CMIN/DF)=(3.01), GFI(기초적합지수)=(0.996), CFI(증분적합지수)=(0.997), TLI(증분적합지수)=(0.952), RMR=(0.037)로 적합도 지수는 RMR이 0.05 이하로 적합도가 매우 높은 수준이다(Steiger, 1990).

구조방정식에서 국민 정체성 요건이 국가 정체성에 미치는 영향을 분석한

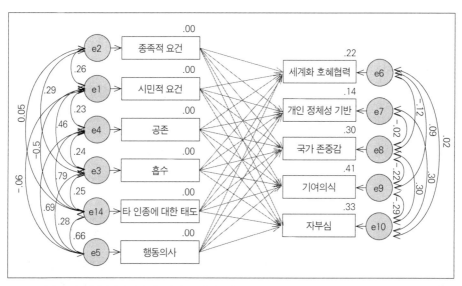

[그림 5-5] 국민 정체성 요건과 다문화태도, 다문화 행동의사가 국가 정체성에 미치는 영향 연구모형 경로도

[표 5-13-1] 국민 정체성 요건과 다문화태도, 다문화 행동의사가 국가 정체성에 미치는 영향 연구모형 적합도

Model	x^2	df	p	CMIN/DF	GFI	CFI	TLI	RMR
기본모형	12.04	4	.017	3.01	.996	.997	.952	.037

[표 5-13-2] 연구가설 4에 대한 검증 결과

잠재변수 및 측정변수			비표준화 계수	표준화 계수	S.E.	C.R.	P	채택/기각 여부
세계화 호혜협력	←	종족적 요건	.077	.09	.034	2.24	.025*	채택
개인 정체성 기반	←	종족적 요건	.063	.118	.023	2.781	.005**	채택
국가 존중감	←	종족적 요건	-.032	-.039	.031	-1.026	.305	기각
기여의식	←	종족적 요건	.105	.135	.027	3.845	***	채택
자부심	←	종족적 요건	-.034	-.055	.023	-1.459	.145	기각
세계화 호혜협력	←	시민적 요건	-.013	-.011	.051	-.245	.806	기각
개인 정체성 기반	←	시민적 요건	.146	.2	.034	4.268	***	채택
국가 존중감	←	시민적 요건	.15	.135	.047	3.199	.001**	채택
기여의식	←	시민적 요건	-.193	-.182	.041	-4.704	***	기각
자부심	←	시민적 요건	.239	.283	.035	6.863	***	채택

*** $p < 0.001$, ** $p < 0.01$, * $p < 0.05$

결과는 [표 5-13-2]와 같다.

연구가설 4의 국민 정체성 요건이 국가 정체성에 미치는 영향은 여섯 가지가 유의수준 5%에서 채택되었다. 따라서 연구가설 4가 부분 채택되었다고 해석할 수 있다. 이를 구체적으로 살펴보면 다음과 같다.

종족적 요건이 세계화 호혜협력에 미치는 영향 경로의 t값이 1.965 이상으로 나타나, 유의수준 5%에서 연구가설이 채택되었다(t=2.24, p=0.025).

종족적 요건이 개인 정체성 기반에 미치는 영향 경로의 t값이 1.965 이상으로 나타나, 유의수준 5%에서 연구가설이 채택되었다(t=2.781, p=0.005).

종족적 요건이 국가 존중감에 미치는 영향 경로의 t값이 1.965 이하로 나타나, 유의수준 5%에서 연구가설이 기각되었다(t=-1.026, p=0.305).

종족적 요건이 기여의식에 미치는 영향 경로의 t값이 1.965 이상으로 나타나, 유의수준 5%에서 연구가설이 채택되었다(t=3.845, p=***).

종족적 요건이 자부심에 미치는 영향 경로의 t값이 1.965 이하로 나타나, 유의수준 5%에서 연구가설이 기각되었다(t=-1.459, p=0.145).

다른 한편 시민적 요건이 세계화 호혜협력에 미치는 영향 경로의 t값이 1.965 이하로 나타나, 유의수준 5%에서 연구가설이 기각되었다(t=-0.245, p=0.806).

시민적 요건이 개인 정체성 기반에 미치는 영향 경로의 t값이 1.965 이상으로 나타나, 유의수준 5%에서 연구가설이 채택되었다(t=4.268, p=***).

시민적 요건이 국가 존중감에 미치는 영향 경로의 t값이 1.965 이상으로 나타나, 유의수준 5%에서 연구가설이 채택되었다(t=3.199, p=0.001).

시민적 요건이 기여의식에 미치는 영향 경로의 t값이 1.965 이상으로 나타났으나 음(-)의 영향이 나타나, 유의수준 5%에서 연구가설이 기각되었다(t=-4.704, p=***).

시민적 요건이 자부심에 미치는 영향 경로의 t값이 1.965 이상으로 나타나, 유의수준 5%에서 연구가설이 채택되었다(t=6.863, p=***).

(5) 연구가설 5의 분석 결과

다문화에 대한 태도 하위 요인과 국가 정체성의 다섯 가지 하위 요인 간의 영향관계를 분석한 구조방정식 모형은 앞의 [그림 5-5]와 같다.

또한 다문화태도에 대한 하위 요소가 국가 정체성에 미치는 영향을 분석한 결과는 [표 5-14]와 같다.

연구가설 5의 다문화에 대한 태도가 국가 정체성에 미치는 영향은 여섯 가지가 유의수준 5%에서 채택되었다. 이에 따라 연구가설 5는 부분 채택되었다고 해석할 수 있다.

공존이 세계화 호혜협력에 미치는 영향 경로의 t값이 1.965 이상으로 나타나,

[표 5-14] 연구가설 5에 대한 검증 결과

잠재변수 및 측정변수			비표준화 계수	표준화 계수	S.E.	C.R.	P	채택/기각 여부
세계화 호혜협력	←	공존	.288	.296	.068	4.238	***	채택
개인 정체성 기반	←	공존	-.009	-.015	.045	-.204	.838	기각
국가 존중감	←	공존	-.321	-.344	.062	-5.199	***	기각
기여의식	←	공존	.284	.32	.054	5.262	***	채택
자부심	←	공존	-.182	-.256	.046	-3.954	***	기각
세계화 호혜협력	←	흡수	.075	.055	.061	1.218	.223	기각
개인 정체성 기반	←	흡수	-.047	-.054	.041	-1.147	.251	기각
국가 존중감	←	흡수	.411	.315	.056	7.368	***	채택
기여의식	←	흡수	-.314	-.253	.049	-6.437	***	기각
자부심	←	흡수	.215	.217	.042	5.174	***	채택
세계화 호혜협력	←	타 인종에 대한 태도	-.217	-.182	.078	-2.777	.005**	기각
개인 정체성 기반	←	타 인종에 대한 태도	.268	.356	.052	5.158	***	채택
국가 존중감	←	타 인종에 대한 태도	-.204	-.179	.071	-2.883	.004**	기각
기여의식	←	타 인종에 대한 태도	.336	.31	.062	5.416	***	채택
자부심	←	타 인종에 대한 태도	.091	.105	.053	1.725	.085	기각

*** p<0.001, ** p<0.01

유의수준 5%에서 연구가설이 채택되었다(t=4.238, p=***).

공존이 개인 정체성 기반에 미치는 영향 경로의 t값이 1.965 이하로 나타나, 유의수준 5%에서 연구가설이 기각되었다(t=-0.204, p=0.838).

공존이 국가 존중감에 미치는 영향 경로의 t값이 1.965 이상으로 나타났으나 음(-)의 영향이 나타나, 유의수준 5%에서 연구가설이 기각되었다(t=-5.199, p=***).

공존이 기여의식에 미치는 영향 경로의 t값이 1.965 이상으로 나타나, 유의수준 5%에서 연구가설이 채택되었다(t=5.262, p=***).

공존이 자부심에 미치는 영향 경로의 t값이 1.965 이상으로 나타났으나 음(-)

의 영향이 나타나, 유의수준 5%에서 연구가설이 기각되었다(t=-3.954, p=***).

다른 한편 흡수가 세계화 호혜협력에 미치는 영향 경로의 t값이 1.965 이하로 나타나, 유의수준 5%에서 연구가설이 기각되었다(t=1.218, p=0.223).

흡수가 개인 정체성 기반에 미치는 영향 경로의 t값이 1.965 이하로 나타나, 유의수준 5%에서 연구가설이 기각되었다(t=-1.147, p=0.251).

흡수가 국가 존중감에 미치는 영향 경로의 t값이 1.965 이상으로 나타나, 유의수준 5%에서 연구가설이 채택되었다(t=7.368, p=***).

흡수가 기여의식에 미치는 영향 경로의 t값이 1.965 이상으로 나타났으나 음(-)의 영향이 나타나, 유의수준 5%에서 연구가설이 기각되었다(t=-6.437, p=***).

흡수가 자부심에 미치는 영향 경로의 t값이 1.965 이상으로 나타나, 유의수준 5%에서 연구가설이 채택되었다(t=5.174, p=***).

타 인종에 대한 태도가 세계화 호혜협력에 미치는 영향 경로의 t값이 1.965 이상으로 보였으나 음(-)의 영향이 나타나, 유의수준 5%에서 연구가설이 기각되었다(t=-2.777, p=0.005). ·

타 인종에 대한 태도가 개인 정체성 기반에 미치는 영향 경로의 t값이 1.965 이상으로 나타나, 유의수준 5%에서 연구가설이 채택되었다(t=5.158, p=***).

타 인종에 대한 태도가 국가 존중감에 미치는 영향 경로의 t값이 1.965 이상으로 보였으나 음(-)의 영향이 나타나, 유의수준 5%에서 연구가설이 기각되었다(t=-2.883, p=0.004).

타 인종에 대한 태도가 기여의식에 미치는 영향 경로의 t값이 1.965 이상으로 나타나, 유의수준 5%에서 연구가설이 채택되었다(t=5.416, p=***).

타 인종에 대한 태도가 자부심에 미치는 영향 경로의 t값이 1.965 이하로 나타나, 유의수준 5%에서 연구가설이 기각되었다(t=1.725, p=0.085).

(6) 연구가설 6의 분석 결과

다문화 행동의사와 국가 정체성의 다섯 가지 하위 요인 간의 영향관계를 분석한 구조방정식 모형은 앞의 [그림 5-5]와 같으며, 다문화 행동의사가 국가 정체성에 미치는 영향을 분석한 결과는 [표 5-15]와 같다.

연구가설 6의 다문화 행동의사가 국가 정체성에 미치는 영향은 세 가지가 유의수준 5%에서 채택되었다. 따라서 연구가설 6이 부분 채택되었다고 해석할 수 있다.

다문화 행동의사가 세계화 호혜협력에 미치는 영향 경로의 t값이 1.965 이상으로 나타나, 유의수준 5%에서 연구가설이 채택되었다(t=5.935, p=***).

다문화 행동의사가 개인 정체성 기반에 미치는 영향 경로의 t값이 1.965 이하로 나타나, 유의수준 5%에서 연구가설이 기각되었다(t=-1.503, p=0.133).

다문화 행동의사가 국가 존중감에 미치는 영향 경로의 t값이 1.965 이상으로 나타나, 유의수준 5%에서 연구가설이 채택되었다(t=2.633, p=0.008).

다문화 행동의사가 기여의식에 미치는 영향 경로의 t값이 1.965 이하로 나타나, 유의수준 5%에서 연구가설이 기각되었다(t=-1.344, p=0.179).

다문화 행동의사가 자부심에 미치는 영향 경로의 t값이 1.965 이상으로 나타

[표 5-15] 연구가설 6에 대한 검증 결과

잠재변수 및 측정변수			비표준화 계수	표준화 계수	S.E.	C.R.	P	채택/기각 여부
세계화 호혜협력	←	행동의사	.373	.329	.063	5.935	***	채택
개인 정체성 기반	←	행동의사	-.063	-.088	.042	-1.503	.133	기각
국가 존중감	←	행동의사	.15	.138	.057	2.633	.008	채택
기여의식	←	행동의사	-.067	-.065	.05	-1.344	.179	기각
자부심	←	행동의사	.326	.394	.043	7.656	***	채택

*** p<0.001

나, 유의수준 5%에서 연구가설이 채택되었다(t=7.656, p=***).

　　이상의 결과를 요약하면 다음과 같다. 행동의사가 자부심에 미치는 영향(β=0.394), 타 인종에 대한 태도가 개인 정체성 기반에 미치는 영향(β=0.356), 행동의사가 세계화 호혜협력에 미치는 영향(β=0.329), 공존이 기여의식에 미치는 영향(β=0.32)의 순서로 국가 정체성에 대한 영향력을 나타냈다. 이어 흡수가 국가 존중감에 미치는 영향(β=0.315), 타 인종에 대한 태도가 기여의식에 미치는 영향(β=0.31), 공존이 세계화 호혜협력에 미치는 영향(β=0.296), 시민적 요건이 자부심에 미치는 영향(β=0.283), 흡수가 자부심에 미치는 영향(β=0.217)이 나타났다. 또한 시민적 요건이 개인 정체성 기반에 미치는 영향(β=0.2), 행동의사가 국가 존중감에 미치는 영향(β=0.138), 종족적 요건이 기여의식에 미치는 영향(β=0.135), 시민적 요건이 국가 존중감에 미치는 영향(β=0.135), 종족적 요건이 개인 정체성 기반에 미치는 영향(β=0.118), 타 인종에 대한 태도가 자부심에 미치는 영향(β=0.105) 순으로 국가 정체성에 대한 영향력이 크다고 해석할 수 있다.

4) 한국 국적 취득 전 국적에 따른 국가 정체성 차이 분석

(1) 한국인과 이주민 비교

　　한국인과 이주민 집단별 연구변인들의 차이를 독립표본 t-test를 통해 분석한 결과 시민적 요건(t=-3.221, p<0.01)과 종족적 요건(t=6.161, p<0.001), 타 인종에 대한 태도(t=6.627, p<0.001), 다문화태도(공존)(t=6.849, p<0.001), 다문화태도(흡수)(t=4.677, p<0.001), 다문화 행동의사(t=3.069, p<0.01), 국가 정체성(t=2.974, p<0.01), 국가에 대한 개인의 기

[표 5-16] 집단별 차이 독립표본 t-test

구분	한국 국적 취득 전 국적		t	유의확률
	한국인	이주민		
시민적 요건	5.16±.87	5.44±.96	-3.221	.001**
종족적 요건	5.38±1.26	4.65±1.24	6.161	.000***
타 인종에 대한 태도	4.63±.96	4.07±.86	6.627	.000***
다문화태도(공존)	4.25±1.02	3.56±1.11	6.849	.000***
다문화태도(흡수)	5.52±.83	5.16±.79	4.677	.000***
다문화 행동의사	4.62±1.14	4.34±.87	3.069	.002**
국가 정체성	4.29±.59	4.13±.53	2.974	.003**
국민의 국가에 대한 자부심	5.00±.81	4.97±.80	.435	.664
국가에 대한 개인의 기여의식	3.21±.87	2.87±1.04	3.684	.000***
국가에 대한 존중감	4.85±1.06	5.46±.99	-6.443	.000***
개인 정체성과 자긍심의 기반으로서의 국적	4.22±.86	3.99±.61	3.526	.000***
세계화 시대의 호혜협력	4.34±1.14	3.79±1.05	5.361	.000***

*** p<0.001, ** p<0.01, * p<0.05

여의식(t=3.684, p<0.001), 국가에 대한 존중감(t=-6.443, p<0.001), 개인 정체성과 자긍심의 기반으로서의 국적(t=3.526, p<0.001), 세계화 시대의 호혜협력(t=5.361, p<0.001) 항목은 99% 신뢰수준 이상에서 통계적으로 유의한 차이가 있는 것으로 나타났다. 또한 국민의 국가에 대한 자부심(t=.435, p>.05) 항목은 95% 신뢰수준 이상에서 통계적으로 유의한 차이가 없는 것으로 [표 5-16]과 같이 나타났다.

[표 5-16]에서 보는 바와 같이 시민적 요건의 평균에서 한국인이 5.16점, 이주민이 5.44점으로 나타나, 이주민이 한국인에 비해 0.28점 높게 나타났다.

종족적 요건의 평균에서 한국인이 5.38점, 이주민이 4.65점으로 나타나, 한국인이 이주민에 비해 0.73점 높게 나타났다.

타 인종에 대한 태도의 평균에서 한국인이 4.63점, 이주민이 4.07점으로 나타나, 한국인이 이주민에 비해 0.56점 높게 나타났다.

다문화태도(공존)의 평균에서 한국인이 4.25점, 이주민이 3.56점으로 나타나, 한국인이 이주민에 비해 0.69점 높게 나타났다.

다문화태도(흡수)의 평균에서 한국인이 5.52점, 이주민이 5.16점으로 나타나, 한국인이 이주민에 비해 0.36점 높게 나타났다.

다문화 행동의사의 평균에서 한국인이 4.62점, 이주민이 4.34점으로 나타나, 한국인이 이주민에 비해 0.28점 높게 나타났다.

국가 정체성의 평균에서 한국인이 4.29점, 이주민이 4.13점으로 나타나, 한국인이 이주민에 비해 0.16점 높게 나타났다.

국민의 국가에 대한 자부심의 평균에서 한국인이 5.00점, 이주민이 4.97점으로 나타나, 한국인이 이주민에 비해 0.03점 높게 나타났다.

국가에 대한 개인의 기여의식의 평균에서 한국인이 3.21점, 이주민이 2.87점으로 나타나, 한국인이 이주민에 비해 0.34점 높게 나타났다.

국가에 대한 존중감의 평균에서 한국인이 4.85점, 이주민이 5.46점으로 나타나, 이주민이 한국인에 비해 0.61점 높게 나타났다.

개인 정체성과 자긍심의 기반으로서의 국적의 평균에서 한국인이 4.22점, 이주민이 3.99점으로 나타나, 한국인이 이주민에 비해 0.23점 높게 나타났다.

세계화 시대의 호혜협력 평균에서 한국인이 4.34점, 이주민이 3.79점으로 나타나, 한국인이 이주민에 비해 0.55점 높게 나타났다.

(2) 선진국과 개발도상국 비교

선진국과 개발도상국[1] 집단별 연구변인들의 차이를 독립표본 t-test를 통

---

[1] 한국 브리태니커 학습백과사전에 의하면 경제발전이 진행 중인 나라 또는 경제발전이 선진국보다 경제적으로 뒤떨어진 나라의 총칭이다. 개도국 · 저개발국 · 발전도상국이라고도 하는데 일반적으로 공산권 국가와 선진국

해 분석한 결과는 다음과 같다. 시민적 요건(t=-3.142, p<0.01), 종족적 요건(t=2.186, p<0.05), 타 인종에 대한 태도(t=12.511, p<0.001), 다문화태도(공존)(t=14.025, p<0.001), 다문화 행동의사(t=8.634, p<0.001), 국가 정체성(t=3.976, p<0.001), 국가에 대한 개인의 기여의식(t=3.640, p<0.001), 국가에 대한 존중감(t=-8.400, p<0.001), 세계화 시대의 호혜협력(t=7.241, p<0.001) 항목은 95% 신뢰수준 이상에서 통계적으로 유의한 차이가 있는 것으로 나타났다. 또한 다문화태도(흡수)(t=.203, p>.05), 국민의 국가에 대한 자부심(t=1.473, p>.05), 개인 정체성과 자긍심의 기반으로서의 국적(t=1.879, p>.05) 항목은 95% 신뢰수준 이상에서 통계적으로 유의한 차이가 없는 것으로 [표 5-17]과 같이 나타났다.

[표 5-17]에서 나타난 바와 같이 시민적 요건의 평균에서 선진국이 5.17점,

[표 5-17] 선진국과 개발도상국 집단별 차이 독립표본 t-test

구분	선진국과 개발도상국 비교		t	유의확률
	선진국	개발도상국		
시민적 요건	5.17±.91	5.44±.95	-3.142	.002**
종족적 요건	5.04±1.40	4.78±1.23	2.186	.029*
타 인종에 대한 태도	4.88±.77	3.94±.84	12.511	.000***
다문화태도(공존)	4.62±.77	3.37±1.05	14.025	.000***
다문화태도(흡수)	5.28±.91	5.26±.77	.203	.839
다문화 행동의사	4.92±1.12	4.20±.79	8.634	.000***
국가 정체성	4.31±.67	4.11±.48	3.976	.000***
국민의 국가에 대한 자부심	5.05±.98	4.94±.71	1.473	.141
국가에 대한 개인의 기여의식	3.20±.94	2.87±1.02	3.640	.000***
국가에 대한 존중감	4.76±1.22	5.53±.86	-8.400	.000***
개인 정체성과 자긍심의 기반으로서의 국적	4.14±.87	4.02±.60	1.879	.061
세계화 시대의 호협력	4.44±1.27	3.73±.94	7.241	.000***

*** p<0.001, ** p<0.01, * p<0.05

(미국 · 일본 · 서유럽)을 제외한, 국민 1인당 실질소득이 낮은 아시아 · 아프리카 · 중남미 등지의 국가를 지칭한다.

개발도상국이 5.44점으로 나타나 개발도상국이 선진국에 비해 0.27점 높게 나타났다.

종족적 요건의 평균에서 선진국이 5.04점, 개발도상국이 4.78점으로 나타나, 선진국이 개발도상국에 비해 0.26점 높게 나타났다.

타 인종에 대한 태도의 평균에서 선진국이 4.88점, 개발도상국이 3.94점으로 나타나, 선진국이 개발도상국에 비해 0.94점 높게 나타났다.

다문화태도(공존)의 평균에서 선진국이 4.62점, 개발도상국이 3.37점으로 나타나, 선진국이 개발도상국에 비해 1.25점 높게 나타났다.

다문화태도(흡수)의 평균에서 선진국이 5.28점, 개발도상국이 5.26점으로 나타나, 선진국이 개발도상국에 비해 0.02점 높게 나타났다.

다문화 행동의사의 평균에서 선진국이 4.92점, 개발도상국이 4.20점으로 나타나, 선진국이 개발도상국에 비해 0.72점 높게 나타났다.

국가 정체성의 평균에서 선진국이 4.31점, 개발도상국이 4.11점으로 나타나, 선진국이 개발도상국에 비해 0.20점 높게 나타났다.

국민의 국가에 대한 자부심의 평균에서 선진국이 5.05점, 개발도상국이 4.94점으로 나타나, 선진국이 개발도상국에 비해 0.11점 높게 나타났다.

국가에 대한 개인의 기여의식의 평균에서 선진국이 3.20점, 개발도상국이 2.87점으로 나타나, 선진국이 개발도상국에 비해 0.33점 높게 나타났다.

국가에 대한 존중감의 평균에서 선진국이 4.76점, 개발도상국이 5.53점으로 나타나, 개발도상국이 선진국에 비해 0.77점 높게 나타났다.

개인 정체성과 자긍심의 기반으로서의 국적은 평균에서 선진국이 4.14점, 개발도상국이 4.02점으로 나타나, 선진국이 개발도상국에 비해 0.12점 높게 나타났다.

세계화 시대의 호혜협력의 평균에서 선진국이 4.44점, 개발도상국이 3.73점으로 나타나, 선진국이 개발도상국에 비해 0.71점 높게 나타났다.

(3) 국가별 비교

한국 국적 취득 전 국적에 따라 다문화사회화 변수들 간의 차이를 분산분석 (oneway ANOVA)을 통해 다문화사회화 요인과 관련하여 국적별 세부 차이를 분석한 사후 다중비교 결과는 [표 5-18-1]과 같다.

시민적 요건(F=19.673, p<0.001), 종족적 요건(F=12.834, p<0.001), 타 인종에 대한

[표 5-18-1] 국적별 다문화사회화 요인 세부 차이 분석

국가별	시민적 요건	종족적 요건	타 인종에 대한 태도	다문화태도 (공존)	다문화태도 (흡수)	다문화 행동의사
한국a	5.12±.95	5.39±1.43	4.92±.83	4.55±.89	5.39±.94	4.79±1.21
중국b	5.17±.92	4.36±1.36	4.59±.72	4.61±.55	4.93±.94	5.08±1.07
일본c	5.34±.79	4.80±1.04	5.09±.55	4.83±.59	5.33±.71	5.14±.85
동남아d	4.72±1.29	3.88±1.77	4.64±1.04	4.37±.78	4.64±1.17	4.56±.72
몽골e	4.95±.65	4.85±.97	4.11±.79	3.79±.86	5.16±.66	4.51±.61
북한f	5.22±.73	5.36±.92	4.14±.98	3.76±1.05	5.72±.56	4.35±.97
미얀마g	6.36±.32	5.63±.75	3.60±.39	2.93±.48	5.99±.24	4.17±.42
필리핀h	5.93±.63	4.57±.98	3.52±.47	2.53±.53	5.11±.47	3.69±.36
베트남i	5.71±.80	4.65±.98	3.57±.62	2.64±.72	5.06±.46	3.76±.70
기타 국가j	4.83±.84	3.50±1.29	4.56±.41	4.90±.77	5.08±.79	5.33±1.13
합계	5.36±.94	4.87±1.29	4.23±.93	3.76±1.13	5.27±.81	4.43±.97
F	19.673	12.834	33.503	69.7	14.62	19.132
유의확률	.000***	.000***	.000***	.000***	.000***	.000***
사후 다중비교	a<g, a<h, a<i, b<g, b<h, c<g, d<g, d<h, d<i, e<g, e<h, e<i, f<g, f<h, g>i, g>j	a>b, a>d, a>i a>j, b>g, d>e, d<f, d>g, f>j, g>h, g>i, g>j	a>e, a>f, a>g, a>h, a>i, b>g, b>h, b>i, c>e, c>f, c>g, c>h, c>i, d>g, d>h, d>i, e>h, e>i, f>h, f>i, h<j, i<j	a>e, a>f, a>g, a>h, a>i, b>e, b>f, b>g, b>h, b>i, c>e, c>f, c>g, c>h, c>i, d>g, d>h, d>i, e>g, e>h, e>i, e<j, f>g, f>h, f>i, f<j, g<j, h<j, i<j	a>d, a<g, b<f, b<g, c>d, d<f, d<g, e<f, e<g, f>h, f>i, g>h, g>i	a>g, a>h, a>i, b>f, b>g, b>h, b>i, c>f, c>g, c>h, c>i, d>h, d>i, e>h ,e>i, g<j, h<j, i<j

*** p<0.001

태도(F=33.503, p<0.001), 다문화태도(공존)(F=69.700, p<0.001), 다문화태도(흡수)(F=14.620, p<0.001), 다문화 행동의사(F=19.132, p<0.001), 국가 정체성(F=5.793, p<0.001), 국민의 국가에 대한 자부심(F=3.694, p<0.001), 국가에 대한 개인의 기여의식(F=25.074, p<0.001), 국가에 대한 존중감(F=34.013, p<0.001), 개인 정체성과 자긍심의 기반으로서의 국적(F=6.716, p<0.001), 세계화 시대의 호혜협력(F=15.457, p<0.001)의 경우 한국 국적 취득 전 국적 내의 항목별로 차이가 있는지 분산분석을 수행한 결과 95% 신뢰수준에서 통계적으로 유의한 차이가 있는 것으로 나타났다.

한국 국적 취득 전 국적별로 보면 시민적 요건의 평균에서 한국 5.12점, 중국 5.17점, 일본 5.34점, 동남아 4.72점, 몽골 4.95점, 북한 5.22점, 미얀마 6.36점, 필리핀 5.93점, 베트남 5.71점, 기타 국가가 4.83점으로 나타났다. 미얀마가 6.36점으로 높고, 동남아가 4.72점으로 낮은 것으로 나타났다.

한국 국적 취득 전 국적별로 보면 종족적 요건의 평균에서 한국 5.39점, 중국 4.36점, 일본 4.80점, 동남아 3.88점, 몽골 4.85점, 북한 5.36점, 미얀마 5.63점, 필리핀 4.57점, 베트남 4.65점, 기타 국가가 3.50점으로 나타났다. 미얀마가 5.63점으로 높고, 기타 국가가 3.50점으로 낮은 것으로 나타났다.

한국 국적 취득 전 국적별로 보면 타 인종에 대한 태도의 평균에서 한국 4.92점, 중국 4.59점, 일본 5.09점, 동남아 4.64점, 몽골 4.11점, 북한 4.14점, 미얀마 3.60점, 필리핀 3.52점, 베트남 3.57점, 기타 국가가 4.56점으로 나타났다. 일본이 5.09점으로 높고, 필리핀이 3.52점으로 낮은 것으로 나타났다.

한국 국적 취득 전 국적별로 보면 다문화태도(공존)의 평균에서 한국 4.55점, 중국 4.61점, 일본 4.83점, 동남아 4.37점, 몽골 3.79점, 북한 3.76점, 미얀마 2.93점, 필리핀 2.53점, 베트남 2.64점, 기타 국가가 4.90점으로 나타났다. 기타 국가가 4.90점으로 높고, 필리핀이 2.53점으로 낮은 것으로 나타났다.

한국 국적 취득 전 국적별로 보면 다문화태도(흡수)의 평균에서 한국 5.39점, 중국 4.93점, 일본 5.33점, 동남아 4.64점, 몽골 5.16점, 북한 5.72점, 미얀마 5.99

점, 필리핀 5.11점, 베트남 5.06점, 기타 국가가 5.08점으로 나타났다. 미얀마가 5.99점으로 높고, 동남아가 4.64점으로 낮은 것으로 나타났다.

한국 국적 취득 전 국적별로 보면 다문화 행동의사의 평균에서 한국 4.79점, 중국 5.08점, 일본 5.14점, 동남아 4.56점, 몽골 4.51점, 북한 4.35점, 미얀마가 4.17점, 필리핀이 3.69점, 베트남이 3.76점, 기타 국가가 5.33점으로 나타났다. 기타 국가가 5.33점으로 높고, 필리핀이 3.69점으로 낮은 것으로 나타났다.

국가 정체성 요인과 관련하여 국적별 세부 차이를 살펴보기 위해 국적별 세부 차이를 분석한 사후 다중비교 결과는 [표 5-18-2]와 같다.

[표 5-18-2]에서 본 바와 같이 한국 국적 취득 전 국적별로 보면 국가 정체성의 평균에서 한국 4.26점, 중국 4.36점, 일본 4.42점, 동남아 4.10점, 몽골 4.19점, 북한 4.33점, 미얀마 3.81점, 필리핀 3.97점, 베트남 4.16점, 기타 국가가 4.28점으로 나타났다. 일본이 4.42점으로 높고, 미얀마가 3.81점으로 낮은 것으로 나타났다.

한국 국적 취득 전 국적별로 보면 국민의 국가에 대한 자부심의 평균에서 한국 5.01점, 중국 5.13점, 일본 5.09점, 동남아 4.63점, 몽골 4.67점, 북한 4.99점, 미얀마 5.29점, 필리핀 5.14점, 베트남 5.00점, 기타 국가가 5.06점으로 나타났다. 미얀마가 5.29점으로 높고, 동남아가 4.63점으로 낮은 것으로 나타났다.

한국 국적 취득 전 국적별로 보면 국가에 대한 개인의 기여의식의 평균에서 한국 3.21점, 중국 3.30점, 일본 3.07점, 동남아 3.89점, 몽골 3.36점, 북한 3.23점, 미얀마 2.05점, 필리핀 2.21점, 베트남 2.43점, 기타 국가가 2.96점으로 나타났다. 동남아가 3.89점으로 높고, 미얀마가 2.05점으로 낮은 것으로 나타났다.

한국 국적 취득 전 국적별로 보면 국가에 대한 존중감의 평균에서 한국 4.40점, 중국 5.21점, 일본 5.31점, 동남아 4.33점, 몽골 5.15점, 북한 5.60점, 미얀마 5.93점, 필리핀 6.06점, 베트남 5.95점, 기타 국가가 5.56점으로 나타났다. 필리핀이 6.06점으로 높고, 동남아가 4.33점으로 낮은 것으로 나타났다.

한국 국적 취득 전 국적별로 보면 개인 정체성과 자긍심의 기반으로서의 국

[표 5-18-2] 국적별 국가 정체성 요인 세부 차이 분석

	국가 정체성	국민의 국가에 대한 자부심	국가에 대한 개인의 기여의식	국가에 대한 존중감	개인 정체성과 자긍심의 기반으로서의 국적	세계화 시대의 호혜협력
한국a	4.26±.56	5.01±.87	3.21±.93	4.40±.98	4.31±.94	4.55±1.26
중국b	4.36±.75	5.13±1.07	3.30±.95	5.21±1.62	3.70±.64	4.00±1.23
일본c	4.42±.84	5.09±1.18	3.07±.96	5.31±.99	4.15±.70	4.58±1.27
동남아d	4.10±.56	4.63±1.23	3.89±.84	4.33±.72	4.00±.69	3.61±1.17
몽골e	4.19±.47	4.67±.55	3.36±1.07	5.15±.69	3.88±.55	4.17±.69
북한f	4.33±.65	4.99±.70	3.23±.75	5.60±.70	4.08±.68	3.98±.80
미얀마g	3.81±.25	5.29±.48	2.05±.53	5.93±.53	3.76±.36	3.84±.68
필리핀h	3.97±.30	5.14±.40	2.21±.53	6.06±.35	3.99±.33	3.25±.75
베트남i	4.16±.41	5.00±.42	2.43±.81	5.95±.72	4.35±.49	3.26±.83
기타 국가j	4.28±.28	5.06±.91	2.96±.88	5.56±.98	3.67±1.26	5.06±1.38
합계	4.18±.55	4.98±.80	2.97±1.00	5.28±1.05	4.06±.70	3.95±1.10
F	5.793	3.694	25.074	34.013	6.716	15.457
유의확률	.000***	.000***	.000***	.000***	.000***	.000***
사후 다중비교	a>g, b>g, c>g, f>g	d<g, e<g	a<d, a>g, a>h, a>i, b>g, b>h, b>i, c<d, c>g, c>h, d>g, d>h, d>i, e>g, e>h, e>i, f>g, f>h, f>i	a<b, a<c, a<e, a<f, a<g, a<h, a<i, a<j, b>d, b<h, b<i, c>d, d<e, d<f, d<g, d<h, d<i, d<j, e<g, e<h, e<i	a>b, a>g, b<i, e<i, g<i	a>d, a>g, a>h, a>i, c>d, c>h, c>i, d<j, e>h, e>i, f>i, h<j, i<j

*** p<0.001

적의 평균에서 한국 4.31점, 중국 3.70점, 일본 4.15점, 동남아 4.00점, 몽골 3.88점, 북한 4.08점, 미얀마 3.76점, 필리핀 3.99점, 베트남 4.35점, 기타 국가가 3.67점으로 나타났다. 베트남이 4.35점으로 높고, 기타 국가가 3.67점으로 낮은 것으로 나타났다.

한국 국적 취득 전 국적별로 보면 세계화 시대의 호혜 협력의 평균에서 한국

4.55점, 중국이 4.00점, 일본 4.58점, 동남아 3.61점, 몽골 4.17점, 북한 3.98점, 미얀마 3.84점, 필리핀 3.25점, 베트남 3.26점, 기타 국가가 5.06점으로 나타났다. 기타 국가가 5.06점으로 높고, 필리핀이 3.25점으로 낮은 것으로 나타났다.

한국과 북한을 비교해 보면, 한국은 국민의 국가에 대한 자부심이 높고 북한은 국가에 대한 존중감이 높게 나타났다. 한국은 국가에 대한 개인의 기여의식이 가장 낮았으며 북한 역시 국가에 대한 개인의 기여의식이 가장 낮았다. 또한 북한 출신의 경우 한국보다 국가에 대한 존중감은 높으나 개인 정체성과 자긍심의 기반으로서의 국적과 세계화 시대의 호혜협력 차원에서는 한국 사람들보다 낮게 나타났다. 전체적인 국가 정체성 수준은 사후 다중비교 결과 차이가 없는 것으로 나타나 비슷하다고 볼 수 있다.

이런 맥락에서 조정아 외(2006)의 연구를 주목할 필요가 있다. 이 연구에서는 북한 이탈 주민들이 남한 사회에 성공적으로 적응하기 위해 자원을 동원하고 갈등을 해결하는 전략을 구사하는 과정을 중심으로 정체성 형성에 주목하였다. 여기에서 성별·연령별·직업별로 표집하여 심층면접을 실시하였다. 그 결과 북한 이탈 주민들은 남한에 정착하면서 새로운 정체성을 찾아야 하는 과제를 가지고 있었다. 이 연구에서 북한 출신의 경우는 국가 정체성 갈등을 겪고 있다는 점이 확인된 바 있다.[2]

---

2) 조정아 · 임순희 · 정진경, "새터민의 문화갈등과 문화적 통합방안", 서울: 한국여성개발원, 2006, 284-286.

5) 항목별 평균분포 기술통계

(1) 국민 정체성 요건 기술통계

연구에 사용된 국민 정체성 요인 문항들의 평균분포를 기술통계를 통해 살펴보면 [표 5-19]와 같다.

[표 5-19]에 의하면, 한국에서 태어나는 것이 4.98±1.39, 한국인 조상을 가지는 것이 4.67±1.62, 아버지가 한국인인 것이 4.89±1.48, 어머니가 한국인인 것이 4.90±1.44, 생애의 대부분을 한국에서 사는 것이 4.72±1.37로 나타났다. 또한 한국의 문화적 전통을 이어 가는 것이 4.92±1.25, 한국어를 할 수 있는 것이 5.56±1.35, 한국의 정치제도와 법을 존중하는 것이 5.46±1.36, 한국인임을 느끼는 것이 5.66±1.30, 한국 국적을 갖는 것이 5.83±1.24, 한국의 정치·경제·사회·문화 발전에 기여하는 것이 5.35±1.38로 나타났다.

[표 5-19] 국민 정체성 요건 기술통계

번호	설문 내용	N	최솟값	최댓값	평균	표준 편차
1	한국에서 태어나는 것	546	1.00	7.00	4.98	1.39
2	한국인 조상을 가지는 것	546	1.00	7.00	4.67	1.62
3	아버지가 한국인인 것	546	1.00	7.00	4.89	1.48
4	어머니가 한국인인 것	545	1.00	7.00	4.90	1.44
5	생애의 대부분을 한국에서 사는 것	546	1.00	7.00	4.72	1.37
6	한국의 문화적 전통을 이어 가는 것	546	2.00	7.00	4.92	1.25
7	한국어를 할 수 있는 것	546	1.00	7.00	5.56	1.35
8	한국의 정치제도와 법을 존중하는 것	546	1.00	7.00	5.46	1.36
9	한국인임을 느끼는 것	546	2.00	7.00	5.66	1.30
10	한국 국적을 갖는 것	545	1.00	7.00	5.83	1.24
11	한국의 정치·경제·사회·문화 발전에 기여하는 것	546	1.00	7.00	5.35	1.38

조사 대상자들의 연구개념 관련 평균수준을 살펴보면, 한국 국적을 갖는 것이 가장 높고, 한국인임을 느끼는 것이 두 번째로 높은 것으로 나타났다. 반면 한국인 조상을 갖는 것이 가장 낮은 것으로 나타났다.

(2) 다문화에 대한 태도 기술통계

다문화에 대한 태도 문항의 평균분포를 기술통계를 통해 분석한 결과는 [표 5-20]과 같다.

[표 5-20] 다문화에 대한 태도 기술통계

번호	설문 내용	N	최솟값	최댓값	평균	표준편차
1	국가는 각자의 문화적 배경을 가진 다양한 그룹이 사회를 구성하고 있음을 알아야 한다.	546	1.00	7.00	5.57	1.13
2	이주민들이 자신들의 문화를 유지할 수 있도록 국가 안에서 지지해 주어야 한다.	546	1.00	7.00	4.41	1.54
3	이주민들이 자신들의 문화적 배경을 빨리 포기하는 것이 국가에 더 이익이다.	546	1.00	7.00	3.58	1.58
4	다양한 문화집단으로 구성된 사회는 새로운 문제들에 더 잘 대처할 수 있다.	546	1.00	7.00	3.59	1.58
5	단일국가 공동체에 대한 이념은 자신들의 관습과 전통을 고수하는 이주민들에 의해 약해지고 있다.	546	1.00	7.00	3.29	1.53
6	이주민들이 자신들의 관습과 전통을 지키길 원한다면 공공연하게 해서는 안 된다.	543	1.00	7.00	3.34	1.44
7	여러 문화적 그룹으로 구성된 사회는 단일화된 사회보다 국가 정체성에 더 많은 문제들을 가지고 있다.	546	1.00	7.00	2.99	1.50
8	토착민들은 이주민들의 전통과 관습을 이해하기 위해 더 많은 노력을 기울여야 한다.	546	1.00	7.00	4.95	1.21
9	이주민 중 부모들은 자신의 아이들이 모국의 관습과 전통을 존중하도록 가르쳐야 한다.	545	1.00	7.00	4.24	1.55
10	이주해 온 국민들은 그 국가에 맞추어 행동해야 한다.	546	1.00	7.00	5.38	1.31

번호	설문 내용	N	최솟값	최댓값	평균	표준편차
11	이주민들은 부단히 노력하여 자신들의 문화를 지켜 내야 한다.	546	1.00	7.00	3.92	1.52
12	국가는 원래 가지고 있던 고유의 문화를 지키기 위해 최선을 다해야 한다.	546	1.00	7.00	5.63	1.31
13	이주민들은 국가에 흡수되기 위해 최선을 다해야 한다.	546	1.00	7.00	5.34	1.30
14	토착민들은 다른 사람들의 문화와 규범에 순응하기 위해 더 노력해야 한다.	546	1.00	7.00	4.90	1.31
15	이주민들은 토착민들과 가능한 많은 교류를 해야 한다.	546	1.00	7.00	5.28	1.12
16	토착민들은 이주민들과 더 많은 접촉을 가져야 한다.	545	2.00	7.00	5.09	1.21
17	어느 국가든 다양한 인종 · 종교 · 문화가 공존하는 것이 더 좋다.	546	1.00	7.00	4.13	1.76
18	대한민국의 인종 · 종교 · 문화적 다양성이 확대되면 국가 경쟁력에 도움이 된다.	546	1.00	7.00	3.79	1.77
19	외국인 이주자들이 늘어나면 대한민국 문화는 더욱 풍부해진다.	546	1.00	7.00	3.61	1.81
20	대한민국과 다른 인종 · 종교 · 문화를 가진 사람들을 받아들이는 데는 한계가 있다.	546	1.00	7.00	3.65	1.58

[표 5-20]에서와 같이, '국가는 각자의 문화적 배경을 가진 다양한 그룹이 사회를 구성하고 있음을 알아야 한다'가 5.57±1.13, '이주민들이 자신들의 문화를 유지할 수 있도록 국가 안에서 지지해 주어야 한다'가 4.41±1.54, '이주민들이 자신들의 문화적 배경을 빨리 포기하는 것이 국가에 더 이익이다'가 3.58±1.58, '다양한 문화집단으로 구성된 사회는 새로운 문제들에 더 잘 대처할 수 있다'가 3.59±1.58, '단일국가 공동체에 대한 이념은 자신들의 관습과 전통을 고수하는 이주민들에 의해 약해지고 있다'가 3.29±1.53으로 나타났다.

또한 '이주민들이 자신들의 관습과 전통을 지키길 원한다면 공공연하게 해서는 안 된다'가 3.34±1.44, '여러 문화적 그룹으로 구성된 사회는 단일화된 사회보다 국가 정체성에 더 많은 문제들을 가지고 있다'가 2.99±1.50, '토착민들은 이주민들의 전통과 관습을 이해하기 위해 더 많은 노력을 기울여야 한다'가 4.95± 1.21, '이주민 중 부모들은 자신의 아이들이 모국의 관습과 전통을 존중하도록 가르쳐야 한다'가 4.24±1.55, '이주해 온 국민들은 그 국가에 맞추어 행동해야 한다'가 5.38±1.31, '이주민들은 부단히 노력하여 자신들의 문화를 지켜 내야 한다'가 3.92±1.52, '국가는 원래 가지고 있던 고유의 문화를 지키기 위해 최선을 다해야 한다'가 5.63±1.31로 나타났다.

한편 '이주민들은 국가에 흡수되기 위해 최선을 다해야 한다'가 5.34±1.30, '토착민들은 다른 사람들의 문화와 규범에 순응하기 위해 더 노력해야 한다'가 4.90±1.31, '이주민들은 토착민들과 가능한 한 많은 교류를 해야 한다'가 5.28± 1.12, '토착민들은 이주민들과 더 많은 접촉을 가져야 한다'가 5.09±1.21, '어느 국가든 다양한 인종 · 종교 · 문화가 공존하는 것이 더 좋다'가 4.13±1.76, '대한민국의 인종 · 종교 · 문화적 다양성이 확대되면 국가 경쟁력에 도움이 된다'가 3.79±1.77, '외국인 이주자들이 늘어나면 대한민국 문화는 더욱 풍부해진다'가 3.61±1.81, '대한민국과 다른 인종 · 종교 · 문화를 가진 사람들을 받아들이는 데는 한계가 있다'가 3.65±1.58로 나타났다.

위의 조사 대상자들의 연구개념 관련 평균수준을 살펴보면 '국가는 원래 가지고 있던 고유의 문화를 지키기 위해 최선을 다해야 한다'가 가장 높고, '국가는 각자의 문화적 배경을 가진 다양한 그룹이 사회를 구성하고 있음을 알아야 한다'가 두 번째로 높게 나타났다. 반면 '여러 문화적 그룹으로 구성된 사회는 단일화된 사회보다 국가 정체성에 더 많은 문제들을 가지고 있다'가 가장 낮은 것으로 나타났다.

(3) 타 인종에 대한 태도 기술통계

타 인종에 대한 태도 문항의 평균분포를 기술통계를 통해 살펴보면 [표 5-21]과 같다.

[표 5-21]과 같이, '서로 다른 인종끼리 결혼하는 것은 좋지 않다고 생각한다'가 3.41±1.36, '모든 인종의 인류는 평등하다'가 5.88±1.14, '문화가 다양할수록 그 사회에는 더 이득이 된다고 생각한다'가 3.93±1.80, '한국 사회는 단일민족을 강조하는 민족주의자들 때문에 더 약해졌다고 생각한다'가 3.19±1.52로 나타났다. 또한 '나는 같은 민족에 속해 있을 때 안전하다고 느낀다'가 3.49±1.65, '여러 국가에서 온 이주민들이 모국의 고유한 전통과 풍습을 유지하는 것이 한국 사람들에게도 더 좋을 것이다'가 3.63±1.65, '여러 국가에서 온 이주민들이 한국 사회에 적응하고 동화하는 것이 더 좋다'가 5.28±1.15로 나타났다.

조사 대상자들의 연구개념 관련 평균수준을 살펴보면 '모든 인종의 인류는

[표 5-21] 타 인종에 대한 태도 기술통계

번호	설문 내용	N	최솟값	최댓값	평균	표준편차
1	서로 다른 인종끼리 결혼하는 것은 좋지 않다고 생각한다.	546	1.00	7.00	3.41	1.36
2	모든 인종의 인류는 평등하다.	546	1.00	7.00	5.88	1.14
3	문화가 다양할수록 그 사회에는 더 이득이 된다고 생각한다.	546	1.00	7.00	3.93	1.80
4	한국 사회는 단일민족을 강조하는 민족주의자들 때문에 더 약해졌다고 생각한다.	546	1.00	7.00	3.19	1.52
5	나는 같은 민족에 속해 있을 때 안전하다고 느낀다.	546	1.00	7.00	3.49	1.65
6	여러 국가에서 온 이주민들이 모국의 고유한 전통과 풍습을 유지하는 것이 한국 사람들에게도 더 좋을 것이다.	546	1.00	7.00	3.63	1.65
7	여러 국가에서 온 이주민들이 한국 사회에 적응하고 동화하는 것이 더 좋다.	546	1.00	7.00	5.28	1.15

평등하다'가 가장 높고, '여러 국가에서 온 이주민들이 한국 사회에 적응하고 동화하는 것이 더 좋다'가 두 번째로 높은 것으로 나타났다. 반면, '한국 사회는 단일민족을 강조하는 민족주의자들 때문에 더 약해졌다고 생각한다'가 가장 낮은 것으로 나타났다.

(4) 다문화 행동의사 기술통계

다문화 행동의사 문항들의 분포를 기술통계를 통해 살펴보면 [표 5-22]와 같다.

[표 5-22]에서와 같이, '나는 이주민들에게 아무런 차별 없이 일반 국민과 동

[표 5-22] 다문화 행동의사 기술통계

번호	설문 내용	N	최솟값	최댓값	평균	표준편차
1	나는 이주민들에게도 아무런 차별 없이 일반 국민과 동등한 권리를 보장하는 국가정책을 적극 지지한다.	546	1.00	7.00	5.65	1.25
2	나는 다양한 문화가 무분별하게 유입되면 이 사회에 혼란이 야기될 것이라고 생각한다.	546	1.00	7.00	3.14	1.72
3	나는 지인들이 외국인이나 다문화사회에 대해 가지고 있는 한국인 또는 이주민들의 오해나 편견을 해소하기 위해 노력할 의사가 있다.	546	1.00	7.00	4.68	1.26
4	나는 기회가 있다면 항상 한국인은 물론 다른 나라 이주민과 같은 친목모임이나 클럽에 가입하겠다.	546	1.00	7.00	4.49	1.28
5	학교나 직장에서 한국인은 물론 다른 나라 이주민을 동료로 만나면 내가 먼저 친구가 되고자 노력하겠다.	546	2.00	7.00	4.60	1.29
6	나는 외국인노동자가 모여 사는 지역에 있는 식당에 기꺼이 들어가 밥을 먹겠다.	546	1.00	7.00	4.36	1.36
7	내가 만약 미혼이라면 상대방의 인종·국적·문화권에 상관없이 기꺼이 데이트하겠다.	546	1.00	7.00	3.91	1.61
8	이웃의 자녀가 한국인은 물론 다른 나라 이주민 사이에 태어난 아이들이라도 대한민국 국적 아이들이라면 내 자녀와 얼마든지 결혼이 가능하다.	546	1.00	7.00	4.58	1.42

등한 권리를 보장하는 국가정책을 적극 지지한다'가 5.65±1.25, '나는 다양한 문화가 무분별하게 유입되면 이 사회에 혼란이 야기될 것이라고 생각한다'가 3.14±1.72, '나는 지인들이 외국인이나 다문화사회에 대해 가지고 있는 한국인 또는 이주민들의 오해나 편견을 해소하기 위해 노력할 의사가 있다'가 4.68±1.26로 나타났다.

'나는 기회가 있다면 항상 한국인은 물론 다른 나라 이주민과 같은 친목모임이나 클럽에 가입하겠다'가 4.49±1.28, '학교나 직장에서 한국인은 물론 다른 나라 이주민을 동료로 만나면 내가 먼저 친구가 되고자 노력하겠다'가 4.60±1.29, '나는 외국인 근로자가 모여 사는 지역에 있는 식당에 기꺼이 들어가 밥을 먹겠다'가 4.36±1.36, '내가 만약에 미혼이라면 상대방의 인종·국적·문화권에 상관없이 기꺼이 데이트 하겠다'가 3.91±1.61, '이웃의 자녀가 한국인은 물론 다른 나라 이주민 사이에 태어난 아이들이라도 대한민국 국적 아이들이라면 내 자녀와 얼마든지 결혼이 가능하다'가 4.58±1.42로 나타났다.

이와 같이 조사 대상자들의 연구개념 관련 평균수준을 살펴보면 '나는 이주민들에게도 아무런 차별 없이 일반 국민과 동등한 권리를 보장하는 국가정책을 적극 지지한다'가 가장 높고, '나는 지인들이 외국인이나 다문화사회에 대해 가지고 있는 한국인 또는 이주민들의 오해나 편견을 해소하기 위해 노력할 의사가 있다'가 두 번째로 높게 나타났다. 반면 '나는 다양한 문화가 무분별하게 유입되면 이 사회에 혼란이 야기될 것이라고 생각한다'가 가장 낮은 것으로 나타났다.

(5) 국가 정체성 기술통계

국가 정체성 문항들의 분포를 기술통계를 통해 살펴보면 [표 5-23]과 같다.

[표 5-23] 국가 정체성 기술통계

번호	설문 내용	N	최솟값	최댓값	평균	표준편차
1	나는 대한민국이 필요로 하는 가치 있는 국민의 한 사람이다.	546	1.00	7.00	4.89	1.23
2	나는 대한민국을 위해 내가 할 일이 별로 없다는 생각이 든다.	546	1.00	7.00	2.85	1.50
3	나는 대한민국에 협조적인 국민이다.	546	1.00	7.00	4.67	1.35
4	나는 종종 내가 대한민국에 쓸모없는 국민이라는 생각이 든다.	546	1.00	7.00	2.69	1.41
5	여러 민족을 국민으로 받아들인다면 국가의 결속력을 해치게 될 것이다.	546	1.00	7.00	3.60	1.78
6	나는 종종 대한민국의 국민인 것이 싫을 때가 있다.	546	1.00	7.00	3.04	1.53
7	나는 대체로 대한민국의 국민인 것이 다행이라고 생각하는 편이다.	546	1.00	7.00	5.05	1.29
8	나는 종종 대한민국이 별 볼 일 없는 나라라고 생각하는 편이다.	546	1.00	7.00	2.73	1.40
9	나는 대한민국이 마음에 든다.	546	1.00	7.00	5.37	1.24
10	대한민국이 오랫동안 단일민족 혈통을 유지해 온 것은 매우 자랑스러운 일이다.	546	1.00	7.00	4.77	1.37
11	외국인들은 대체로 대한민국을 좋게 생각하는 편이다.	546	1.00	7.00	5.11	1.24
12	대부분의 사람들은 대한민국이 다른 나라보다 무능하다고 생각한다.	546	1.00	7.00	5.41	1.29
13	외국인들은 대체로 대한민국을 존중한다.	546	1.00	7.00	5.04	1.25
14	외국인들은 대체로 대한민국이 별 볼 일 없는 나라라고 생각한다.	546	1.00	7.00	5.40	1.29
15	나 자신에 대한 평가 때 국적은 아무런 관련이 없다.	545	1.00	7.00	3.78	1.48
16	내 국적은 나의 정체성을 알리는 데 중요한 기준이 된다.	545	1.00	7.00	4.30	1.34
17	나 자신의 인격을 스스로 판단할 때 국적은 별로 중요하지 않다.	545	1.00	7.00	3.77	1.41
18	대한민국에 속해 있다는 것은 나의 자아 이미지를 형성하는 데 중요한 부분이다.	545	1.00	7.00	4.74	1.12
19	대한민국이 단일민족국가라는 사실은 국가 경쟁력을 높이는 데 도움이 된다.	543	1.00	7.00	3.84	1.42
20	대한민국은 많은 면에서 다른 나라보다 우월하다.	543	1.00	7.00	5.03	1.24

번호	설문 내용	N	최솟값	최댓값	평균	표준편차
21	대한민국은 전 세계적으로는 그렇게 중요한 나라는 아니다.	545	1.00	7.00	3.03	1.39
22	대한민국은 대체로 다른 나라들보다 중요한 역할을 수행하고 있는 편이다.	545	1.00	7.00	5.06	1.19
23	대한민국은 다른 나라들과의 경쟁에서 지고 있는 편이다.	545	1.00	7.00	2.74	1.35
24	세계화 시대에는 한국인들 간의 협력보다 국적과 인종·민족을 넘어선 협력이 더 중요하다.	545	1.00	7.00	4.32	1.57

[표 5-23]에서와 같이, '나는 대한민국이 필요로 하는 가치 있는 국민의 한 사람이다'가 4.89±1.23, '나는 대한민국을 위해 내가 할 일이 별로 없다는 생각이 든다'가 2.85±1.50, '나는 대한민국에 협조적인 국민이다'가 4.67±1.35, '나는 종종 내가 대한민국에 쓸모없는 국민이라는 생각이 든다'가 2.69±1.41, '여러 민족을 국민으로 받아들인다면 국가의 결속력을 해치게 될 것이다'가 3.60±1.78로 나타났다.

'나는 종종 대한민국의 국민인 것이 싫을 때가 있다'가 3.04±1.53, '나는 대체로 대한민국의 국민인 것이 다행이라고 생각하는 편이다'가 5.05±1.29, '나는 종종 대한민국이 별 볼 일 없는 나라라고 생각하는 편이다'가 2.73±1.40, '나는 대한민국이 마음에 든다'가 5.37±1.24, '대한민국이 오랫동안 단일민족 혈통을 유지해 온 것은 매우 자랑스러운 일이다'가 4.77±1.37, '외국인들은 대체로 대한민국을 좋게 생각하는 편이다'가 5.11±1.24로 나타났다. 또한 '대부분의 사람들은 대한민국이 다른 나라보다 무능하다고 생각한다'가 5.41±1.29, '외국인들은 대체로 대한민국을 존중한다'가 5.04±1.25, '외국인들은 대체로 대한민국이 별 볼 일 없는 나라라고 생각한다'가 5.40±1.29, '나 자신에 대한 평가에 있어 국적은 아무런 관련이 없다'가 3.78±1.48, '내 국적은 나의 정체성을 알리는 데 중요한 기준이 된다'가 4.30±1.34, '나 자신의 인격을 스스로 판단할 때 국적은 별로 중요하지 않다'가

3.77±1.41로 나타났다.

'대한민국에 속해 있다는 것은 나의 자아 이미지를 형성하는 데 중요한 부분이다'가 4.74±1.12, '대한민국이 단일민족국가라는 사실은 국가 경쟁력을 높이는 데 도움이 된다'가 3.84±1.42, '대한민국은 많은 면에서 다른 나라보다 우월하다'가 5.03±1.24, '대한민국은 전 세계적으로는 그렇게 중요한 나라는 아니다'가 3.03±1.39, '대한민국은 대체로 다른 나라들보다 중요한 역할을 수행하는 편이다'가 5.06±1.19, '대한민국은 다른 나라들과의 경쟁에서 지고 있는 편이다'가 2.74±1.35, '세계화 시대에는 한국인들 간의 협력보다 국적과 인종·민족을 넘어선 협력이 더 중요하다'가 4.32±1.57로 나타났다.

이와 같이 조사 대상자들의 연구개념 관련 평균수준을 살펴보면 '대부분의 사람들은 대한민국이 다른 나라보다 무능하다고 생각한다'가 가장 높고, '외국인들은 대체로 대한민국이 별 볼 일 없는 나라라고 생각한다'가 두 번째로 높은 것으로 나타났다. 반면 '나는 종종 내가 대한민국에 쓸모없는 국민이라는 생각이 든다'가 가장 낮은 것으로 나타났다.

2.
분석 결과의 요약 및 논의

1) 분석 결과 요약

다문화사회화 요인과 국가 정체성의 하위 변인들의 상관관계 분석 결과를 요약하면 다음과 같다.

첫째, 시민적 요건과 종족적 요건, 다문화태도(흡수), 국민의 국가에 대한 자부심, 국가에 대한 존중감, 개인 정체성과 자긍심의 기반으로서의 국적 사이에는 99% 신뢰수준에서 통계적으로 유의한 상관관계가 있다. 시민적 요건과 다문화태도(공존), 국가에 대한 개인의 기여의식 사이에는 99% 신뢰수준에서 통계적으로 유의한 약한 음의 상관관계가 있다. 시민적 요건과 타 인종에 대한 태도, 다문화 행동의사, 세계화 시대의 호혜협력 사이에는 상관관계가 형성되지 않았다.

둘째, 종족적 요건과 다문화태도(공존), 다문화태도(흡수), 타 인종에 대한 태도, 다문화 행동의사, 국민의 국가에 대한 자부심, 국가에 대한 개인의 기여의식, 개인 정체성과 자긍심의 기반으로서의 국적, 세계화 시대의 호혜협력 사이에는 99% 신뢰수준에서 통계적으로 유의한 상관관계가 있다. 그러나 종족적 요건과 국가에 대한 존중감 사이에는 (r=0.046)으로 상관 크기가 나타나 95% 신뢰수준에서 통계적으로 유의한 상관관계가 없는 것으로 나타났다.

셋째, 다문화태도(공존), 다문화태도(흡수), 타 인종에 대한 태도, 다문화 행동의사, 국가에 대한 개인의 기여의식, 개인 정체성과 자긍심의 기반으로서의 국적, 세계화 시대의 호혜협력 사이에는 99% 신뢰수준에서 통계적으로 유의한 상관관계가 있다. 다문화태도(공존)와 국가에 대한 존중감 사이에는 (r=-0.368)로 상관 크기가 나타나 99% 신뢰수준에서 통계적으로 유의한 중간 정도의 음의 상관관계가 있다. 그러나 다문화태도(공존)와 국민의 국가에 대한 자부심 사이에는 (r=0.074)로 상관 크기가 나타나, 95% 신뢰수준에서 통계적으로 유의한 상관관계가 없는 것으로 나타났다.

넷째, 다문화태도(흡수)와 타 인종에 대한 태도, 다문화 행동의사, 국민의 국가에 대한 자부심, 국가에 대한 존중감, 개인 정체성과 자긍심의 기반으로서의 국적, 세계화 시대의 호혜협력 사이에는 99% 신뢰수준에서 통계적으로 유의한 약한 상관관계가 있다. 그러나 다문화태도(흡수)와 국가에 대한 개인의 기여의식 사이에는 (r=-0.165)로 상관 크기가 나타났다. 따라서 99% 신뢰수준에서 통계적으로 유의한 약한 음의 상관관계가 있는 것으로 나타났다.

다섯째, 타 인종에 대한 태도와 다문화 행동의사, 국민의 국가에 대한 자부심, 국가에 대한 개인의 기여의식, 개인 정체성과 자긍심의 기반으로서의 국적, 세계화 시대의 호혜협력 사이에는 99% 신뢰수준에서 통계적으로 유의한 약한 상관관계가 있다. 그러나 타 인종에 대한 태도와 국가에 대한 존중감 사이에는 (r=-0.285)로 상관 크기가 나타나, 99% 신뢰수준에서 통계적으로 유의한 약한 음의 상관관계가 있는 것으로 나타났다.

여섯째, 다문화 행동의사와 국민의 국가에 대한 자부심, 국가에 대한 개인의 기여의식, 개인 정체성과 자긍심의 기반으로서의 국적, 세계화 시대의 호혜협력 사이에는 99% 신뢰수준에서 통계적으로 유의한 상관관계가 있다. 그러나 다문화 행동의사와 국가에 대한 존중감 사이에는 (r=-0.127)로 상관 크기가 나타나, 99% 신뢰수준에서 통계적으로 유의한 약한 음의 상관관계가 있는 것으로 나타났다.

일곱째, 국민의 국가에 대한 자부심과 국가에 대한 존중감, 자긍심의 기반으로서의 국적, 세계화 시대의 호혜협력 사이에는 99% 신뢰수준에서 통계적으로 유의한 약한 상관관계가 있다. 그러나 국민의 국가에 대한 자부심과 국가에 대한 개인의 기여의식 사이에는 (r=-0.280)으로 상관 크기가 나타나, 99% 신뢰수준에서 통계적으로 유의한 약한 음의 상관관계가 있는 것으로 나타났다.

여덟째, 국가에 대한 개인의 기여의식과 개인 정체성과 자긍심의 기반으로서의 국적, 세계화 시대의 호혜협력 사이에는 99% 신뢰수준에서 통계적으로 유의한 약한 상관관계가 있다. 그러나 국가에 대한 개인의 기여의식과 국가에 대한 존중감 사이에는 (r=-0.469)로 상관 크기가 나타났다. 따라서 99% 신뢰수준에서 통계적으로 유의한 중간 정도의 음의 상관관계가 있는 것으로 나타났다.

아홉째, 국가에 대한 존중감과 개인 정체성과 자긍심의 기반으로서의 국적 사이에는 (r=-0.044)로 상관 크기가 나타났고, 국가에 대한 존중감과 세계화 시대의 호혜협력 사이에는 (r=-0.171)로 상관 크기가 나타나, 99% 신뢰수준에서 통계적으로 유의한 음의 상관관계가 있는 것으로 나타났다.

열째, 개인 정체성과 자긍심의 기반으로서의 국적과 세계화 시대의 호혜협력 사이에는 (r=0.007)로 상관 크기가 나타나, 95% 신뢰수준에서 통계적으로 유의한 상관관계가 없다고 해석할 수 있다. 그러나 변수들 간의 관계도 0.8을 넘지 않아 다중공선성이 없어 연구변인으로 사용은 가능하다.

다문화사회화 요인이 국가 정체성에 미치는 영향을 분석한 결과는 다음과 같다.

연구가설 1-1의 경우, 종족적 요건이 다문화태도에 미치는 영향을 분석한 결과 종족적 요건이 다문화태도에 미치는 영향 경로의 t값이 1.965 이상으로 나타나, 유의수준 5%에서 연구가설 1-1이 채택되었다(t=4.08, p=***). 한국인과 이주민을 구분하여 분석한 결과는 한국인은 모두 채택되었고, 이주민은 종족적 요건이 다문화태도(흡수)에 미치는 영향만 채택되었다.

연구가설 1-2의 경우, 시민적 요건이 다문화태도에 미치는 영향을 분석하기 위해 구조방정식 분석을 실시한 결과 시민적 요건이 다문화태도에 미치는 영향 경로의 t값이 1.965 이하로 나타나, 유의수준 5%에서 연구가설 1-2가 기각되었다(t=-5.61, p=***). 따라서 연구가설 1은 부분적으로 채택되었다. 한국인과 이주민을 구분하여 분석한 결과 한국인의 경우는 시민적 요건이 다문화태도(흡수)에 미치는 영향만 채택되었고, 이주민의 경우는 시민적 요건이 다문화태도(흡수), 다문화태도(공존)에 미치는 영향이 채택되었다.

연구가설 2-1의 경우, 다문화태도(공존)가 다문화 행동의사에 미치는 영향을 분석하기 위해 구조방정식 분석을 실시한 결과 공존이 다문화 행동의사에 미치는 영향 경로의 t값이 1.965 이상으로 나타나, 유의수준 5%에서 연구가설 2-1이 채택되었다(t=9.384, p=***). 한국인과 이주민을 구분하여 분석한 결과는 한국인과 이주민 모두 채택되었다.

연구가설 2-2의 경우, 다문화태도(흡수)가 다문화 행동의사에 미치는 영향을 분석하기 위해 구조방정식 분석을 실시한 결과 타 인종에 대한 태도가 다문화 행동의사에 미치는 영향 경로의 t값이 1.965 이상으로 나타나, 유의수준 5%에서 연구가설 2-2가 채택되었다(t=5.273, p=***). 한국인과 이주민을 구분하여 분석한 결과 한국인은 기각되고, 이주민은 채택되었다.

연구가설 2-3의 경우, 다문화태도(타 인종에 대한 태도)가 다문화 행동의사에 미치는 영향을 분석하기 위해 구조방정식 분석을 실시한 결과 흡수가 다문화 행동의사에 미치는 영향 경로의 t값이 1.965 이상으로 나타나, 유의수준 5%에서 연구가설 2-3이 채택되었다(t=5.393, p=***). 연구가설 2는 모두 채택되었다. 한국인과 이주민을 구분하여 분석한 결과 한국인과 이주민 모두 채택되었다.

연구가설 3의 경우, 다문화 행동의사가 국가 정체성에 미치는 영향을 분석하기 위해 구조방정식 분석을 한 결과 다문화 행동의사가 국가 정체성에 미치는 영향 경로의 t값이 1.965 이상으로 나타나, 유의수준 5%에서 연구가설이 채택되었다(t=11.291, p=***). 한국인과 이주민을 구분하여 분석한 결과 한국인과 이주민 모두 채택되었다.

연구가설 4는 종족적 요건, 시민적 요건, 공존, 타 인종에 대한 태도가 개인 정체성 기반, 국가 존중감, 기여의식, 자부심, 세계화 호혜협력의 국가 정체성 하위 요인에 여섯 가지가 유의수준 5%에서 채택되어 연구가설은 부분 채택되었다.

연구가설 5는 다문화에 대한 태도가 국가 정체성 하위 요인으로 개인 정체성 기반, 국가 존중감, 기여의식, 자부심, 세계화 호혜협력의 국가 정체성 요인에 여섯 가지가 유의수준 5%에서 채택되어 연구가설은 부분 채택되었다.

연구가설 6은 다문화 행동의사가 국가 정체성 하위 요인으로 개인 정체성 기반, 국가 존중감, 기여의식, 자부심, 세계화 호혜협력 요인에서 세 가지가 유의수준 5%에서 나타나 연구가설이 부분 채택되었다.

한국인과 이주민 집단별 연구변인들의 차이를 독립표본 t-test를 통해 분석한 결과는 다음과 같다.

첫째, 시민적 요건(t=-3.221, p<0.01), 종족적 요건(t=6.161, p<0.001), 타 인종에 대한 태도(t=6.627, p<0.001), 다문화태도(공존)(t=6.849, p<0.001), 다문화태도(흡수)(t=4.677, p<0.001), 다문화 행동의사(t=3.069, p<0.01), 국가 정체성(t=2.974, p<0.01), 국가에 대한 개인의 기여의식(t=3.684, p<0.001), 국가에 대한 존중감(t=-6.443, p<0.001), 개인 정체성과 자긍심의 기반으로서의 국적(t=3.526, p<0.001), 세계화 시대의 호혜협력(t=5.361, p<0.001) 항목은 99% 신뢰수준 이상에서 통계적으로 유의한 차이가 있는 것으로 나타났으며, 국민의 국가에 대한 자부심(t=.435, p>.05) 항목은 95% 신뢰수준 이상에서 통계적으로 유의한 차이가 없는 것으로 나타났다.

둘째, 선진국과 개발도상국 집단별 연구변인들의 차이를 분석한 결과 시민적 요건(t=-3.142, p<0.01), 종족적 요건(t=2.186, p<0.05), 타 인종에 대한 태도(t=12.511, p<0.001), 다문화태도(공존)(t=14.025, p<0.001), 다문화 행동의사(t=8.634, p<0.001), 국가 정체성(t=3.976, p<0.001), 국가에 대한 개인의 기여의식(t=3.640, p<0.001), 국가에 대한 존중감(t=-8.400, p<0.001), 세계화 시대의 호혜협력(t=7.241, p<0.001) 항목은 95% 신뢰수준 이상에서 통계적으로 유의한 차이가 있는 것으로 나타났으며, 다문화태도(흡수)(t=.203, p>.05), 국민의 국가에 대한 자부심(t=1.473, p>.05), 개인 정체성과 자긍심의 기반으로서의 국적(t=1.879, p>.05) 항목은 95% 신뢰수준 이상에서 통계적으로 유의한 차이가 없는 것으로 나타났다.

셋째, 시민적 요건(F=19.673, p<0.001), 종족적 요건(F=12.834, p<0.001), 타 인종에 대한 태도(F=33.503, p<0.001), 다문화태도(공존)(F=69.700, p<0.001), 다문화태도(흡수)(F=14.620, p<0.001), 다문화 행동의사(F=19.132, p<0.001), 국가 정체성(F=5.793, p<0.001), 국민의 국가에 대한 자부심(F=3.694, p<0.001), 국가에 대한 개인의 기여의식(F=25.074, p<0.001), 국가에 대한 존중감(F=34.013, p<0.001), 개인 정체성과 자긍심의 기반으로서의 국적(F=6.716, p<0.001), 세계화 시대의 호혜협력(F=15.457, p<0.001)의 경우 한국 국적 취득 전 국적 내의 항목별로 차이가 있는지 분산분석(oneway ANOVA)을 통해 분석한 결과 95% 신뢰수준에서 통계적으로 유의한 차이가 있는 것으로 나타났다.

넷째, 국가 정체성에 대하여는 북한이 한국보다 높게 나타났다. 한국은 개방화와 세계화로 글로벌한 정책 속에서 다양성과 특수성을 함께 보장하고 있다. 그렇지만 북한은 폐쇄적이며 전제국가의 이념을 추구하면서 정체성을 강조하는 결과다. 탈북자들에게는 국가 정체성의 시대적 변화에 대한 인식을 제고해 다문화 정착을 위한 정책을 고려하는 것이 중요함을 알 수 있다.

연구개념의 평균분포를 기술통계를 통해 분석한 결과를 요약하면 시민적 요건 5.36±.94, 종족적 요건 4.87±1.29, 한국인으로 인정받기 위해 갖추어야 할 요건 5.11±.89, 다문화태도(공존) 3.76±1.13, 다문화태도(흡수) 5.27±.81, 타 인종에 대한 태도 4.23±.93, 다문화 행동의사 4.43±.97, 국민의 국가에 대한 자부심 4.98±.80으로 나타났다. 또한 국가에 대한 개인의 기여의식 2.97±1.00, 국가에 대한 존중감 5.28±1.05, 개인 정체성과 자긍심의 기반으로서의 국적 4.06±.70, 세계화 시대의 호혜협력 3.95±1.10, 국가 정체성 4.18±.55로 나타났다. 조사 대상자들의 연구개념 관련 평균수준은 시민적 요건이 가장 높고, 국가에 대한 존중감이 두 번째로 높으며, 국가에 대한 개인의 기여의식이 가장 낮은 것으로 나타났다.

2) 논의

국민 정체성 요건과 다문화태도, 다문화 행동의사가 국가 정체성에 미치는 영향에 대한 연구가설을 검증하여 채택/기각 결과를 요약하면 [표 5-24-1]과 같다.

[표 5-24-1]에서와 같이 국민 정체성 요건 중 종족적 요건은 국가 정체성에 미치는 영향에 대하여 전체적으로는 채택되었으나 한국인과 이주민으로 나누어 분석한 결과 차이가 있음을 발견하였다. 한국인은 다문화태도(공존), 타 인종에 대한 태도, 다문화태도(흡수)는 모두 채택되었고, 이주민은 다문화태도(공존)는 기각되고 다문화태도(흡수)는 채택되었다. 이는 한국인은 단일민족이라는 문화 전통 때문에 자부심을 가지고 있어 종족적 요건이 강한 것으로 보이며, 이주민은 한국에서 공존과 타 인종에 대한 권위를 존중하는 욕구가 강하여 차이가 발생하는 것으로 인지된다.

국민 정체성 요건 중 시민적 요건은 국가 정체성에 미치는 영향에 대하여 전체적으로는 기각되었으나 한국인은 다문화태도(공존)는 기각이 되고 다문화태도(흡수)는 채택되었다. 이는 아직도 한국인들에게 단일민족에 대한 인식이 존재하여 인식되는 현상이며, 국가 정체성에서 우월함을 보장하기 위한 것으로 판단된다. 이주민은 다문화태도(공존)와 다문화태도(흡수)는 채택되고 타 인종에 대한 태도는 기

[표 5-24-1] 국민 정체성 요건과 다문화태도, 다문화 행동의사가 국가 정체성에 미치는 영향 검증 결과 채택/기각 요약

구분		전체	한국인과 이주민		
			요인	한국인	이주민
국민 정체성 요건 (H1)	종족적 요건	채택	다문화에 대한 태도(공존)	채택	기각
			다문화에 대한 태도(흡수)	채택	채택
			타 인종에 대한 태도	채택	기각
	시민적 요건	기각	다문화에 대한 태도(공존)	기각	채택
			다문화에 대한 태도(흡수)	채택	채택
			타 인종에 대한 태도	기각	기각
다문화태도 (H2)	공존	채택	다문화 행동의사	채택	채택
	흡수	채택	다문화 행동의사	기각	채택
	타 인종에 대한 태도	채택	다문화 행동의사	채택	채택
다문화 행동의사 → 국가 정체성 (H3)		채택	다문화 행동의사 → 국가 정체성	채택	채택

각되었다. 이주민은 한국에서 공존과 흡수에 대한 의미 부여에 관심을 보이지만 타 인종에 대한 태도에서는 동일한 인식을 원하기 때문에 발생하는 현실을 그대로 보여 주고 있다. 따라서 시민적 요건에 대하여 전체적으로는 영향을 주지 않는 것으로 보이지만 한국인과 이주민으로 구분하여 분석한 결과 차이가 있음이 발견된 만큼 교육과 정책을 구상할 때는 세부사항까지 고려해야 함을 시사한다.

다문화태도가 다문화 행동의사에 미치는 영향에 대하여는 모두 채택되었으나 한국인과 이주민으로 나누어 분석한 결과 차이가 있음을 발견하였다. 이주민은 다문화태도(공존)와 다문화태도(흡수), 그리고 타 인종에 대한 태도에서 모두 채택되었으나 한국인은 다문화태도(흡수)만 기각되었다. 이주민과 한국인은 다문화의 태도와 국가 정체성의 관계에서 민감한 반응을 보임을 알 수 있다. 그러나 한국인이 다문화태도(공존)에 대하여 민감한 반응을 보이지 않은 것은 산업적 성향

이 강해지고 사회 환경이 변화함에 따라 나타나는 현상으로 보인다.

다문화 행동의사가 국가 정체성에 미치는 영향에 대하여는 모두 채택되었
다. 다문화 행동은 문화와 환경의 차이에서 국가마다 정체성을 가지고 있기 때문
에 국적을 취득해도 변화하지 않으려는 핵심의 정체가 있는 것에서 나타나는 현
상으로 판단된다. 다문화사회화는 III장에서 논의한 바와 같이 이미 세계적으로
활발하게 진행되고 있으며, 여기에서 발생하는 여러 문제와 국가 정체성의 관계
가 밀접하게 작용하는 것은 사실이다. 그러나 전체적으로 문제가 없는 것같이 인
식되지만 한국인과 이주민의 차이가 발생함을 발견하였다.

다문화사회화 요인이 국가 정체성의 하위 요인별 분석 결과에서 나타난 가
설 검증의 채택 여부는 [표 5-24-2]와 같다.

[표 5-24-2]와 같이, 국민 정체성 요건 중 종족적 요건은 국가 정체성에 미
치는 영향에 대하여 하부 요인별 분석에서 국가에 대한 개인의 기여의식, 개인 정
체성과 자긍심의 기반으로서의 국적, 세계화 시대의 호혜협력은 채택되고, 국민
의 국가에 대한 자부심, 국가에 대한 존중감은 기각되었다. 이는 국민의 정신세계
가 개인의 실존을 중시하는 현상에서 나타나는 맥락과 같은 현상이다. 국가에 대

[표 5-24-2] 다문화사회화 요인이 국가 정체성의 하위 요인별로 미치는 영향 검증 결과 채택/기각 요약

구분		국가 정체성 하위 요인				
		국민의 국가에 대한 자부심	국가에 대한 개인의 기여의식	국가에 대한 존중감	개인 정체성과 자긍심의 기반으로서의 국적	세계화 시대의 호혜협력
국민 정체성 요건(H4)	종족적 요건	기각	채택	기각	채택	채택
	시민적 요건	채택	기각	채택	채택	기각
다문화태도 (H5)	공존	기각	채택	기각	기각	채택
	흡수	채택	기각	채택	기각	기각
	타 인종에 대한 태도	기각	채택	기각	채택	기각
다문화 행동의사(H6)		채택	기각	채택	기각	채택

한 존중감보다 개인의 성취가 다문화사회화에 적응하고 있음을 알 수 있다.

국민 정체성 요건 중 시민적 요건은 국가 정체성에 미치는 영향에 대하여 하부 요인별 분석에서 국민의 국가에 대한 자부심, 국가에 대한 존중감, 개인 정체성과 자긍심의 기반으로서의 국적은 채택되고 국가에 대한 개인의 기여의식, 세계화 시대의 호혜협력은 기각되었다. 시민적 요건에서는 다른 차이를 보이고 있다. 국가관과 개인관의 경계선이 없어지기 때문에 국민의 국가에 대한 자부심, 세계화 시대의 호혜협력은 당연히 이루어지는 단계에 와 있음을 알 수 있다.

다문화태도(공존)가 국가 정체성에 미치는 영향에 대하여 하부 요인별 분석에서 국가에 대한 개인의 기여의식, 세계화 시대의 호혜협력은 채택되고 국민의 국가에 대한 자부심, 국가에 대한 존중감, 개인 정체성과 자긍심의 기반으로서의 국적은 기각되었다. 여기서는 국가에 대한 개인의 기여의식, 세계화 시대의 호혜협력은 글로벌 시대에 자기의 역할에 대한 인식이 강한 것에 대한 기대를 하고 있으며, 국민의 국가에 대한 자부심, 국가에 대한 존중감, 개인 정체성과 자긍심의 기반으로서의 국적 등 국가의 기대에 대한 인지가 점점 줄어들고 있음을 알 수 있다.

다문화태도(흡수)가 국가 정체성에 미치는 영향에 대하여 하부 요인별 분석에서 국민의 국가에 대한 자부심, 국가에 대한 존중감은 채택되고 국가에 대한 개인의 기여의식, 세계화 시대의 호혜협력, 개인 정체성과 자긍심의 기반으로서의 국적은 기각되었다. 이는 외국인을 흡수하는 입장에서 국민의 국가에 대한 자부심, 국가에 대한 존중감의 우월함을 생각하며, 국가에 대한 개인의 기여의식, 세계화 시대의 호혜협력, 개인 정체성과 자긍심의 기반으로서의 국적과 같은 개인적 성향은 고려하지 않음을 알 수 있다.

타 인종에 대한 태도에서 국가 정체성에 미치는 영향에 대하여 하부 요인별 분석에서 국가에 대한 개인의 기여의식, 개인 정체성과 자긍심의 기반으로서의 국적은 채택되었고 국민의 국가에 대한 자부심, 국가에 대한 존중감, 세계화 시대의 호혜협력은 기각되었다. 이는 국가에 대한 개인의 기여의식, 개인 정체성과 자긍심의 기반으로서의 국적이 타 인종에 대한 태도에 영향이 있는 것으로 국가의 표상을 상징할 수 있는 것으로 해석할 수 있다. 따라서 국가에 대한 존중감, 세계화 시대의 호혜협력은 너무나 익숙해져 가는 다문화사회에서 평범한 수준으로 일반화된 현상을 암시한다.

다문화 행동의사가 국가 정체성에 미치는 영향에 대하여 하부 요인별 분석에서 국민의 국가에 대한 자부심, 국가에 대한 존중감, 세계화 시대의 호혜협력은 채택되었고, 국가에 대한 개인의 기여의식, 개인 정체성과 자긍심의 기반으로서의 국적은 기각되었다. 다문화 행동의사는 다문화사회화 과정에서 매우 중요한 요소이며, 국가 정체성에 많은 영향을 주는 것이 사실이다. 그렇지만 개인의 정체성을 강조하는 현실에서도 다문화 행동의사는 국가관에 관련된 요소에 관심을 가지고 행동함을 알 수 있다.

다문화사회에서 중요하게 제기될 수 있는 공동체 차원의 문화권 확보와 관련해서도 적지 않은 갈등이 다문화 초기에 발생하는바 이를 극복하기 위해서는 기본적으로 이주민을 한국 사회에 적응하지 못하는 존재 또는 사회문제의 원인으로 보는 시각을 버리고 주류사회와 동일한 문화적 권리를 지니는 다문화사회의 주체로 규정할 필요가 있다. 이는 다문화정책을 동화주의보다 다원주의로 전개할 필요가 있다는 것에 우리 사회 다문화 구성원들이 공감한다는 것을 나타낸다.

1960년대 이후 세계의 큰 흐름은 문화다원주의다. 이는 주류사회의 문화를 인정하면서 동시에 다양한 집단의 문화 정체성을 존중하는 입장이다. 문화다원주의는 모든 문화는 각자 독특하고 고유하며 다양한 특성을 가지고 있으므로 이를 존중해야 한다는 문화태도다. 자신의 문화를 올바르게 평가하고, 서로 다른 문화를 존중하며, 다양한 문화 전통 안에서 협조하며 공존하는 시민사회로 발전시키는 노력이 필요하다.

한국인의 국가 정체성에 대해 국제 비교연구를 실시한 정기선 외(2011: 50)는 "한국인의 국가 정체성은 종족 중심적이고 배타적인 성향을 가지고 있다"고 하였다. 이에 반하여 본 연구의 결과를 종합하면 우리 사회가 공존적 다문화사회를 지향하는 것으로 나타나, 선행연구와 다른 주장을 제시했다. 다시 말해 2011년 이후 한국의 다문화 연구에서 공존이라는 새로운 흐름을 확인할 수 있는 실증 근거를 제시하였다.

국민 정체성 요건 중 종족적 요인은 기여의식에 영향을 미쳐 역사적·사회적·민족적 동질감을 확인할 수 있다. 시민적 요인은 역사적으로 발생사적 관점에서 영토주의를 포함하나 국가 정체성에서 우리의 경우는 이 가설이 기각되었다는 점이 특징이다. 공존은 국적이라는 귀속의식에서 기각되었으며, 세계화 호혜협력에서 채택되어 당연한 결과라고 볼 수 있다.

흡수는, 타 인종에 대한 태도와 세계화 호혜협력에서 기각되어 다문화주의로의 이행 과정에 있다는 특징을 지닌다는 것을 확인할 수 있다. 다문화 행동의사는 자부심과 국가에 대한 존중감, 세계화 호혜협력에서 채택되고, 기여의식과 국적 측면에서 기각되어 협력과 개방에 토대를 둔 다문화주의를 지향하는 다문화 행동의사가 국가 정체성에 영향을 미치는 것으로 나타났다.

VI

공존의 다문화사회를 위한 정책 제언

본 연구는 한국의 다문화사회화에 따라 발생할 수 있는 인종 사이의 정체성 혼란이나 민족 간 마찰과 같은 위험요소를 최소화하기 위하여 어떻게 다문화주의적 사회통합을 바탕으로 한 공존공생을 실현할 것인지 모색하는 것을 연구방향으로 설정하였다.

이를 위해 우선 우리 사회에서 다문화 구성원들의 국민 정체성 요건과 태도, 행동의사가 국가 정체성에 미치는 영향을 조사하였다. 그 후 단일민족에서 다문화사회로 이행하는 한국 사회의 특수성을 진단하고 우리 사회가 동화주의적 방향, 또는 다원적 가치관을 지닌 다문화사회를 지향하는가를 분석하여 향후 다문화정책의 방향을 제시하였다.

본 연구의 목적을 달성하기 위하여 연구문제를 다음과 같이 설정하여 연구를 진행하였다.

첫째, 국민 정체성 요건이 국가 정체성에 미치는 수준은 어떠하며, 그 영향은 어떠한 관계를 형성하는가?

둘째, 다문화태도가 국가 정체성에 미치는 수준은 어떠하며, 그 영향은 어떠한 관계를 형성하는가?

셋째, 다문화 행동의사가 국가 정체성에 미치는 수준은 어떠하며, 그 영향은 어떠한 관계를 형성하는가?

넷째, 국민 정체성 요건이 다문화태도에 미치는 영향은 어떠하며, 다문화태도가 다문화 행동의사에 미치는 영향은 어떠한가?

다문화 행동의사가 국가 정체성에 미치는 영향과 이들의 관계는 어떻게 형성하는가?

이러한 연구문제를 바탕으로 연구를 진행한 결과는 다음과 같이 요약할 수 있다.

첫째, 조사 대상자들의 연구개념 관련 평균수준을 살펴보면 시민적 요건이 가장 높고, 국가에 대한 존중감이 두 번째로 높으며, 국가에 대한 개인의 기여의식이 가장 낮은 것으로 나타났다. 기술통계를 통해 연구개념의 평균분포는 시민적 요건 5.36±.94, 종족적 요건 4.87±1.29, 한국인으로 인정받기 위해 갖추어야할 요건 5.11±.89, 다문화태도(공존) 3.76±1.13, 다문화태도(흡수) 5.27±.81을 나타냈다. 또한 타 인종에 대한 태도 4.23±.93, 다문화 행동의사 4.43±.97, 국민의 국가에 대한 자부심 4.98±.80, 국가에 대한 개인의 기여의식 2.97±1.00, 국가에 대한 존중감 5.28±1.05, 개인 정체성과 자긍심의 기반으로서의 국적 4.06±.70, 세계화 시대의 호혜협력 3.95±1.10, 국가 정체성 4.18±.55로 나타났다. 이 결과는 한국인은 종족적 요건보다 시민적 요건을 더 높게 인식하며, 국민 정체성 요건, 태도나 행동의사가 매우 높아 우리나라가 본격적으로 다문화사회로 접어들었음을 반영하였다.

둘째, 상관분석을 통해 다문화태도 및 타 인종에 대한 태도, 다문화 행동의사와 국가 정체성이 상관관계를 가지는 것으로 나타났다. 다문화태도(공존)와 국가에 대한 개인의 기여의식 사이에는 (r=0.528)로 상관 크기가 나타나 강한 상관관계가 있으며, 다문화태도(공존)와 국가에 대한 존중감 사이에는 (r=-0.368)로 상관 크기가 나타나 중간 정도의 음의 상관관계가 있다. 다문화태도(공존)와 개인 정체성과 자긍심의 기반으로서의 국적 사이에는 (r=0.173)으로 상관 크기가 나타나 상관관계가 있다. 다문화태도(공존)와 세계화 시대의 호혜협력 사이에는 (r=0.396)으로 상관 크기가 나타나 중간 정도의 상관관계가 있어 대체로 다문화태도(공존)와 국가 정체성은 상관이 있다.

타 인종에 대한 태도와 국민의 국가에 대한 자부심 사이에는 (r=0.206)으로 상관 크기가 나타나 상관관계가 있으며, 타 인종에 대한 태도와 국가에 대한 개인의 기여의식 사이에는 (r=0.478)로 상관 크기가 나타나 중간 정도의 상관관계가 있다. 타 인종에 대한 태도와 개인 정체성과 자긍심의 기반으로서의 국적 사이에는 (r=0.285)로 상관 크기가 나타나 상관관계가 있으며, 타 인종에 대한 태도와 세계화 시대의 호혜협력 사이에는 (r=0.297)로 상관 크기가 나타났다.

또한 다문화 행동의사와 국민의 국가에 대한 자부심 사이에는 (r=0.340)으로 상관 크기가 나타나, 99% 신뢰수준에서 통계적으로 유의한 중간 정도의 상관관계가 있다. 다문화 행동의사와 국가에 대한 개인의 기여의식 사이에는 (r=0.303)으로 상관 크기가 나타나, 99% 신뢰수준에서 통계적으로 유의한 중간 정도의 상관관계가 있다. 다문화 행동의사와 개인 정체성과 자긍심의 기반으로서의 국적 사이에는 (r=0.130)으로 상관 크기가 나타나, 상관관계가 있으며, 다문화 행동의사와 세계화 시대의 호혜협력 사이에는 (r=0.437)로 상관 크기가 나타나, 중간 정도의 상관관계가 있다.

따라서 원칙적으로 동화론보다 다원주의적 다문화에 대한 기대가 나타난다고 볼 수 있다. 현실적으로 다문화 이주민들이 한국 사회에서 주체적 시민으로서 삶을 영위할 수 있도록 한국 사회가 이주민의 문화적 배경과 정체성을 인정하고 존중할 필요가 있다는 점이 반영된 것으로 나타났다.

셋째, 출신 국가별로 다문화사회화 요인과 국가 정체성 요인이 유의미한 차이를 보였다. 한국 국적 취득 전 국적별로 차이가 있는지 분산분석(oneway ANOVA)을 통해 분석한 결과 95% 신뢰수준에서 통계적으로 유의한 차이가 있는 것으로 나타났다. 이를 구체적으로 기술하면 시민적 요건($F=19.673$, $p<.001$), 종족적 요건($F=12.834$, $p<.001$), 타 인종에 대한 태도($F=33.503$, $p<.001$), 다문화태도(공존)($F=69.700$, $p<.001$), 다문화태도(흡수)($F=14.620$, $p<.001$), 다문화 행동의사($F=19.132$, $p<.001$), 국가 정체성($F=5.793$, $p<.001$), 국민의 국가에 대한 자부심($F=3.694$, $p<.001$), 국가에 대한 개인의 기여의식($F=25.074$, $p<.001$), 국가에 대한 존중감($F=34.013$, $p<.001$), 개인 정체성과 자긍심의 기반으로서의 국적($F=6.716$, $p<.001$), 세계화 시대의 호혜협력($F=15.457$, $p<.001$) 요인이 통계적으로 유의미하였다.

다른 한편 국가 정체성의 평균에서 한국이 4.26, 중국 4.36, 일본 4.42, 동남아 4.10, 몽골 4.19, 북한 4.33, 미얀마 3.81, 필리핀 3.97, 베트남 4.16, 기타 국가가 4.28로 나타났다. 일본이 4.42점으로 높고, 미얀마가 3.81점으로 낮다. 일본 출신 다문화 이주민들은 국가 정체성이 높고, 동남아 다문화 이주민의 경우 국가 정체성이 상대적으로 낮다는 것이 특징이다.

넷째, 연구가설 검증 결과 종족적 요건이 다문화태도에 미치는 영향은 채택되고, 시민적 요건이 다문화태도에 미치는 영향은 기각되었다. 이는 우리 사회의 다문화 공존을 위한 환경이 아직 성숙 과정에 있음을 보여 주는 결과다. 다문화에 대한 태도 중에서는 공존, 흡수, 타 인종에 대한 태도가 모두 채택되었다. 다른 다문화 국가들에서와 같이 우리나라도 다문화사회로 이행하면서 동화주의와 다원주의 가치관이 공존하는 것으로 나타났다. 본 가설 검증 결과가 2011년 정기선 등의 연구 결과에 비해 공존과 다원주의로 이행 과정에 있음을 보여 준다는 점은 시사하는 바가 크다고 볼 수 있다. 미래 우리나라의 다문화사회는 앞선 II장에서 기술한 독일과 같은 흡수통합 방식이나 단일민족 중심 방식보다 다원사회적 방향으로의 설계가 필요함을 의미한다.

다문화 행동의사가 국가 정체성에 미치는 영향을 분석한 결과 통계적으로 유의한 영향관계가 있으며, 다양한 문화적 전통을 가지면서도 하나의 사회로 통합되어 국가 정체성을 유지하는 것은 모든 국가 구성원들의 과제이며 관심사다. 다문화 행동의사가 국가 정체성에 미치는 영향에서는 유의한 결과가 나타나, 다양성 속에서도 정체성을 갖출 필요가 있음이 드러났다.

다섯째, 국민 정체성 요건 및 태도, 행동의사가 국가 정체성에 미치는 종합적 영향력을 분석한 결과, 공존적 다문화태도가 국가 정체성에 대한 설명력 증대 효과를 가진다는 점이 밝혀졌다. 국민 정체성 요건 등 인식 요인과 다문화태도 중 공존 요인에 의한 국가 정체성에 대한 설명력은 39.9%로 나타났다. 따라서 국민 정체성 요건 · 태도 · 행동의사, 하위 요인 중 종족적 요건과 공존, 그리고 타 인종에 대한 태도가 상승작용을 하면서 국가 정체성에 종합적으로 영향을 미치고 있음을 알 수 있다. 또한 다문화사회로의 이행을 위해서는 인식의 전환, 태도의 변화, 행동의 변화가 동시에 일어나야 한다는 점도 시사한다.

한국인과 이주민의 차이를 비교한 결과 한국인의 경우 태도 중 시민적 의식이 성장 단계에 있으며 종족적 요건이 크면서도 공존이나 타 인종에 대한 다문화태도나 다문화 행동의사가 전반적으로 성숙하여 국가 정체성에 영향을 준다. 이주민의 경우 태도 중 이주 전 국가나 민족에 대한 종족적 태도를 버려야 하며, 이주국가 내에서 타 인종에 대한 다문화태도나 다문화 행동의사가 전반적으로 성숙할 필요가 있다. 태도는 부분적으로 차이가 있으나 전체적으로는 마찬가지로 연구가설이 채택되어 이주민도 다문화 공존을 지향하며, 다문화태도나 행동의사가 국가 정체성에 영향을 주고 있음을 알 수 있다.

기존의 다문화 관련 논문이 이주민을 대상으로 진행한 데 반해 본 연구는 한국 국적을 취득한 이주민과 내국인을 포함하여 한국 국민 전체를 대상으로 진행하였다. 이렇게 진행한 연구를 통해 얻은 결론은 다음과 같다.

첫째, 한국인의 국민 정체성 요건이 다문화태도에 영향을 미친다. 다문화태도는 행동의사와 영향관계에 있으며, 나아가 이것은 한국인의 국가 정체성과 유의한 관계가 있는 것으로 분석되었다.

다문화주의적 사회통합을 위해서는 한국 사회의 주체인 한국인의 적극적 지지가 필요함에도 다문화 관련 연구에서는 이주민이 주요 연구 대상이었다. 본 책에서는 한국인의 정체성이 다문화 관련 태도 및 행동과 연관성이 있음을 증명하고자 하였으며, 분석 결과 한국인의 국가 정체성과 다문화 행동의사가 영향관계에 있다는 가능성을 확인하였다. 이는 성공적인 다문화사회 진입을 위하여 우리 자신을 돌아볼 필요가 있음을 의미하는 것이다. 한국인의 정체성이 다문화 관련 태도 및 행동과의 연관성이 증명되었으므로 이주민과 내국인이 함께 지향할 수 있는 정책을 설계하여야 한다.

둘째, 기술통계에서 우리나라가 본격적으로 다문화사회에 접어들었다는 점을 알 수 있었다. 상관분석 역시 우리 사회가 다문화사회로 나아가고 있음을 보여주었다. 이러한 환경이 조성되어 새로운 구조적 이행에 많은 노력이 필요하며, 고정적 관념인 동화론적 시각에 대한 다양한 반성과 성찰이 선행되어야 한다.

셋째, 본 연구의 차이 분석을 통해 다양한 국가 출신의 다문화에 대한 태도에는 차이가 있으며, 전반적으로는 수용하는 듯 보이지만 하위 요소별로 분석하면 다양한 차이를 보여 이주민들에게 문화다원주의적 수용 태도를 길러 줄 수 있는 정책이 필요하다. 이를 위해 이주민들에게 다문화교육을 실시하는 정부기관이나 민간위탁기관의 한국어 강좌나 출산 관련 복지 지원, 자녀의 이중언어 적응을 위한 지도 및 치료 등의 정책 개발이 요구된다.

이주민들은 새로 이주한 한국 사회에 동화되거나 적응하기를 요구받으면서도 자녀의 출산과 양육이라는 역할만 기대되고 있다. 이를 위한 상호 이해의 폭을 넓혀 공존의 장을 만드는 다원주의적이고 체계화된 문화교육 프로그램 설계가 필요하다.

넷째, 한국 국적 취득 전 국적별 분석 결과 통계적으로 유의한 차이가 나타났다. 미얀마·필리핀 출신의 경우 국가 정체성 평균이 낮았으며, 일본 출신 이주민은 내국인의 국가 정체성 평균보다 높았다. 현재 이주민을 대상으로 하는 다문화 프로그램은 이러한 차이를 고려하지 않고 이루어지고 있다. 다문화정책 혹은 다문화교육 관련 기관에서는 출신 국가별 차이를 토대로 세분화한 단계적 적응 프로그램을 준비해야 하는 시기다. 이를 통해 차별화되고 맞춤화된 이주민정책과 관련 교육 프로그램을 제공해야 한다.

다섯째, 한국은 다문화주의가 정착되는 단계의 국가로 인구 구성에서 이주민의 비율이 상대적으로 낮다. 그러나 다문화사회로의 진입은 부정할 수 없는 사실이다. 앞으로 이주민은 계속 증가할 것이다. 현 상황에서 다문화에 대한 준비를 철저히 하지 않으면 다문화주의에 의한 갈등이 현실화하고, 이주민에 대한 주류한국인의 태도가 부정적으로 변화할 수도 있다. 극단적인 갈등을 사전에 방지하고 다문화사회의 진입에 대한 체계적인 준비를 하기 위해서는 정부와 시민사회의 일관된 규칙을 마련해야 한다. 다문화 관련 정책 집행과 운영의 개선과 함께 다문화에 대한 국민의 인식 개선과 긍정적 태도 형성을 위한 지속적인 홍보 캠페인, 다문화 관련 변화 추이에 대한 조사 등을 통하여 성공적 다문화사회 진입을 위한 정부 차원의 지원과 준비가 이루어져야 한다.

여섯째, 이주민들이 한국 사회에서 주체적 시민 또는 국민으로서 국가 정체성을 공유하며 더 나은 삶을 영위할 수 있게 하려면 무엇보다 한국 사회가 이주민들의 문화적 배경과 정체성을 먼저 인정하고 존중할 필요가 있다. 한국이 다문화사회로 전환되고 있음을 한국의 모든 국민은 인지해야 한다. 우리는 다양한 이주민과 함께 살아가야 한다. 이주민들의 존재를 인정하고, 다른 문화를 가치 있는 것으로 존중하기 위해 우리의 일상에서 그들과 더 가까이 사는 구체적 실천을 다양화하고 삶의 공간을 새롭게 만들어 갈 필요가 있다. 현재는 이주자들을 대상으로 다문화 프로그램을 실시하지만, 한국 국민도 이주자들의 문화적 뿌리를 이해하고 그들의 문화를 공감하고 체험할 수 있는 프로그램을 마련하는 방안을 도입해야 한다.

일곱째, 국민 정체성 요건과 태도, 행동의사와 국가 정체성의 영향관계에 대한 가설 검증 결과 동화 혹은 흡수 지향적 다문화정책은 다문화사회에 대한 적극적이고 폭넓은 수용, 이주민들의 한국 사회에의 적응과 정착 측면을 강조한다. 그러나 더 중요한 것은 이주민들의 출신 국가와 한국이 사회 · 경제 · 문화적 교류를 통해 그들의 문화 전통을 우리 사회의 긍정적 자원으로 전환시켜 정치적 · 경제적으로 한 단계 더 세계화를 향해 나아갈 수 있는 방안을 모색하는 것이다.

여덟째, 이주민들에게 국가 정체성을 확립시키기 위해서는 국민 정체성 요건과 태도에 대한 정책적 대안이 필요하다. 2011년 노르웨이에서 발생한 이민자에 대한 총격 등 다문화로 인한 끔찍한 참사가 발생하고 있다. 따라서 주류한국인들을 대상으로 언론을 통해 다문화를 가깝게 접하도록 하는 한편 지속적인 교육으로 세계시민으로서의 마음가짐을 갖도록 해야 한다. 이를 수용할 수 있는 다문화교육 프로그램 등 다양한 콘텐츠를 개발하여 이주민들이 한국의 국가 정체성을 올바르게 이해할 수 있도록 유도해야 할 것이다.

내국인 주류문화집단이 가진 정체성과 이데올로기 등은 다문화 이민자들의 흡수 혹은 동화보다 공존을 추구하고, 이주민의 경우도 이주한 사회에 적응하는 가운데 다원주의를 추구한다. 다문화사회 구성원들의 국민 정체성 요건과 태도, 행동의사를 지속적으로 관리함으로써 구성원들의 국가 정체성을 제고해야 한다. 정부나 민간단체들도 사회적 편견을 해소하기 위해 사회복지사업, 교육, 청소년 관련 종사자들에게도 다문화 공존교육을 강화할 수 있는 정책을 추진해야 한다. 이민 2세들에게도 체계적인 다문화교육을 제공하여 사회통합을 유도하는 노력이 필요하다. 지역사회 주민들도 외국인 주민이나 자국 주민들이 겪는 생활상의 문제를 해결하면서 공존의 질서를 형성해 가도록 다문화 융합정책을 펼쳐 장기적 관점에서도 다문화 공생관계를 한국 사회에 정착시킬 정책적 대안이 요구된다.

본 연구는 우리 사회에서 점차 증가하는 다양한 문화적 배경을 가진 이주민의 국민 정체성 요건과 태도, 행동의사가 국가 정체성에 미치는 영향을 분석하였다. 또한 단일민족이라는 문화전통에서 다문화사회로 이행하는 한국 사회의 특수성을 진단하고, 초국적으로 진행되는 다문화사회의 흐름과 우리의 사회적 현실을 반영하여 다원적 가치관을 지닌 다문화사회를 지향하는지 여부를 진단하였다. 이러한 연구 과정에서 드러난 본 논문의 한계와 향후 과제를 제시하면 다음과 같다.

첫째, 이주민을 중심으로 이루어진 다문화 관련 연구의 폭을 넓혔다. 한국 국민과 이주민을 모두 연구 대상으로 하여 다가오는 다문화사회에서 사회통합을 이끌어 내기 위해서는 두 집단이 함께 노력해야 함을 제시하였다. 그러나 주로 이주민을 대상으로 하는 다문화 연구가 주축을 이루다 보니 선행연구를 찾는 데 한계가 있었다. 앞으로 다문화에 대한 한국 사회 구성원의 인식과 태도에 대한 지속적인 연구를 통해 성공적인 다문화사회를 준비해야 한다.

둘째, 한국은 오랜 역사 속에서 단일민족주의 성향을 띠며 혈통을 중요하게 여겼다. 다문화가 한국의 역사에서 기인하는 정체성, 한국의 고유한 문화와 어떠한 영향관계를 갖는지 본 연구를 통해 분석하였다. 이를 위해 '국민 정체성 요건', '다문화태도', '다문화 행동의사', '국가 정체성'이라는 개념을 설정하여 연구를 진행하였다. 이 과정에서 사용한 개념들에 대한 재논의 및 연구의 척도가 필요함을 확인할 수 있었다. 다문화 관련 태도나 행동의사 등은 오랜 기간에 걸쳐 학술적으로 축적된 개념이 아니다. 국가 정체성의 경우도 정체성의 개념을 확장하여 정리하였다. 국가 정체성을 측정하기 위한 도구 역시 해외 논문의 척도를 바탕으로 수정하여 사용하였다. 향후 국가 정체성과 다문화의 관계 분석 연구가 축적되어 한국 현실에 맞는 개념에 대한 논의 및 연구 척도의 개발이 이루어져야 할 것이다.

셋째, 본 연구에서는 이주민도 한국 국민으로서 연구 대상에 포함하였다. 이들의 다문화태도 및 행동의사와 국가 정체성을 분석하고자 하였지만 여러 한계가 드러났다. 먼저 조사 대상의 성별 등 인구통계학적 특성이 고루 반영되지 않은 것에 아쉬움이 남는다. 이주민의 경우 한국어 의사소통이 원활하지 못한 경우가 있어 설문조사 때 조사원이 통역을 하였다. 이 과정에서 조사원의 의견이 강조되거나 잘못 전달되었을 수 있는 만큼 타당도가 낮을 우려가 있다.

넷째, 설문의 표집 대상이 한국인의 경우 대부분 서울과 수도권에 거주하고, 이주민 역시 거주하거나 활동하는 지역이 매우 한정적이어서 연구 결과를 일반화하는 데 한계가 있었다. 한국인의 생각을 대표할 수 있는 집단을 선정하여 새로운 연구가 있기를 기대한다.

다섯째, 다문화사회로 진입하는 한국 사회는 결혼이주가족의 자녀들에 대한 준비도 필요하다. 2세든 중도입국(비보호) 자녀든 어떠한 사회적 차별 없이 일반 청소년들과 마찬가지로 사회적 · 개인적 기회를 누리며 성장할 수 있도록 법적 · 제도적 장치를 마련하기 위한 이주가족 자녀 세대에 대한 연구들이 지속적으로 이루어져야 할 것이다.

설 문 지

안녕하십니까?

본 설문지는 "한국 다문화정책의 발전을 위한 탐색적 연구"를 위해 개발
되었습니다.

본 조사는 익명으로 실시되며, 응답자의 신원을 알 수 없도록 코딩되어
통계 목적으로만 사용되므로 개인의 비밀은 철저히 보장됩니다. 바쁘시더
라도 성의껏 솔직하게 응답해 주시기를 부탁드리겠습니다.

설문에 대하여 궁금하신 점은 연구자에게 문의하여 주시기 바랍니다.

감사합니다.

연구자: 최 영 은

(응답자 선정 질문) **선생님께서는 현재 대한민국 국적을 가지고 계십니까?**

① 예   ② 아니오 ☞ 면접 중단

Ⅰ. 일반 사람들이 '한국인'으로 인정받기 위해 갖추어야 할 요건으로 다음과 같은 사항들이 얼마나 중요하다고 생각하십니까? 다음 각각에 대하여 귀하가 중요하다고 생각하는 정도를 1점부터 7점까지 표시하여 주십시오.(4점이 중간입니다)

번호	문항	전혀 아니다　　보통 이다　　매우 그렇다
1	한국에서 태어나는 것	1 - 2 - 3 - 4 - 5 - 6 - 7
2	한국인 조상을 가지는 것	1 - 2 - 3 - 4 - 5 - 6 - 7
3	아버지가 한국인인 것	1 - 2 - 3 - 4 - 5 - 6 - 7
4	어머니가 한국인인 것	1 - 2 - 3 - 4 - 5 - 6 - 7
5	생애의 대부분을 한국에서 사는 것	1 - 2 - 3 - 4 - 5 - 6 - 7
6	한국의 문화적 전통을 이어 가는 것	1 - 2 - 3 - 4 - 5 - 6 - 7
7	한국어를 할 수 있는 것	1 - 2 - 3 - 4 - 5 - 6 - 7
8	한국의 정치제도와 법을 존중하는 것	1 - 2 - 3 - 4 - 5 - 6 - 7
9	한국인임을 느끼는 것	1 - 2 - 3 - 4 - 5 - 6 - 7
10	한국 국적을 갖는 것	1 - 2 - 3 - 4 - 5 - 6 - 7
11	한국의 정치 · 경제 · 사회 · 문화 발전에 기여하는 것	1 - 2 - 3 - 4 - 5 - 6 - 7

Ⅱ. 다음은 귀하의 다문화에 대한 태도에 관한 질문입니다. 각 문항을 잘 읽고 귀하의 생각과 가장 일치하는 곳에 ○표 해 주십시오.

번호	문항	전혀 아니다　　보통 이다　　매우 그렇다
1	국가는 각자의 문화적 배경을 가진 다양한 그룹이 사회를 구성하고 있음을 알아야 한다.	1 - 2 - 3 - 4 - 5 - 6 - 7
2	이주민들이 자신들의 문화를 유지할 수 있도록 국가 안에서 지지해 주어야 한다.	1 - 2 - 3 - 4 - 5 - 6 - 7
3	이주민들이 자신들의 문화적 배경을 빨리 포기하는 것이 국가에 더 이익이다.	1 - 2 - 3 - 4 - 5 - 6 - 7
4	다양한 문화집단으로 구성된 사회는 새로운 문제들에 더 잘 대처할 수 있다.	1 - 2 - 3 - 4 - 5 - 6 - 7
5	단일국가 공동체에 대한 이념은 자신들의 관습과 전통을 고수하는 이주민들에 의해 약해지고 있다.	1 - 2 - 3 - 4 - 5 - 6 - 7
6	이주민들이 자신들의 관습과 전통을 지키길 원한다면 공공연하게 해서는 안 된다.	1 - 2 - 3 - 4 - 5 - 6 - 7
7	여러 문화적 그룹으로 구성된 사회는 단일화된 사회보다 국가 정체성에 더 많은 문제들을 가지고 있다.	1 - 2 - 3 - 4 - 5 - 6 - 7
8	토착민들은 이주민들과의 전통과 관습을 이해하기 위해 더 많은 노력을 기울여야 한다.	1 - 2 - 3 - 4 - 5 - 6 - 7
9	이주민 중 부모들은 자신의 아이들이 모국의 관습과 전통을 존중하도록 가르쳐야 한다.	1 - 2 - 3 - 4 - 5 - 6 - 7
10	이주해 온 국민들은 그 국가에 맞추어 행동해야 한다.	1 - 2 - 3 - 4 - 5 - 6 - 7
11	이주민들은 부단히 노력하여 자신들의 문화를 지켜 내야 한다.	1 - 2 - 3 - 4 - 5 - 6 - 7
12	국가는 원래 가지고 있던 고유의 문화를 지키기 위해 최선을 다해야 한다.	1 - 2 - 3 - 4 - 5 - 6 - 7
13	이주민들은 국가에 흡수되기 위해 최선을 다해야 한다.	1 - 2 - 3 - 4 - 5 - 6 - 7
14	토착민들은 다른 사람들의 문화와 규범에 순응하기 위해 더 노력해야 한다.	1 - 2 - 3 - 4 - 5 - 6 - 7
15	이주민들은 토착민들과 가능한 한 많은 교류를 해야 한다.	1 - 2 - 3 - 4 - 5 - 6 - 7
16	토착민들은 이주민들과 더 많은 접촉을 가져야 한다.	1 - 2 - 3 - 4 - 5 - 6 - 7
17	어느 국가든 다양한 인종 · 종교 · 문화가 공존하는 것이 더 좋다.	1 - 2 - 3 - 4 - 5 - 6 - 7

번호	문항	전혀 아니다		보통 이다			매우 그렇다	
18	대한민국의 인종·종교·문화적 다양성이 확대되면 국가 경쟁력에 도움이 된다.	1 - 2 - 3 - 4 - 5 - 6 - 7						
19	외국인 이주자들이 늘어나면 대한민국 문화는 더욱 풍부해진다.	1 - 2 - 3 - 4 - 5 - 6 - 7						
20	대한민국과 다른 인종·종교·문화를 가진 사람들을 받아들이는 데에는 한계가 있다.	1 - 2 - 3 - 4 - 5 - 6 - 7						

Ⅲ. 다음은 귀하의 타 인종에 대한 태도에 관한 질문입니다. 각 문항을 잘 읽고 귀하의 생각과 가장 일치하는 곳에 ○표 해 주십시오.

번호	문항	전혀 아니다		보통 이다			매우 그렇다	
1	서로 다른 인종끼리 결혼하는 것은 좋지 않다고 생각한다.	1 - 2 - 3 - 4 - 5 - 6 - 7						
2	모든 인종의 인류는 평등하다.	1 - 2 - 3 - 4 - 5 - 6 - 7						
3	문화가 다양할수록 그 사회에는 더 이득이 된다고 생각한다.	1 - 2 - 3 - 4 - 5 - 6 - 7						
4	한국 사회는 단일민족을 강조하는 민족주의자들 때문에 더 약해졌다고 생각한다.	1 - 2 - 3 - 4 - 5 - 6 - 7						
5	나는 같은 민족에 속해 있을 때 안전하다고 느낀다.	1 - 2 - 3 - 4 - 5 - 6 - 7						
6	여러 국가에서 온 이주민들이 모국의 고유한 전통과 풍습을 유지하는 것이 한국 사람들에게도 더 좋을 것이다.	1 - 2 - 3 - 4 - 5 - 6 - 7						
7	여러 국가에서 온 이주민들이 한국 사회에 적응하고 동화하는 것이 더 좋다.	1 - 2 - 3 - 4 - 5 - 6 - 7						

Ⅳ. 다음은 귀하의 다문화 행동의사를 묻는 질문입니다. 각 문항을 잘 읽고 귀하의 생각과 가장 일치하는 곳에 ○표 해 주십시오.

번호	문항	전혀 아니다 · 보통 이다 · 매우 그렇다
1	나는 이주민들이 아무런 차별 없이 일반 국민들과 동등한 권리를 보장하는 국가정책을 적극 지지한다.	1 - 2 - 3 - 4 - 5 - 6 - 7
2	나는 다양한 문화가 무분별하게 유입되면 이 사회에 혼란이 야기될 것이라고 생각한다.	1 - 2 - 3 - 4 - 5 - 6 - 7
3	나는 지인들이 외국인이나 다문화사회에 대해 가지고 있는 한국인 또는 이주민들의 오해나 편견을 해소하기 위해 노력할 의사가 있다.	1 - 2 - 3 - 4 - 5 - 6 - 7
4	나는 기회가 있다면 항상 한국인은 물론 다른 나라 이주민과 같은 친목모임이나 클럽에 가입하겠다.	1 - 2 - 3 - 4 - 5 - 6 - 7
5	학교나 직장에서 한국인은 물론 다른 나라 이주민을 동료로 만나면 내가 먼저 친구가 되고자 노력하겠다.	1 - 2 - 3 - 4 - 5 - 6 - 7
6	나는 외국인 근로자가 모여 사는 지역에 있는 식당에 기꺼이 들어가 밥을 먹겠다.	1 - 2 - 3 - 4 - 5 - 6 - 7
7	내가 만약에 미혼이라면 상대방의 인종, 국적, 문화권에 상관없이 기꺼이 데이트하겠다.	1 - 2 - 3 - 4 - 5 - 6 - 7
8	이웃의 자녀가 한국인은 물론 다른 나라 이주민 사이에 태어난 아이들이라도 대한민국 국적 아이들이라면 내 자녀와 얼마든지 결혼이 가능하다.	1 - 2 - 3 - 4 - 5 - 6 - 7

V. 다음은 귀하의 국가 정체성에 관한 질문입니다. 각 문항을 잘 읽고 귀하의 생각과 가장 일치하는 곳에 ○표 해 주십시오.

번호	문항	전혀 아니다	보통 이다	매우 그렇다
1	나는 대한민국이 필요로 하는 가치 있는 국민의 한 사람이다.	1 - 2 - 3 - 4 - 5 - 6 - 7		
2	나는 대한민국을 위해 내가 할 일이 별로 없다는 생각이 든다.	1 - 2 - 3 - 4 - 5 - 6 - 7		
3	나는 대한민국에 협조적인 국민이다.	1 - 2 - 3 - 4 - 5 - 6 - 7		
4	나는 종종 내가 대한민국에 쓸모없는 국민이라는 생각이 든다.	1 - 2 - 3 - 4 - 5 - 6 - 7		
5	여러 민족을 국민으로 받아들인다면 국가의 결속력을 해치게 될 것이다.	1 - 2 - 3 - 4 - 5 - 6 - 7		
6	나는 종종 대한민국의 국민인 것이 싫을 때가 있다.	1 - 2 - 3 - 4 - 5 - 6 - 7		
7	나는 대체로 대한민국의 국민인 것이 다행이라고 생각하는 편이다.	1 - 2 - 3 - 4 - 5 - 6 - 7		
8	나는 종종 대한민국이 별 볼 일 없는 나라라고 생각하는 편이다.	1 - 2 - 3 - 4 - 5 - 6 - 7		
9	나는 대한민국이 마음에 든다.	1 - 2 - 3 - 4 - 5 - 6 - 7		
10	대한민국이 오랫동안 단일민족 혈통을 유지해 온 것은 매우 자랑스러운 일이다.	1 - 2 - 3 - 4 - 5 - 6 - 7		
11	외국인들은 대체로 대한민국을 좋게 생각하는 편이다.	1 - 2 - 3 - 4 - 5 - 6 - 7		
12	대부분의 사람들은 대한민국이 다른 나라보다 무능하다고 생각한다.	1 - 2 - 3 - 4 - 5 - 6 - 7		
13	외국인들은 대체로 대한민국을 존중한다.	1 - 2 - 3 - 4 - 5 - 6 - 7		
14	외국인들은 대체로 대한민국이 별 볼 일 없는 나라라고 생각한다.	1 - 2 - 3 - 4 - 5 - 6 - 7		
15	나 자신에 대한 평가에 있어 국적은 아무런 관련이 없다.	1 - 2 - 3 - 4 - 5 - 6 - 7		
16	내 국적은 나의 정체성을 알리는 데 중요한 기준이 된다.	1 - 2 - 3 - 4 - 5 - 6 - 7		
17	나 자신의 인격을 스스로 판단함에 있어 국적은 별로 중요하지 않다.	1 - 2 - 3 - 4 - 5 - 6 - 7		
18	대한민국에 속해 있다는 것은 나의 자아 이미지를 형성하는 데 있어 중요한 부분이다.	1 - 2 - 3 - 4 - 5 - 6 - 7		
19	대한민국이 단일민족국가라는 사실은 국가 경쟁력을 높이는 데 도움이 된다.	1 - 2 - 3 - 4 - 5 - 6 - 7		
20	대한민국은 많은 면에서 다른 나라보다 우월하다.	1 - 2 - 3 - 4 - 5 - 6 - 7		
21	대한민국은 전 세계적으로는 그렇게 중요한 나라는 아니다.	1 - 2 - 3 - 4 - 5 - 6 - 7		
22	대한민국은 대체로 다른 나라들보다 중요한 역할을 수행하고 있는 편이다.	1 - 2 - 3 - 4 - 5 - 6 - 7		

번호	문항	전혀 아니다　보통 이다　매우 그렇다
23	대한민국은 다른 나라들과의 경쟁에서 지고 있는 편이다.	1 - 2 - 3 - 4 - 5 - 6 - 7
24	세계화 시대에는 한국인들 간의 협력보다 국적과 인종 · 민족을 넘어선 협력이 더 중요하다.	1 - 2 - 3 - 4 - 5 - 6 - 7

VI. 다음은 일반적 사항에 대한 질문입니다.

1. 귀하의 성별은?

① 남자　　　　　　　　　② 여자

2. 귀하의 연령은?

① 19세 이하　　　　　　　② 20~29세

③ 30~39세　　　　　　　④ 40~49세

⑤ 50~59세　　　　　　　⑥ 60세 이상

3. 귀하의 최종학력은?

① 중졸 이하　　　　　　　② 고졸 이하

③ 대학 재학 및 졸업　　　④ 대학원 재학 및 졸업 이상

4. 귀하의 직업은?

① 무직　　　　　　　　　② 사무직

③ 전문직　　　　　　　　④ 임시직/일용직

⑤ 노동/생산직　　　　　⑥ 전업주부

5. 귀하의 가구 구성원 전체의 월평균 소득은?(개인소득이 아닙니다.)

① 200만 원 미만   ② 200~300만 원

③ 300~400만 원   ④ 400~500만 원

⑤ 500만 원 이상

6. 귀하의 결혼 여부는?

① 미혼   ② 기혼

7. 귀하의 한국 국적 취득 전의 국적은?

(한국에서 태어나 국적을 취득한 경우에는 한국에 표기하여 주십시오.)

① 한국   ② 중국

③ 일본   ④ 동남아

⑤ 유럽, 미주, 캐나다, 러시아   ⑥ 중남미

⑦ 아프리카   ⑧ 기타 국가(직접 적어 주세요: _____)

설문에 응해 주셔서 감사합니다.

참고문헌

감동규, "유럽연합 확대와 슬로베니아 국가의 정체성 실증분석", 동아대학교 국제전문대학원 박사학위논문, 2013.

고유정, "다문화가정 자녀의 정체성 갈등과 해결방식", 서울교육대학교 대학원 석사학위논문, 2013.

김명성, "사회통합 차원에서의 다문화가족 지원정책의 현황과 개선방안에 관한 연구", 『사회복지실천』 8, 2009, 5-29.

김선미, "이주, 다문화 실태와 지원사업 분석: 정부 주도와 시민사회 주도", 『시민사회와 NGO』 7(2), 2009, 189-228.

_____, "'한국적' 다문화정책과 다문화교육의 성찰과 제언", 『사회과교육연구』 50(4), 2011, 173-190.

김영순, "다문화사회와 시민교육: '다문화 역량'을 중심으로", 『시민인문학』 18, 2010, 33-39.

김영호, "검도 참여의 제약요인 및 제약협상과 참여의도와의 관계", 국민대학교 대학원 석사학위논문, 2011.

김이선 · 김민정 · 한건수, 『여성 결혼이민자의 문화적 갈등 경험과 소통 증진을 위한 정책과제』, 한국여성개발원. 2006.

김이선 · 황정미 · 이진영, 『다민족 · 다문화사회로의 이행을 위한 정책 패러다임 구축(I): 한국 사회의 수용 현실과 정책과제』, 한국여성정책연구원. 2007.

김진혁, "참여적 의사결정에 직무만족에 미치는 영향에 관한 연구: 공기업 종사자를 중심으로", 원광대학교 일반대학원 석사학위논문, 2011.

김혜숙, "지역고정관념이 귀인판단과 인상형성에 미치는 영향", 『한국심리학회지 사회 및 성격』 7(1), 1993, 53-70.

남호엽 외, 『글로벌 시대의 다문화교육』, 서울교육대학교 다문화교육연구원 연구총서 1, 서울: 사회평론, 2010.

노정욱, "한국 다문화사회통합정책의 추진체계에 관한 연구", 동아대학교 대학원 박사학위논문, 2012.

박영순, 『다문화사회의 언어문화교육론』, 서울: 한구문화사, 2007.

박성호, "인본주의에 기초한 한국형 다문화정책 모형의 모색", 성균관대학교 일반대학원 박사학위논문, 2012.

박진경, "한국의 다문화주의와 다문화정책의 선택적 적용", 『한국정책학회보』 19(3), 2010, 259-289.

배재정, "한국과 미국의 예비유아교사의 다문화교육에 관한 개념도 분석", 『미래유아교육학회지』 19(1), 2012, 559-584.

법무부, 『출입국 · 외국인정책 통계월보』 2016년 6월호, 법무부, 2016.

보건복지부, 『국제 결혼 이주여성 실태조사 및 보건 · 복지 지원정책방안』, 보건복지부, 2005.

빈부격차 차별시정위원회, 『다문화 개방사회를 위한 사회정책 연구』, 빈부격차 차별시정위원회, 2006.

서광석, "다문화가족의 사회적응을 위한 지원정책에 관한 연구", 인하대학교 대학원 박사학위논문, 2011.

서범석, "다문화교육정책의 현황과 발전방향 탐색", 한양대학교 대학원 박사학위논문, 2010.

양은경, "민족의 역이주와 위계적 민족성의 담론", 양은경 외, 『두꺼운 언어와 얇은 언어』, 서울: 문학과 지성사, 2012, 208-249.

오경석 외, 『한국에서의 다문화주의: 현실과 쟁점』, 서울: 한울, 2007.

오원환, "탈북 청년의 정체성 연구: 탈북에서 탈남까지", 고려대학교 대학원 박사학위논문, 2011.

오화영, "다문화사회의 사회통합 과제와 홍익인간 사상의 의미", 『선도 문화』, 9, 2010, 359-397.

온만금 · 강민형, "세계화 속에서 한국과 일본의 국가 정체성에 관한 비교연구", 『사회연구』 15, 2008, 129-151.

원숙연, "다문화주의시대 소수자정책의 차별적 포섭과 배제: 외국인대상 정책을 중심으로 한 탐색적 접근", 『한국행정학보』 42(3), 2008, 29-50.

유네스코 아시아 · 태평양 국제이해교육원, 『다문화사회의 이해』, 서울: 동녘, 2008.

윤인진, "국가 주도 다문화주의와 시민 주도 다문화주의", 한국적 "다문화주의"의 이론화: 최종보고서 7장, 동북아시대위원회 용역과제, 2007, 251-291.

_____, "한국적 다문화주의의 전개와 특성: 국가와 시민사회의 관계를 중심으로", 『한국 사회학』 42(2), 2008, 72-103.

윤인진 · 송여호, "한국인의 국민 정체성 요건과 다문화 수용성", 『통일문제 연구』 23(1), 2011, 143-192.

이경희, "한국 다문화교육 정책에 대한 비판적 고찰", 『교육사회학연구』 21(1), 2011, 111-131.

이윤정, "청소년의 무용관람에 따른 무용이미지와 관여도가 재관람 의도 및 참여의도에 미치는 영향", 동덕여자대학교 박사학위논문, 2011.

이혜경, "이민정책과 다문화주의: 정부의 다문화정책 평가", 한국적 "다문화주의"의 이론화: 최종보고서 6장, 동북아시대위원회 용역과제, 2007, 219-250.

임형백, "한국과 서구의 다문화사회의 차이와 정책 비교", 『다문화사회연구』 2(1), 2009, 161-192.

장미혜, 『다민족 · 다문화사회로의 이행을 위한 정책 패러다임 구축: 다문화 역량증진을 위한 정책 · 사회적 실천 현황과 발전 방향 총괄보고서』, 한국여성정책연구원, 2008.

장인실, "미국 다문화교육과 교육과정", 『교육과정연구』 24(4), 2006, 30, 27-53.

장희권, "전 지구화 과정 속의 타자와 그들의 공간", 『코기토(cogito)』 69, 2007, 211-244.

정기선 · 이선미, "한국인의 국민 정체성 국제비교연구: 자격요건 평가를 중심으로", 『비교한국학』 19(1), 2011, 45-73.

정상준, "문화적 다양성과 다문화주의", 『외국문학』 43, 1995, 79-95.

정진영, "국제정치 이론논쟁의 현황과 전망: 새로운 이론적 통합의 향방", 『국제정치논총』 40(3), 2000, 5-38.

조현상, "한국 다문화주의의 특징과 정책방향에 관한 연구", 원광대학교 박사학위논문, 2010.

지종화 외, "다문화정책 이론 확립을 위한 탐색적 연구", 『사회복지정책』 36(2), 2009, 457-501, 108.

최경옥, "한국에 있어서의 다문화의 헌법적 시각", 제4회 동아시아 공법학의 현황 및 발전추세 국제세미나 논문집, 2010, 228.

최안복 · 이윤옥, "다문화교육 프로그램이 유아의 국가 정체성 및 인종에 대한 태도에 미치는 효과", 『교육연구』 47, 2010, 159-191.

최현, "한국인의 다문화 시티즌십(multicultural citizenship): 다문화 의식을 중심으로", 『시민사와 NGO』 5(2), 2007.

한국다문화교육연구학회, 『다문화교육용어사전』, 교육과학사, 2014.

_____, 『다문화사회와 다문화교육』, 교육과학사, 2014.

한규석, 『사회심리학의 이해』, 서울: 학지사, 2009.

한덕웅 외, 『사회심리학』, 서울: 학지사, 2005.

한승준, "정책연구동향: 다문화정책의 개념, 현황 및 과제", 『The KAPS』 26, 2011, 12-17.

한원수, "다문화가정 지원정책의 효율화 방안에 관한 연구: 천안, 아산, 공주 지역의 사례분석을 중심으로", 선문대학교 행정대학원 박사학위논문, 2011.

행정안전부, 『2013년 지방자치단체 외국인 주민 현황 조사결과』, 행정안전부, 2013.

홍승직, "바람직한 한국인의 정체성 모색", 『한국 사회개발연구』 25, 1990, 1-39.

황범주, "다문화가정 자녀를 위한 교육정책 분석", 안양대학교 대학원 박사학위논문, 2008.

Alexander Wendt, *Social Theory of International Politics*, Cambridge: Cambridge University Press, 1999.

Bennett, M. J., "Towards ethnorelativism: A developmental model of intercultural sensitivity", In R. M. Paige (Ed.), *Education for the intercultural experience*, Yarmouth, ME: Intercultural Press, 1993.

Berry, J. W. & Kalin, R., "Multicultural and ethnic attitudes in Canada", *Canadian Journal of Behavioural Science*, 27, 1995, 310-320.

Blumber, H., "Race prejudice as a sense of group position", *Pacific Sociological Review*, 1, 1958, 3-7.

_____, *Symbolic Interactionism: Perspective and Method*, Englewood Cliffs, NJ: Prentice-Hall.

Bobo, L. D., "Prejudice as group position: Microfoundations of a sociological approach to racism and race relations". *Journal of Social Issues*, 55, 1999, 445-427.

Bourhis, R. Y. et al., "Toward an Interactive Acculturation Model: A social psychological approach", *International Journal of Psychology*, 32, 1997, 369-386.

Brubaker, R., *Citizenship and Nationhood in France and Germany*, Harvard University Press, 1992.

Calhoun, C., "Nationalism and ethnicity", *Annual Review of Sociology*, 19, 1993, 211-239.

Castles, Steven & Mark J. Miller, *The Age of Migration: International Population Movements in the Modern World*(2nd. ed.), New York: Guilford Press, 1998.

Castle and Davidson, *Citizenship and migration: Globalization and the politics of belonging*, New York: Routledge, 2000.

Chao, G. T. et al., "Organizational socialization: Its content and consequences", *Journal of Applied Psychology*, 79(5), 1994, 730-743.

Dunn, K. M. et al., Indigenous Australians' Attitudes Towards Multiculturalism, Cultural Diversity, 'Race' and Racism, *Journal of Australian Indigenous Issues*, 13(4), 2010, 19-31.

Ernest Renan, Qu'est-ce qu'une nation?, paris: Calmann-Levy, 1892.

Erikson, E. H., "The problem of ego identity", *Journal of the American Psychoanalytic Association*, 4(56), 1956, 56-121.

Erikson, E. H., *Identity: Youth and Crisis*, NewYork: Norton, 1968.

Evans, M. D. R. & Jonathan Kelly, "National Pride in the Developed World: Survey Data from 24 Nations", *International Journal of Public Opinion Research*, 14(3), 2002, 303-338.

Gellner, E., *Nations and Nationalism*, Oxford: Blackwell, 1983.

_____, *Nationalism,* Washington Square, NY: New York University Press, 1997.

Giddens, A., *Runaway World: How globalization is reshaping our lives*, London: Profile Books, 2002.

Giles, J. & Middleton, T., 『문화학습』, 정성희 역, 서울: 동문선, 2003.

Glenn Chafetz & Michael Spirtas, Benjamin Frankel, Racing the Influence of Identity on Foreign Policy, *Security Studies*, 8(2), 1999.

Hall, S. et al., 『모더니티의 미래』, 전효관 외 역, 현실문화연구, 2000.

Hjerm, M., "National Identities, National Pride and Xenophobia: A Comparison of Four Western Countries", *Acta Sociologica*, 41(4), 1998, 335–347.

Hobsbaum, E., *Nations and Nationalism since 1780*, Cambridge: Cambridge University Press, 1990.

Hogg, M, A. & Abrams, D., *Social Indentifications: A Social Psychology of Intergroup Relations and Group Processes*, London: Routledge, 1988.

James A. Banks, *The African American Roots of Multicultural Education, in Multicultural Education, Transformatioe knowledge, and Action: Historical and Comtemporary Perspectioes*, New York: Teachers College, 1996.

Jones, G. R., "Socialization tactics, self-efficacy, and newcomers adjustment to organizations", *Academy of Management Journal*, 29(2), 1986, 262–279.

Kahl, Colin H., "Constructing a Separate Peace: Constructivism, Collectivism, Collective Liberal Identity, and Democratic Peace", *Security Studies*, 8(2/3), 1999, 94–144.

Keillor, B. D. et al., "NATID: The development and Application of a National Identity Measure for Use in International Marketing", *Journal of International Marketing*, 4(2), 1996, 57–73.

Kelloway & Hult, T. M., "A five-country study on national identity: Implications for international marketing research and practice", *International Marketing Review*, 16(1), 1999, 65–82.

Kowert, Paul A., "National Identity: Inside and Out", *Security Studies*, 8(2/3), 1999, 4–5.

Kymlicka W., *Multicultural Citizenship: A Liberal Theory of Minority Rights*, Oxford University Press, 1996.

Kymlicka W. & Baogang He, *Multicultualism in Asia*, London: Oxford university, 2005, 2–4.

Kymlick W., A *Multicultural Odysseys: Navigating the New International Politics of Diversity*, Oxford: Oxford University Press, 2007.

La Rossa, R. & Reitzes, D. C., "Symbolic interaction and family stidues". In P. G. Boss et al.(Eds), *Sourcebook of family theories and method: A contextual approach*, Springer, 2009, 135–163.

Lilli, W. & M. Diehl, "Measuring National Identity", *Working Paper*, 10, Mannheimer Zentrum füur Europäaische Sozialforschung, 1999.

Luhtanen, R. & Crocker, J., "A collective self-esteem scale: Self-evaluation of one's social identity", *Personality and Social Psychology Bulletin*, 18, 1992, 302–318.

Martiniello, 『현대사회의 다문화주의: 다르게, 평등하게 살기』, 윤진 역, 서울: 한울, 2002.

Rathje, S., "Intercultural Competence: The Status and Future of a Controversial Concept", *Journal for Language and Intercultural Communication*, 7(4), 2007, 254–266.

Roxanne Lynn Doty, "Sovereignty and the Nation: constructing the boundaries of national identity", *State sovereignty as social construct*, 46, 1996, 121–147.

Ryan, C. S. et al., "Multicultural and Colorblind Ideology, Stereotypes, and Ethnocentrism among Black and White Americans", *Group Precesses & Intergroup Relations*, 10(14), 2007, 617–637.

Smith, A, D., *National Identity*, London: Penguin, 1991.

Steiger, J. H., "Structural model evaluation and modification: an interval estimation approach", *Multivariate*

   Behavioural Research, 25, 1990, 173–180.

Stryker, S., *Symbolic Interactionism: a Social Structural Version*, Menlo Park, CA: Benjamin Cummings, 1980.

Tajfel, H., "Social identity and intergroup relations", Cambridge: Cambridge University Press, 1982.

Tajfel, H. & Turner, J. C., "The Social Identity Theory of Inter-group Behavior", in S. Worchel & L. W. Austin (Eds.), *Psychology of Intergroup Relations*, Chicago: Nelson-Hall. 1986.

Troper, H., *Theorizing Multiculturalism: A Guidetothe Current Debate*, New York: Wiley-Blackwell, 1999.

Wendt A. & Peter J. Katzenstein, "Norms, Identity and Culture in National Security", in Peter Katzenstein (ed.), *The Culture of National Security*, New York: Columbia University Press, 1993.

찾아보기